TRAUM
TRÄUME
TRÄUMEN

P⊡V
Psychosozial-Verlag

Editorial

Vor fast zwanzig Jahren – im Juli 1982 – erschien die erste Ausgabe der ZWISCHENSCHRITTE mit Beiträgen zu einer ›morphologischen Psychologie‹ (s. Stichwort S.162), auf Initiative von Studierenden am Psychologischen Institut II der Universität Köln. Als Studenten wunderten wir uns damals darüber, daß die spannenden Untersuchungen einer Vielfalt von Alltagskulturen, die in Seminaren, Vorlesungen und Forschungsprojekten behandelt wurden, zwar in den zahlreichen Veröffentlichungen von Wilhelm SALBER ihren Niederschlag fanden, ein Forum für die breitere Öffentlichkeit jedoch fehlte.

Im Editorial des ersten Heftes hieß es, die ZWISCHENSCHRITTE wollten »ein Publikations- und Diskussionsforum« bereitstellen »mit dem Ziel, einen Überblick über Arbeit und Entwicklungen an der Universität, vor allem aber auch über Anwendung und Umsetzung der Morphologischen Psychologie in der Praxis zu verschaffen.«

Nach 34 Ausgaben und über 350 Artikeln kann man wohl sagen, daß dieses Ziel erreicht wurde. Psychologen, die sich mit Spektrum und Möglichkeiten der morphologischen Psychologie in den unterschiedlichsten Lebensfeldern beschäftigten, hatten nun einen Ort für die Darstellung ihrer Untersuchungsergebnisse. Dabei ging es zum Beispiel um Themen folgender Art:

– Integration von Vietnamflüchtlingen
– Fahrrad, Clogs und Latzhose
– Zur Psychologie des Parfüms
– Stadtentwicklung in Entwicklung
– Zweihundert Jahre Erfahrungsseelenkunde
– Ärztliche ›Kunst‹ und psychologische ›Hilfe‹
– Video-Kunst und Video-Alltag
– ›Tages-Schau‹ im Seelenhaushalt
– Schulpsychologische Arbeit an einer Gesamtschule
– Der Alltag ist nicht grau

- Tschernobyl. Radioaktivität - das obskure Objekt der Beunruhigung
- Flirten - Spiel mit dem Feuer
- Zahnarzt - Behandlung am Nerv der Seele
- Zur psychologischen Gegenständlichkeit der Dinge
- Kulturpsychologie – Wie und Warum
- Tamagochi auf der Couch
- Otto Ranks Analyse der Weiblichkeit im Spiegel der Anais Nin
- Film, Bildende Kunst, Literatur
- Flirt mit dem Bösen
- Lebenskrisen und Behandlungsanliegen
- UFO: Das Unbestimmte als Ding
- Geschmacksentwicklung (Marketing-Zielgruppen)
- Jugend '96: Schmerzlos im Paralleluniversum
- Horoskope - Anspielungen, die vom Himmel fallen
- Albrecht Dürers »Melencolia I«
- Formel 1 - wenn Seelisches auf Touren kommt
- Kunst-Provokation Wolf Vostell
- Kino als Medium des Wandels
- Millenium - Sehnsucht nach Sinn
- Tageslaufpsychologie
- Hinter den Kulissen des Seelenbetriebs
- Die Daily Soap als Sammlungsritual

Im Laufe der Jahre hat sich nicht allein die Morphologie weiterentwickelt, auch die Gestalt der ZWISCHENSCHRITTE hat sich gewandelt. Sprache und Bild als Ausdrucksformen und Artikulationsmöglichkeiten seelischer Prozesse sind näher aneinandergerückt, deutlich sichtbar in Aufmachung und Ausstattung.

Die Zeitschrift macht nun einen neuen Schritt. Mit diesem Heft beginnend, wird sie in Zukunft im PSYCHOSOZIAL-Verlag erscheinen, jeweils im Oktober.

Im Rahmen dieses psychoanalytisch orientierten Verlags kann sie sich als zugehörig und eigenständig zugleich weiter profilieren. Anders als bisher der Brauch, wird es in nächster Zukunft ein Heft pro Jahr geben, und die Beiträge werden um ein Thema zentriert sein. In der Planung sind zum Beispiel Themen wie »Psychologie der Kleidung«, »- des Films«, »- der Reise«, »- der Kultur«, »Schmutz und Reinheit im Psychologie-Betrieb (Methoden)«. Stärker als bisher öffnen sich die ZWISCHENSCHRITTE auch für Autoren mit »verwandtem« psychologischen Blick.

An dieser Stelle möchten wir noch einmal all jenen ausdrücklich danken, die in der Vergangenheit und Gegenwart an der Gestaltung der Zeitschrift mitgewirkt haben. Insbesondere gilt unser Dank Thomas MALZKORN und Konrad SCHAEDLE für Design und gestalterische Umsetzung – aber auch den Autoren und Lesern der »Beiträge zu einer morphologischen Psychologie«, die der Zeitschrift in all den Jahren treu geblieben sind und es hoffentlich auch in Zukunft sein werden. Neue Leser möchten wir an dieser Stelle auf das herzlichste begrüßen.

Armin SCHULTE

INHALT

Editorial   2

Vorwort   6

KARL PHILIPP MORITZ
...das Kapitel von den Träumen   8

HORST RUMPF
Traumwelt Oper?
Über eine schräge Spiel-Art von Menschenforschung   10

GISELA RASCHER
Traum und Behandlung
Phantastische Ergänzungen   24

DIRK BLOTHNER
»Figuren im Traum eines Gottes...«
Wie das Kino die Sehnsucht der Kultur nach Veränderung behandelt   38

LENA VERKADE
Die Gedanken sind frei
Vom Anders-Möglichen   46

STEPHAN GRÜNEWALD
Zur Psychologie des Tagtraums
Die alltägliche Traumfabrik   54

WILHELM SALBER
Traum-Psychologie
Anders bewegt – das Leben geht weiter   70

UWE NAUMANN
Der Reiz des Unfertigen
Über Heinar Kipphardt und seine »Traumprotokolle«   86

WOLFRAM DOMKE
Der Tag als Albtraum
»Und täglich grüßt das Murmeltier«   94

Andreas M. Marlovits
Tag – Sport – Traum
Kunstvoll einfach bewegt   100

Gloria Dahl
Traum und Märchen
Bildhafte Konstruktionen   114

Linde Salber
Traum und Kunst
Überführungen   128

Yizhak Ahren
Der Traum in der talmudischen Literatur
Lebenshilfe   142

Wilhelm Salber
Anfänge psychologischer Traumdeutung
Exkurs   148

C.D. Voss
Einzelne Bemerkungen über Träume
Magazin zur Erfahrungs-Seelenkunde   156

Stichwort ›Morphologische Psychologie‹   162

Zu den Abbildungen   164

Autoren   165

Verzeichnis der Abbildungen   167

Impressum   168

Vorwort

›Traum und ...‹ scheint das Bauprinzip des Heftes zu sein. Das ist richtig und falsch zugleich. Gewiß, der Traum wird in vielfältige Zusammenhänge gestellt – mit Film, Oper, Literatur, Sport, Talmud, Werbespots, therapeutischer Behandlung, Deutbarkeit, Märchen, Kunst. Und die Beiträge folgen aufeinander nach dem Prinzip einer Collage. Sie werden jedoch zusammengehalten durch eine gemeinsame Perspektive. Es geht darum, den Blick für das zu öffnen, was der Traum dem Menschen zu zeigen hat. Das gelingt umso besser, je klarer der Traum nicht als gesondertes Phänomen, sondern im Übergang zum Alltag wie zur Kunst behandelt wird.

Der Traum läßt uns, purer als andere Gebilde, eine Art seelischen ›Urstoff‹ und die Aufgaben unseres Gestaltens spüren. Er macht uns vertraut mit der Reichweite seelischer Verwandlung, indem er unsere Alltagsverfassung so weitgehend lockert, daß wir die Qualität des Unfaßbaren und Fragmentarischen, das allen Gestaltungen zugrundeliegt, nicht mehr leugnen können. Das macht er nicht abstrakt, etwa nach Art eines philosophisch-psychologischen Lehrbuchs, sondern indem er die am Tage aufgekommenen Verwandlungsprobleme traktiert. Häufig geschieht das mit einer außerordentlich genießbaren Leichtigkeit. Doch Nacht für Nacht erhalten wir auch unsere Lektion über die begrenzte Reichweite unseres Bestimmen- und Verfügen-Könnens.

Begeistert oder erschüttert, entrüstet oder zustimmend sehen wir uns gezwungen – wenn wir den Traum denn ernst nehmen –, die Auflösung unserer Zusammenhang stiftenden Tagesgeschichten zu akzeptieren. Auf diese Weise zeigt uns der Traum, wie in einem Umkehrbild, mit welchem Arsenal von Vorkehrungen, Vereinbarungen, Regelungen, Fest-Setzungen wir einen Alltag konstruieren, um uns vor der Wackeligkeit der Traumverfassung zu schützen.

Eine weitere Gemeinsamkeit der Beiträge liegt in der Hochschätzung der Beschreibung als Königsweg (qualitative Methode) zu den Phänomenen des Verhaltens und Erlebens. Beschreiben heißt hier nicht, eine Reihe von Merkmalen zusammenstellen. Es hat vielmehr mit einer Auffassungsweise zu tun, die den Phänomenen ihre eigentümliche Befremdlichkeit zubilligt und den sogenannten naturwissenschaftlichen Überrumpelungsverfahren mißtraut. Im menschlich-allzumenschlichen Seelenleben versteht sich nichts von selbst. Wenn wir beobachtend und beschreibend unsere Alltagssicherungen in Gestalt von Konzepten einmal aufgeben (dazu gehören Mut und methodische Disziplin), zeigt sich das seelische Geschehen als ein Gebilde, über das wir uns nur wundern können.

Die Psychologie des 18. Jahrhunderts, damals von Karl Philipp Moritz »Erfahrungsseelenkunde« genannt, spricht vom »unbegreiflichen Wunder«, das man wieder erfahren kann, wenn man die Phänomene aus ihrer »alltäglichen« Einordnung herauslöst. Dazu gehört auch die Einschätzung, daß es nicht ein Träumer ist, der einen Traum ›macht‹, sondern ein Etwas, nämlich der Verwandlungsbetrieb unserer Unternehmungen.

Was das Wunder angeht, formulieren wir heute etwas vorsichtiger: »Das Besondere der Traum-Verfassung ist die Verwunderung – wir werden gebannt durch Verwandlung«, schreibt Wilhelm Salber in »Traum und Tag«.

Kein Beitrag leugnet, daß es die Psychoanalyse Sigmund Freuds ist, die unser psychologisches Verstehen des Traumes geformt hat. Selbst wenn der morphologische Ansatz nicht mehr vom Konzept verdrängter infantiler Wünsche und deren insgeheimer halluzinatorischer Erfüllung ausgeht, sondern von der Gestalt-Verwandlungs-Problematik, so wird nicht übersehen, daß FREUD es war, der dem Traum Gestalt und Konstruktion zuerkannt hat. Eine weitere Differenz zwischen Psychoanalyse und psychologischer Morphologie liegt darin, daß die Leistung des Traumes nicht im Hüten des Schlafes gesehen wird, sondern in der Vergewisserung des Träumers, daß er, obwohl schlafend, doch lebendig ist.

Und, last not least, Kunst wird in den Beiträgen dieses Heftes nicht als ästhetisches Extra angesehen, schon gar nicht als »Naturschutzpark der Phantasie«, sondern als Selbstdarstellung seelischen Zusammenhangs, beziehungsweise als Selbstverständigung des Seelischen über seine verwunderliche Eigenart. In dieser Hinsicht ahmt Kunst den Traum nach.

Daß der Traum von den Dichtern bedacht wurde, bevor es eine wissenschaftliche Disziplin ›Psychologie‹ gab und auch danach, ist ein Allgemeinplatz. Dennoch überrascht es immer wieder zu sehen, auf welche Einsichten die Schulpsychologie aus verfahrenstechnischen Gründen meint verzichten zu können.

Die Beschäftigung mit dem Traum bedarf keiner besonderen Begründung. Als Alltagsphänomen ist er nicht wegzudenken. Er ist so notwendig und selbstverständlich wie Atmen, Trinken, Urinieren – eine Grundfunktion eben. Ohne Träumen geht es nicht. Die Fragen, mit denen der Traum uns versieht, sind nicht mit dem Gedenken an seine hundertjährige psychologische Erforschung zu erledigen. Daran soll dieses Heft erinnern.

Linde SALBER & Armin SCHULTE

...dürfen wir das gesamte wache Leben des einzelnen Menschen als eine Vorbereitung für seinen Traum ansehen...

Friedrich NIETZSCHE

Überhaupt ist

das Kapitel von den Träumen

in der Seelenlehre, ohngeachtet seiner Wichtigkeit, noch zu wenig bearbeitet. Man hat noch zu wenige Erfahrungen darüber gesammlet, und diejenigen, welche man gesammlet hat, sind größtentheils schon mit einem gewissen Vorurtheil von ihrer bedeutenden Kraft niedergeschrieben worden.

Es verlohnt aber wohl der Mühe zur nähern Kenntniß dessen, was in uns denkt, auch auf seine Träume aufmerksam zu seyn. Jeder Traum, den wir haben, er scheine so unbedeutend wie er wolle, ist im Grunde eine merkwürdige Erscheinung, und gehört mit zu den Wundern, wovon wir täglich umgeben sind, ohne daß wir unsre Gedanken darauf richten.

Daß ein Mensch, wenn sein Körper in völliger Unthätigkeit da liegt, und alle Zugänge der Sinne verschlossen sind, wodurch uns sonst die immerwährende Fluth von Ideen zuströmt, dennoch sieht, und hört, und schmeckt, und fühlt, ohne doch wirklich zu sehen, zu hören, zu schmecken, und zu fühlen, ist gewiß eins der sonderbarsten Phänomene in der menschlichen Natur, und der, welchem es unter allen Sterblichen zum erstenmale begegnet wäre, hätte es nothwendig für ein unbegreifliches Wunder halten müssen.

Da dieß Wunder so alltäglich geworden ist, scheint das Träumen eine so unbedeutende Sache zu seyn, bei der es nicht der Mühe verlohnt, mit seinen Gedanken zu verweilen; oder wer noch mit seinen Gedanken dabei verweilt, der thut es größtentheils aus unedlen und eigennützigen Absichten, oder aus einer kindischen Neugierde in Ansehung dessen, was ihm künftig begegnen wird.

Der Weise macht den Traum zum Gegenstande seiner Betrachtungen, um die Natur des Wesens zu erforschen, was in ihm denkt, und träumt; um durch den Unterschied zwischen Traum und Wahrheit die Wahrheit selbst auf festere Stützen zu stellen, um dem Gange der Phantasie und dem Gange des wohlgeordneten Denkens bis in seine verborgensten Schlupfwinkel nachzuspähen.

Jeder Traum, dessen man sich zufälliger Weise mit mehrerer Deutlichkeit erinnert, kann zu dergleichen Untersuchungen Stoff hergeben.

Karl Philipp M<small>ORITZ</small> (1786)

Der Verfasser hat in diesem Traumspiel mit Anschluss an sein früheres Traumspiel »Nach Damaskus« versucht, die unzusammenhängende aber scheinbar logische Form des Traumes nachzuahmen. Alles kann geschehen, alles ist möglich und wahrscheinlich. Zeit und Raum existieren nicht; auf einem unbedeutenden Wirklichkeitsgrunde spinnt die Einbildung weiter und webt neue Muster: eine Mischung von Erinnerungen, Erlebnissen, freien Einfällen, Ungereimtheiten und Improvisationen.

Die Personen teilen sich, verdoppeln sich, doublieren sich, verdunsten, verdichten sich, zerfliessen, sammeln sich. Aber ein Bewusstsein steht über allen, das ist das des Träumers; für das gibt es keine Geheimnisse, keine Inkonsequenz, keine Skrupel, kein Gesetz. Er richtet nicht, er spricht nicht, referiert nur; und wie der Traum meist schmerzlich ist, weniger oft freudig, geht ein Ton von Wehmut und Mitleid mit allem Lebenden durch die schwindelnde Erzählung. Der Schlaf, der Befreier, tritt oft peinigend auf, aber wenn die Qual am stärksten ist, findet sich das Erwachen ein und versöhnt den Leidenden mit der Wirklichkeit, die, wie qualvoll sie auch sein kann, doch in diesem Augenblick ein Genuss ist, im Vergleich zu dem quälenden Traum.

August STRINDBERG

Horst Rumpf

Traumwelt Oper?

Über eine schräge Spiel-Art von Menschenforschung

Ein nüchterner Betrachter dürfte eigentlich nicht aus dem Kopfschütteln herauskommen, wenn er erwägt, was sich da Abend für Abend in Opernhäusern abspielt. Da sehen und hören sich tausende Menschen Geschichten an, in denen, oft in grell sinnlicher Form, etwas passiert, was sie in ihrem wirklichen Leben außerhalb des Opernhauses weder erleben wollten noch zulassen oder erwarten können: atemberaubende Konflikte zwischen Menschen, tödliche Katastrophen, Exzesse der Korruption, des Verbrechens, der Machtgier, exzentrische Liebesgeschichten mit Aufschwüngen und Abstürzen der Leidenschaft, die alle bürgerlich vertretbaren Masse sprengen – oder auch mit Umschwüngen und Glückserhöhungen, von denen ein normaler Mensch in seinem Leben gewöhnlich keinen Schimmer abbekommt.

Und diese gehäuften Absprünge aus dem wirklichen Leben werden bejubelt, beklatscht – wenn etwa die von Katastrophen oder Mißverständnissen Hingemähten nach dem Fall des Vorhangs wiederauferstehen und sich lächelnd verbeugen. Feststimmung anläßlich von Katastrophen aller Art! Man kann den Eindruck haben, daß da Unterwelten an den Grundfesten des vernünftigen Lebens anbranden. Und gänzlich unvertraut kann dem oft genug gebannten Publikum all das nun auch wieder nicht sein, was da an Unwahrscheinlichem oder Verruchtem vor ihm in Szene geht, nachhaltig von Musik durchdrungen. Das gänzlich Fremde kann ja keine Resonanz wecken, sondern läßt kalt. Dieses gebannte Hinschauen und Hinhören, so scheint es, will etwas spüren und neu kennenlernen, was verschüttet ist, unter vielen Schichten von Alltagsroutinen. Eine berühmt gewordene Opernaufführung der achtziger Jahre des letzten Jahrhunderts (»Aida« in der Inszenierung von Hans NEUENFELS, Oper Frankfurt/M 1982) zeigte denn auch im Anfangsbild einen jungen Mann, der in seinem Amtszimmer auf seinem Schreibtisch zwischen Büchern und Akten einschlief, den Kopf in die Hände vergraben. Und der dann halb in Trance aufstand und mit der Spitzhacke den Fußboden seines Zimmers aufbrach, im Boden wühlte und einen ägyptischen Frauenkopf zutageförderte – die Handlung von »Aida« nahm in diesem Rahmen ihren Lauf, ein exzessiver Tagtraum von einer Liebe, die an Machtkonstellationen zerbricht und sich schließlich todestrunken jubelnd von der feindlichen Welt verabschiedet.

Der Mensch wünscht Gefühle »der Höherspannung seines psychischen Niveaus«, schrieb FREUD in dem Aufsatz »Psychopathische Personen auf der Bühne« (FREUD 1906, 163). Menschen wollen dazu etwas erleben, was ihnen sowohl fern wie vertraut ist, so hat es den Anschein. So erfinden sie Geschichten und spielen sie sich, in der Oper in sinnlich opulenter Form, vor. Wozu? Doch wohl auch, um das unbekannte Land, als das sie sich insgeheim immer wieder spüren, eine Spur heller, begehbarer werden zu lassen. Es wäre doch zu kurz gedacht, in den allabendlichen Opern-Exzessen nichts als Flucht und Unterhaltungs- oder Repräsentationsgier zu sehen.

So ist es vielleicht nicht allzu verwegen, das europäische Musiktheater auch als eine Spielart der Ausforschung von Menschenbefindlichkeiten durch hochpointierte und artifizielle Darstellungen aufzufassen. Wo und wie pflegen Menschen am eigenen Leib Ähnliches zu erleben wie in der Oper? Und warum ist ihnen dieses oft extrem unwahrscheinliche grelle Geschehen doch auch irgendwie nicht ganz unbekannt? Etwa, weil sie aus eigener Erfahrung wissen, was und wie Träume sind? Traumgeschehnisse und Operngeschehnisse – handelt es sich da vielleicht auch um Abkömmlinge aus derselben Unterwelt, Gegenwelt, schlecht passend zu den Tag-Gedanken und Tages-Praktiken? Drängeln auf schleunige Erledigung ist im Traum wie in der Oper sinnlos. Die Ereignisse rollen unbeeinflußbar ab. Oft genug mit langem Atem, oft aber auch blitzartig zusammengezogen, vielerlei vergleichzeitigend. Das Navigationssystem, mit dem wir uns im Alltag zurechtfinden, ist außer Kraft gesetzt. Dinge, Menschen, Ereignisse gewinnen in ihrer Besonderheit eine ungewohnte Intensität und Grellheit. Ihre Plötzlichkeit und Einmaligkeit droht zu explodieren. Sie sind mehr und anderes als Glieder in Ketten eines vorhersehbaren Zusammenhangs oder gar als bloße Illustrationen universaler Gesetzlichkeiten. Die Puffer der allgemeinen Deutungen, mit denen wir Alltagsereignissen das Überraschende und Einmalige zu nehmen gewohnt sind, diese Puffer sind weitgehend entkräftet. Auch die Gefühle verlieren die Eindeutigkeit, sie schlagen nicht selten wetterwendisch um. Traumwelt Oper?

Mit diesem Verdacht auf eine Verwandtschaft nehme ich in der Folge einiges von dem unter die Lupe, was im einzelnen an einem konkreten Opernabend passiert – und zwar (A), was das szenisch-räumliche Arrangement angeht; (B) was exemplarisch ausgewählte Opern inhaltlich bieten und fordern; (C) worin sich Oper und Traum nachhaltig unterscheiden.

**(A) Das Arrangement:
Opernhaus, Opernabend –
die abgeschnittene Außenwelt**

Wir betreten ein Gebäude, dessen Räumlichkeiten nicht für Alltagstätigkeiten präpariert sind: keine Bankschalter, keine Verkaufsstände, keine Objekte für Schlaf- oder Wohngelegenheiten bestimmen die Situation. Es handelt sich auch nicht um Räumlichkeiten, in denen Spezialhandlungen vorgezeichnet wären – keine Lehrsäle, medizinischen Arrangements, keine Verwaltungswegweiser, keine sogenannten Dienstzimmer-Fluchten. Ein Ausstieg aus Alltagsumwelten passiert mit dem Schritt in diese Region. Und dieser Eindruck verschärft sich beim Betreten des eigentlichen Innenraums. Der entbehrt vollends der Ingredienzien des Alltags draußen vor der Tür: Kein Fenster, kein natürliches Licht – statt dessen raffinierte Festlichkeit in der Beleuchtung, keine überdimensionale Höhe der Wände und der Decke, dichte Reihung recht luxuriöser Sitze – völlig anders angeordnet als in Konferenzräumen oder Wartesälen oder Restaurants, mit Blickrichtung aller Platznehmer auf eine meist vorhangverhüllte Front gegenüber. Ein weiterer und dem Blick zunächst entzogener Innenraum verbirgt sich also da. Wer noch etwas von dem Kinderblick (beim allerersten Betreten eines Theaters) hat, den mag immer wieder das Staunen ankommen: *Daß es so etwas gibt, mitten in unserer Welt.* Und vorne, vor dem Vorhang, Musiker, die auf ihren Instrumenten in wirrem Durcheinander üben. Die Leute warten. Bis zu dem Augenblick, in dem die Abgeschnittenheit von der Außenwelt kulminiert: die Leuchten erlöschen, der Raum wird dunkel. Wo gibt es das sonst noch, daß sozusagen eine künstliche Nacht ausgebreitet wird – in der Nacht wird ja die Fähigkeit zur Selbststeuerung und Selbstbewegung in einer bekannten und erhellten Umwelt erheblich eingeschränkt: man tastet und taumelt.

In dieser Dunkelheit sitzen nun tausend Menschen still, in ihrer Motilität fast wie im Schlaf stillgestellt, und harren der Dinge, die sich dann abspielen, wenn der Vorhang sich öffnet und der innerste Innenraum zeitweise den Blicken freigegeben wird. Da treten Räume vor, da ereignen sich Zeiten und Abläufe, die das inzwischen schon weitgehend der Realitätsprüfung enthobene Bewußtsein noch weiter in irreale Zonen zu entführen das Zeug haben. Besser gesagt: Es tauchen Mischwelten auf – einerseits haben sie Züge der Welt draußen: Es gibt konkrete Menschen mit Lebensproblemen, verwickelt in ein Auf und Ab, in ein Durcheinander und in Entwirrungen, in Konflikte um Liebe und Tod, in Langeweile und Überraschungen, die ja jedem Zuschauer aus seiner Lebenswelt nicht ganz unbekannt sind. Es fällt ihm wohl nicht schwer, seine vertrackte Lebenspraxis in Spuren und Schatten wiederzuerkennen.

Andererseits: Wie unterschiedlich mutet das an, was in diesem festlich ausgegrenzten Rahmen da aufscheint. Ganz unglaubwürdig, wenn man Alltagsmaßstäbe an diese Geschehnisse anlegt: Nicht nur, daß die Zeit, in der sich da alles abspielt, gewiß nicht mit der Uhrzeit zu messen ist: Geschehnisse, deren Realzeit viel länger dauern müßten, werden in großer Dichte abgewickelt – und manches an Äußerungen und Gesprächen wirkt schier endlos gedehnt (in Wiederholungen, Verlangsamungen etwa). Aber das, was der Alltagserwartung am vehementesten widerspricht, ist damit noch nicht gesagt: Die Akteure der Handlungen reden nicht, sie singen, nacheinander, miteinander, gegeneinander, gleichzeitig, allein, im Chor, in vielen Varianten. Und oft genug auch noch in einer anderen Sprache als der landesüblichen. Sie singen – und werden nachhaltig begleitet, kommentiert, unterbrochen von den Musikanten im Orchester vor der Bühne.

Und durch diese Irrealisierungen werden auch die Gegenstände und Räumlichkeiten auf der Bühne nachhaltig infiziert. Sind das noch die Räume, in denen sich der Alltag realer Menschen abspielt – trügt nicht der Schein, wenn man darin eine reale Stadt mit einer realen Örtlichkeit (z.B. Nürnberg am Ufer der Pegnitz, in »Die Meistersinger von Nürnberg«) dingfest zu machen sucht? Oder die Engelsburg in Rom (in »Tosca«). Die Räume haben ja wohl schattenhaft etwas von der außertheatralen Wirklichkeit, aber sie haben auch etwas davon Entrücktes – es ist mit ihnen ähnlich wie mit den Räumen, die wir träumen – teils sind sie uns bekannt, teils geisterhaft fremd. Und wer glaubt, daß »Aida« in Ägypten, gar noch vor den Pyramiden aufgeführt, besonders richtig und angemessen zur Erscheinung komme, der unterschlägt den imaginären Anteil, der notwendig zu dem Geschehen gehört, das sich da in dem eingedunkelten, von Musik und Gesang durchdrungenen Raum abspielt und in die Phantasie der Zuschauer einwandert, wenn es denn gut geht.

Ein unbefangener Außenstehender mag im Ernst fragen: Warum geben sich die Akteure denn solche Mühe, eine Handlung mit Fleiß und mit gewaltigem Aufwand dem schnellen Verstehen zu entziehen? Wozu diese Verlangsamungen, diese unwahrscheinlichen Verdichtungen, diese abrupten Unterbrechungen, diese häufigen Diskontinuitäten in der Handlungsführung – und wozu diese Musik, die doch das unmittelbare und sachangemessene Mitverfolgen der Handlung unnötig verwirrt und aufstaut? Wer so argumentiert, dem fehlt die Erfahrung des Übergangs aus der Zone der Alltagsrealität in die des Imaginären, wie SARTRE sich ausgedrückt hat. Und der Merkmale des Übergangs in diese Zone gibt es beim Schritt in die Opernwelt genug. Die heikle Frage bleibt offen, wie dieser Übergang einzuschätzen ist, welche Karätigkeit der Scheinwelt auf der Bühne zuzusprechen wäre, was es bringt, wenn in dieser exzessiven Weise die praktische Welterfahrung außer Kraft gesetzt wird. Denn von Harmonie kann da wohl nicht ohne weiteres die Rede sein, wenn so unterschiedliche Arten, sich die Welt zurechtzulegen, koexistieren oder aufeinanderprallen. In jedem Augenblick, im Kontakt mit der Realität, bricht unser imaginäres Ich zusammen und verschwindet, indem es dem realen Ich weicht. Denn das Reale und das Imaginäre können von ihrem Wesen her nicht koexistieren. Es handelt sich um zwei völlig unreduzierbare Arten von Objekten, von Gefühlen und Verhaltensweisen (J.P. SARTRE).

SARTRE fragt: In welchem Raum höre ich die 7. Sinfonie von Beethoven, erlebe ich eine Aufführung von »Hamlet«: »Sie (sc. die erklingende, gehörte 7. Sinfonie) ist nicht einfach außerhalb von Zeit und Raum sie ist außerhalb des *Realen,* außerhalb der Existenz. Ich höre sie nicht real, ich höre sie im Imaginären. Das erklärt die beträchtlichen Schwierigkeiten, die wir immer haben, von der ›Welt‹ des Theaters oder der Musik in unsere Alltagsbeschäftigungen zurückzukehren. In Wahrheit gibt es keinen Übergang von einer Welt zur anderen, sondern es handelt sich hier um einen Übergang von der vorstellenden zur realisierenden Einstellung. Die ästhetische Einstellung ist ein provozierter Traum, und der Übergang zum Realen ist ein authentisches Erwachen. Man hat oft von der ›Ernüchterung‹ gesprochen, die die Rückkehr zur Realität begleitet. Aber das würde nicht dieses Unbehagen zum Beispiel nach dem Anhören eines realistischen und grausamen Stücks erklären, in diesem Fall müßte die Realität ja als beruhigend aufgefaßt werden. In Wirklichkeit ist dieses Unbehagen ganz einfach das des Schlafenden, der erwacht: Ein fasziniertes, im Imaginären blockiertes Bewußtsein wird plötzlich durch das unmittelbare Aufhören des Stücks, der Symphonie befreit und nimmt unvermittelt wieder Kontakt mit der Existenz« (SARTRE 1980, 298).

SARTRE setzt also ohne Umschweife die Versetzung des Bewußtseins ins Imaginäre – die ja der Oper mit vielerlei verschiedenen architektonischen, gestischen, musikalischen Mitteln angebahnt wird – mit der Versetzung in Schlaf und Traum parallel. Das Theater, das Konzert, die Oper – ein Traum-Arrangement – eine artifiziell erzeugte Stillegung dessen, was SARTRE das »realisierende Bewußtsein« nennt? Wenn SARTRE recht hat und wenn die ästhetische Einstellung »ein provozierter Traum« ist, welcher Blick fällt dann auf die Inhalte und ihre Stilisierung?

(B)Traumnahe Inhalte und Szenarios (Beispiele)

(1)»Les Contes d'Hoffmann/Hoffmanns Erzählungen«, Musik von Jacques OFFENBACH (1881)

In dieser Oper – sie firmiert im Untertitel als »Opera fantastique« – kommen auch in der Handlung traumnahe Züge unentwegt drastischer als in anderen Opern zum Durchbruch (über die erwähnten allgemeinen opernspezifischen Charakteristika hinaus). Der Dichter Hoffmann erzählt, sich tagtraumartig Erinnerungen hingebend, einer Gruppe trinkfreudiger junger Männer drei verflossene Liebesabenteuer, auch um den Schmerz einer aktuellen Enttäuschung nicht nur durch Wein zu übertäuben. Und diese Erinnerungen gewinnen in drei Akten Gestalt. Er beschwört Traumgestalten auf die Bühne.

Im Antonia-Akt intensiviert sich stufenweise die Anwesenheit der toten Mutter einer verflossenen Geliebten: Zunächst ist nur ihr Bild präsent, dann ihre Stimme, und schließlich (in vielen Inszenierungen jedenfalls) taucht sie real auf – als Stimme und Gestalt aus dem Grabe, die die Tochter dazu bringt, gegen jede Vernunft selbst zu singen und sich dadurch den Tod zu holen, und also den geliebten Hoffmann allein zurückzulassen. Denn eine tödliche Krankheit wird (das ist ihr prophezeit) bei ihr wieder (wie einst bei der Mutter) ausbrechen, wenn sie ihre überirdisch schöne (an eine Violinstimme gemahnende) Seele im Singen erklingen läßt (gegen das Verbot des Vaters, das Bitten des Geliebten). Eine Handlung, die in sich schon albtraumhafte Züge hat: Eine Tote stört die Lebenden auf, sie geraten in ihren Sog.

Im gleichen Akt sind Wände und Schränke durchlässig. Der Doktor Miracle erscheint, geisterhaft, dämonisch, teuflisch: Ein Arzt als Mörder, vom Vater der Antonia schnell erkannt, dieser Todesarzt überredet Antonia, gegen alle Vernunft sich dem Gesang, dem ruhmbringenden, hinzugeben. Kann ein Zuschauer diese rätselhafte Figur verstehen, wenn er sich nicht halbbewußt an Sedimente seiner Träume erinnert?

Im Olympia-Akt entwickeln Apparate einen dämonischen Sog, mittels einer Zauberbrille wird Hoffmann unfähig, der Faszination des Automatenmädchens Olympia zu widerstehen, ein Sog reißt ihn dahin. Die Magie der Apparatur schaltet die Realitätsprüfung aus. In allen drei Akten taucht eine Person in drei Gestalten auf – eine Teufelsvariante in hochbürgerlicher Gestalt, verfremdet, allgegenwärtig, einen Kältestrom um sich verbreitend...

Nicht nur die Konsistenz von scharf konturierten Personen ist aufgelöst, auch die Gesamthandlung der Oper entbehrt des linearen Fortgangs. Es handelt sich um fragmentarische Einzelbilder, die einem Tagtraum des berauschten Hoffmann entsprossen sind: er sucht die Liebesenttäuschung mit einer Sängerin in seiner primären Wirklichkeit durch das Herbei-Phantasieren verflossener enttäuschender Liebesgeschichten zu narkotisieren: Traum, Rausch, Gesang, Erinnerung führen diese drei in vieler Hinsicht reichlich porösen Opernakte herauf, von denen Ernst BLOCH geschrieben hat: »Die satte Zeit ist aus, drinnen wie draußen wurde alles undicht. Wo Fenster und Türen undicht sind, zieht es und Hoffmann ist mitten darin. Zappelnd Starres dient dem, Traum wird frei, ruft jedem nach... Genau in das Nicht-Geheure hat er (sc. der Komponist Jaques OFFENBACH) gedreht, was der leichten Musik zukommt.« Und BLOCH schreibt über die Figuren: »Sie (die Musik der Arien) wird von keinen lebenden Menschen mehr gesungen, sondern von Spukgestalten, von Puppen und Erinnerungen« (BLOCH 1965, 18). Damit ist eine weitere Verwandtschaft von Traum und Oper an einem zugespitzten Beispiel offenkundig: ihre Unheimlichkeit. Da sind vertraute Normalitäten außer Kraft gesetzt. Eine Violine gewinnt im Antonia-Akt dämonische Züge, ihre, der Violine Seele beginnt verführerisch zu klingen, sie zieht Menschen in den Abgrund. Genauso wie im ersten Akt die die Welt verzerrenden Brillen des Herrn Coppelius (der auch Augen verkauft) ein geisterhaft verfremdendes und verführerisches Licht auf die singende Apparatefrau Olympia geworfen haben. Dinge sind gespenstisch aufgeladen, sie verlieren die Unschuld der Instrumente.

(2) Ein Sehnsuchtstraum, der noch Jahrtausende später zündet: »Nabucco« von Giuseppe VERDI (1842)

Die aus Jerusalem nach Babylon verschleppten Juden, zweieinhalbtausend Jahre ist es her, sinnieren über ihr Schicksal, tagträumend gewärtigen sie die verlorene Heimat. In den Erfahrungen gemeinsamer Trauer entstehen Gebete und Lieder: »Vergesse ich dich, Jerusalem, /so verdorre meine Rechte. /Meine Zunge soll an meinem Gaumen kleben, /wenn ich deiner nicht gedenke, /wenn ich nicht lasse Jerusalem /meine höchste Freude sein. /An den Wassern zu Babel saßen wir und weinten, /wenn wir an Zion gedachten. /Unsere Harfen hängten wir /an die Weiden dort im Lande. /Denn die uns gefangen hielten, /hießen uns dort singen /und in unserm Heulen fröhlich sein: /›Singet uns ein Lied von Zion!‹« (Psalm 13 7, 1-4).

Nicht nur im jüdischen Gebetsgottesdienst blieb die Erinnerung wach an das Leid des Exils. Durch die Jahrhunderte hat auch die christliche Liturgie in den Trauermetten der Karwoche die Klagelieder des Propheten Jeremia über die Zerstörung Jerusalems vergegenwärtigt, in gregorianischem Choral eine versunkene Welt beschwörend. Und 1841 packte einen jungen, bislang gescheiterten Komponisten, der vom Schicksal arg mitgenommen war (zwischen 1838 und 1840 starben seine beiden Kinder und seine Frau) die alte Geschichte von den gequälten und oft zu Tode massakrierten Juden im Exil in Babylon. Ein Textbuch inspirierte ihn. In seiner Autobiographie schreibt er, daß die wenigen Zeilen eines Chors der Juden im Exil ihn geradezu elektrisiert haben: Ein Traumlied der von der Heimat Getrennten, die in Trauer und Sehnsucht gewärtigen, was ihnen fehlt: »Va pensioro, sull ali dorate.« – Geh' Gedanke auf goldenen Flügeln. Es entstand, in der Oper »Nabucco« der, wie gesagt wird, bekannteste und beliebteste Opernchor aller Zeiten. Und in den Jahren nach der Premiere 1842 wurde das Lied der vom Vaterland Getrennten, die sich unterdrückt fühlten, zur verdeckten Hymne der italienischen risorgimento-Bewegung: Ein explosiver, ein revolutionärer Traum wird da im Operntheater geträumt und reißt bis heute in Italien die Anwesenden von den Stühlen, wie glaubwürdig berichtet wird. Der Traum, der als Tagtraum vor zweieinhalbtausend Jahren geträumt wurde – als Klage eines Volkes, die den Befreiungswunsch, die Hoffnung auf Heimkehr enthielt – dieser Traum feiert Urständ in der christlichen Liturgie, er zündet neu in der Komposition einer Oper, in dem politisch brisanten Umfeld der Entstehungszeit und in zahllosen Aufführungen bis heute. Auf goldenen Flügen werden die Traumgedanken losgeschickt. Und die schier unglaubliche Resonanz dieses Opernstücks deutet darauf, daß hier nicht historische Reminiszenzen federführend am Werk sind. Eine Traumbereitschaft wird da aktualisiert, der Wunsch, die einschnürende Realität hinter sich zu lassen – er droht die Beteiligten wegzuschwemmen. Die Hoffnung auf Befreiung, auf wiederzugewinnende Heimat, auf Überwindung der Getrenntheit wird brisant, um nicht zu sagen explosiv. Das Opernhaus wird zum Traumhaus. Und im Risorgimento versank der Traum nicht mit dem Ende der Vorstellung ins Wesenlose.

(3) »Il Trovatore« /»Der Troubadour« von Giuseppe VERDI (1853) und andere Opern

Eine Handlung, der der Ruf nachgeht, sie sei wirr, unverständlich, absurd. Bei Licht besehen handelt es sich um Folgendes: Zwei machtpolitisch (in einem Erbfolgestreit um die spanische Krone) verfeindete Männer rivalisieren um die Liebe einer Frau: Manrico und Graf Luna um Leonora, eine adlige Dame. Manrico, der gewinnend singende Troubadour gewinnt die Gunst Leonores, Graf Luna blitzt ab – aber er gewinnt (die Handlung spielt in Spanien anfangs des 15. Jahrhunderts) militärisch. Und läßt schließlich den gefangenen Manrico hinrichten. Zugleich mit der inhaftierten Zigeunerin Azucena. Die ihm noch zuvor unmittelbar nach Manricos Hinrichtung mitteilt, Manrico sei sein leiblicher Bruder gewesen.

In der Handlungsfolge wird klar, daß die Zigeunerin Azucena in Geistesverwirrung vor Jahren ihr eigenes Kind ins Feuer geworfen hatte, um sich an dem Vater des Grafen Luna für den Feuertod ihrer Mutter zu rächen. Eine weitere Komplikation: Leonora vergiftet sich, um Manrico vor dem Tod zu retten. Sie versprach zuvor, sich dem Grafen Luna hinzugeben, wenn der den inhaftierten und todgeweihten Manrico freigebe. Manrico erfährt von diesem Versprechen und mißsteht es als Verrat an beider Liebe. Er beschimpft und verflucht die Geliebte groteskerweise gerade dafür, daß sie sich für ihn geopfert hat. Gewiß eine Handlung mit albtraumhaften Unwahrscheinlichkeiten und Verwirrungen. Die in die totale Katastrophe führen. Leonora, Azucena, Manrico sind am Ende tot, Graf Luna überlebt, ein Sieger in Verzweiflung und Verlassenheit.

Wie sieht die Realisierung dieser Handlung in der Oper »Il Trovatore« aus? Aus einer Geschichte sind Einzelszenen reichlich unzusammenhängend herausgesprengt. Ekstatische Augenblicke explodieren, auch musikalisch. Die Szenen kulminieren immer wieder im Zusammenbruch von Handlungsgewißheiten und Handlungslinien. Immer kommt den Akteuren etwas Störendes dazwischen, dabei wird ein Sturm der Affekte frei.

In der Sprache der einschlägigen Forschung: »Die Oper verzichtet ... auf eine sich kontinuierlich entfaltende Handlung zugunsten einer Reihung geschlossener und autonomer Bilder, deren zeitlich-räumliche Dimensionen genau kalkuliert sind und die darin eminente szenische Schlagkraft und suggestive Wirkung besitzen« (VERDI-Handbuch, 400). Immer wieder verlieren Menschen den Boden unter den Füßen, der gerade dabei war sich zu bilden. Taumeln, viele Szenen spielen in der Nacht. Verwirrungen und Täuschungen: Wer ist der oder die andere? Schon beim Feuerwurf des Kindes von Azucena die erste Verwirrung. Die erste Realbegegnung Leonora – Manrico im Finstern bringt den ersten Irrtum: Leonora hält Graf Luna für Manrico. Am Ende sieht sich wie gesagt der Graf Luna getäuscht durch Leonora, die sich ihm hinzugeben schwört, um Manrico zu retten – aber Gift nimmt. Manricos Eifersuchtswahn wird aufgeklärt, als es zu spät ist. Die Welt ein Irrgarten.

Auch die die Welt überfliegende Liebe, das scheinbar unverbrüchlich Festeste, ist anfällig für Trug, Mißverständnis. Der Irrtumsbazillus setzt gerade da an, wo die Liebe ganz absolut wird, nämlich da, wo die Liebende sich für den Geliebten opfert. (Eine genau entsprechende Gefühlsverwirrung in der Beziehung Elena-Arrigo in der Oper »I Vesperi Siciliani«/»Die sizilianische Vesper« von VERDI, Uraufführung 1855). Auch das Gefühlssicherste ist in dieser von Machtränken durchzogenen Welt truganfällig. KLEIST ist nicht fern. Und Tristan auch nicht, mit der prophetischen Rede vom »truggeweihten Glücke« am Ende des ersten Aktes von WAGNERS »Tristan und Isolde«.

Die Liebenden haben Züge von Heiligen, die im absoluten Heiligtum der Liebe leben und deshalb ihr Leben für den Geliebten/die Geliebte hingeben – dabei freilich verkennen sie die Widrigkeiten der Realität. So daß der Opfertod sinnlos zu werden scheint. Leonora opfert sich, ohne das Ziel, die Befreiung Manricos, zu erreichen. Manrico singt als Gefangener im Turm, sein Leben sei ein Sühnopfer für seine Liebe zu Leonora. Es handelt sich um säkularisierte (?) Heilige, die in VERDI-Opern immer wieder zur Ehre der Altäre für die Verherrlichung der Liebe, die in dieser Welt keinen Ort hat, aufsteigen. Erst im Tod jenseits der Alltagsrealitäten, gibt es Versöhnung, Heil, Vereinigung, Weltüberwindung. Eine Traumwelt?

Die Akteure können sich ihrer Umwelt, ihrer Handlungskompetenz nie sicher sein. Ständig verlieren sie das Heft aus der Hand. – Alles wird zu Staub. Eine totale Autonomie-Demontage findet statt. Auch der melodische Gestaltfluß wird, wie die Akteure in ihrer Handlungslinie ständig aus der vorhersehbaren Bahn geworfen: »Wie in keiner anderen Oper Verdis werden die melodischen Formulierungen rhythmisch aufgebrochen, durch spezzature, Synkopen, Asymmetrien und Akzentverlagerungen variiert...« (VERDI-Handbuch, 401).

Die Außenwelt ist durch eine schaurig zerrissene Traumwelt für die Dauer des Opernabends, nachhaltig außer Kraft gesetzt – die

Außenwelt mit ihren Forderungen nach Affektkontrolle, nach Handlungskonsistenz, nach vernünftiger Begründung und Motivierung von Handlungen. Kein heutiger Theaterbesucher kann seine Alltagsprobleme im Vordergrund dieser versunkenen Feudalwelt wiederfinden. Warum aber fasziniert solches? – es handelt sich immerhin seit 150 Jahren um eine der meistgespielten Opern des Repertoires. Warum wird sie nicht als unglaubhafte Schimäre ausgelacht? Etwa weil sie ebenfalls aus dem Stoff ist, aus dem auch Träume sind? Etwa weil darin Züge der Existenz des modernen Lebens zum Vorschein kommen, die in der Tagwelt der Zivilisation unter der Decke gehalten werden müssen? Etwa, weil jeder Zuschauer die grelle Abruptheit von unwahrscheinlich zusammenhanglosen Szenen und Affektschüben insgeheim kennt – und zwar viel besser als den Vordergrund spanischer Erbfolgestreitigkeiten im 15. Jahrhundert?

VERDI schrieb einmal: »Man sagt, diese Oper sei zu traurig, und es gebe zu viele Tote darin. Aber schließlich ist im Leben doch alles Tod? Was lebt schon?« (zit. bei GERHARD 2001, 50). In diesem 19. Jahrhundert, in dem der westeuropäische Mensch seine definitive Herrschaft über Traditionen, über Natur und Gesellschaft per Technik, Ökonomie und Wissenschaft durchzusetzen im Begriff war – präsentiert die Oper (und »Il Trovatore« steht für viele andere Werke exemplarisch) den in allen Triumphen überschwiegenen dunklen Gegenstrom: »Die Befreiung von politischen und individuellen Zwängen schlägt fehl. Mit Macht versuchen zwar die Figuren, sich aus den Verwerfungen von Gesellschaft und Schicksal zu befreien, doch sie zerbrechen mit ihren widerstrebenden Emotionen, Wünschen und Bedürfnissen an einer Wirklichkeit von Krieg, Elend, Verfolgung und Unrecht. Azucena, Luna, Manrico und Leonora ziehen konzentrische Kreise um eine dunkle Mitte, von der sie sich nicht lösen können und an der sie schließlich zerschellen« (VERDI-Handbuch, 2001, 403). Ein dunkler Gegentraum gegen die Oberflächen-Träume von Fortschritt und Perfektion bricht sich da Bahn.

In VERDI-Opern passieren fast regelmäßig Katastrophen, die kein Zuschauer am eigenen Leib erleben möchte: Todesfälle und Morde aus Versehen, d.h. aus Fehleinschätzungen dessen, was Tatsache ist. Die Menschen werden durch Chimären, durch Zufälle, durch Irrtümer genarrt. Der Schein täuscht sie. Und diese oft zu Katastrophen führenden Scheingewissheiten tauchen in VERDIS letzter Oper »Falstaff« als zu belachende *Burla* auf.

Hier eine knappe Aufzählung von Tötungsgeschehnissen aufgrund von Mißverständnissen, Fehlinformationen, Zufällen: Alvaro tötet aus Versehen den Vater seiner Geliebten (ein Schuß geht zufällig los): »La forza del destino«. Rigoletto läßt versehentlich einen Mörder seine geliebte einzige Tochter töten (»Rigoletto«). Otello erdrosselt, durch falsche Information genarrt, seine geliebte Desdemona (»Otello«). Azucena wirft versehentlich das eigene Kind ins Feuer (nicht das des Grafen Luna, an dem sie den Feuertod ihrer Mutter zu rächen beabsichtigt): »Il Trovatore«. Graf Luna bringt in Unkenntnis der Verwandtschaftsverhältnisse seinen Bruder an den Galgen (»Trovatore«). Manrico verflucht und beschimpft in Unkenntnis der Zusammenhänge Leonora, die sich für ihn aufgeopfert hat (»Il Trovatore«). Ferdinand vergiftet durch Fehldeutung verblendet seine Geliebte (Luisa) die sich für ihren Vater aufgeopfert hatte (»Luisa Miller«). Alfredo verflucht und schmäht aus Unwissen, genarrt vom Vordergrund, seine ehedem geliebte Violetta, die ihre Liebe für die von seinem Vater repräsentierte Familie geopfert hatte (»La Traviata«). Der Gang zum Maskenball ist für den Grafen ein Gang in den Tod: Der Schein trügt, der scheinbare Freund bringt ihn um. (»Ballo in Maschera«).

Immer trügt der Schein, zumeist mit tödlicher Konsequenz. Die Realität setzt sich in Katastrophen gegen die Illusionen der Figuren, die wähnen, das Heft in der Hand zu haben, durch. Sie werden in die Kontingenz zurückgestürzt. Was hat VERDI an solchen Konstellationen zur Musik gereizt?

Hat das vielleicht etwas mit Albträumen zu tun. Es geht katastrophal schief. Und man wacht erleichtert auf (so wie die Genarrten bei VERDI schließlich in elegischen Abschiedsduetten der trügerischen Welt den Laufpaß geben, sich wegschwingend, endlich ungestört geeint, und sei es in fiebrigen Phantasien, wie in »Il Trovatore« und »La Traviata«).

In den großen MOZART-Opern, von »Idomeneo« bis »Die Zauberflöte« und »Clemenza di Tito« wäre eine analoge Typologie von Entwicklungen aufzureihen, in denen Katastrophen oft buchstäblich im letzten Moment durch die große Gnadengeste der Verzeihung (der Gott Poseidon in »Idomeneo«, Selim Bassa in »Die Entführung aus dem Serail«, Die Gräfin in »Le Nozze di Figaro«, Sarastro in »Die Zauberflöte«, Tito in »Clemenza di Tito«) nicht nur verhindert, sondern in Versöhnung verwandelt werden. Der Albtraum wird da zum Erlösungstraum. Die Leuchtspuren der »gratia gratis data« der christlich-theologischen Tradition sind unverkennbar. Wer wie Tamino durch Feuer und Wasser durch die Bahn der Todesangst geschritten ist, der kann erlöst und befreit werden, er kommt nicht darin um. Belmonte (in »Die Entführung aus dem Serail«), der Graf (in »Le Nozze di Figaro«) wollen nicht Recht behalten, sie legen gewissermaßen die Waffen nieder (wie »Idomeneo«). Und werden nicht verstoßen oder bestraft. Bei VERDI geschieht die befreiende Erlösung oft erst im Tod der Liebenden, die die widrige Welt verlassen – bei MOZART geschieht sie oft kraft der Verzeihung im Leben, wodurch die Dynamik von Intrigen und Rachegelüsten entkräftet wird.

(C) Worin unterscheiden sich Oper und Traum?

Nach allem Gesagten ist freilich festzuhalten, daß Träume keine Opern und Opern keine Träume sind. Vier fundamentale Unterschiede lassen sich nennen:

(1) Die Geschichten, die die Oper vergegenwärtigt, gewinnen materielle und sinnliche Gegenwart auf der Bühne. Wirkliche Menschen in wirklichen Räumen sind ihre Träger. Sie sind wiederholbar und gewissermaßen abrufbar und planbar. Alles das kann von Traumgeschichten nicht gelten.

(2) Die auf der Opernbühne vorgeführten Geschichten spielen auch infolge ihrer materiell-sinnlichen Präsenz in einer räumlichen und affektiven Distanz zum Betrachter und sind infolgedessen prinzipiell immer der Reflexion zugänglich: Man kann über sie als über fiktive und vorgespielte Ereignisse nachdenken, vergleichend, wertend, analysierend. Dem Träumenden ist gewöhnlich die Reflexion auf den Traumcharakter des geträumten Geschehens verwehrt.

(3) Die Operngeschehnisse auf der Bühne spielen in einer sozialen Öffentlichkeit – eine Vielzahl von Reaktionen von Zuschauern ist möglich, der Raum ist ein öffentlicher Raum, das Publikum hat Züge einer Versammlung von Menschen, die zu einem herausgehobenen Ereignis zusammenkommen (wohingegen der Träumer immer in seine Privatheit eingeschlossen ist: Niemand anderes hat Teil an seinem persönlichen Traum). Mit dieser Öffentlichkeit zusammen hängt der Charakter der Opernaufführung, die sowohl Züge festlicher Liturgie und Epiphanie hat wie auch eine Beimischung von Klamauk, Schaulust, Sensation, Wanderbühne.

(4) Schließlich ist die Präsentation von gesungenen und gespielten Geschichten eingebunden und weitgehend determiniert von hochentwickelter musikalischer und ästhetischer Künstlichkeit – weit entfernt von spontan sich ergebenden Affekt- und Phantasie-Regungen. Regisseure haben längst bemerkt, welche Chancen sich für die Operndarstellung bieten, wenn diese Artifizialität bewußt die Traumnähe von Opernhandlungen aufgreift und szenisch explizit macht. Nicht nur die schon zitierte »Aida« unter NEUENFELS/GIELEN in Frankfurt versetzte die Handlung in den Aggregatzustand eines Traums der männlichen Hauptperson – WERNICKE hat in München (in »Der fliegende Holländer«) das tagträumende Mädchen Senta, das vor dem Bild des bleichen ruhelos über die Meere irrenden Holländers immer wieder in Absencen fällt, in einen Raum versetzt, in dem das Geisterschiff mit diesem Seemann durch die Zimmerwand einbricht. Und der junge Mann, der in einer »Zauberflöte«-Inszenierung der neunziger Jahre in der Oper Frankfurt in seinem Bett schlief und träumte, sah sich unversehens als Tamino mit einer schrecklichen Schlange, die ihn verfolgte, konfrontiert.

In all diesen Fällen tritt beides zutage: der Traumcharakter der Handlung und die distanzierte Reflexion auf eben diesen Traumcharakter. Der ästhetische und erkenntnismäßige Gewinn kann unter diesen Bedingungen beträchtlich sein. Der Zuschauer wird angeregt, Menschenforschung im traumnahen Musiktheater zu betreiben. Die Unterwelt wird nicht nur beschworen, sie wird auch als solche bewußt gemacht und gezeigt. Warum freilich das Schreckliche, Verpönte, Labyrinthische des Lebens, wenn es ans Tageslicht kommt, solche Faszination, solche Beglückung wecken kann, diese Frage mag zu einigen zusammenfassenden Schlußbemerkungen überleiten.

Einerseits ist festzuhalten: Operndarstellungen schöpfen den Geschehnissen etwas vom Ernst des wirklichen Lebens ab: Sonst müßte man als Zuschauer ja betroffen sein wie von Tatsachen. Man müßte auf die Bühne springen und eingreifen. Man ist kein Mitakteur, man ist auf Distanz gehalten.

Happy Birthday, Marlene – zum 100. Geburtstag die Monographie des Kultstars

Marlene Dietrich
Linde Salber

50436 / € 8,50 (D) / DM 16,62 / sFr. 15,60

In aller Welt hat sie die Menschen bewegt und fasziniert, ihr Mythos ist bis heute ungebrochen: Marlene Dietrich, eine Diva, die es keineswegs jedem recht machen wollte ... Mit ihren unbequemen Meinungen, vor allem über Nazi-Deutschland, hat sie manchen Zeitgenossen provoziert. Am 27. Dezember wäre die Schauspielerin und Sängerin hundert Jahre alt geworden. Linde Salber, Autorin der Monographien über Lou Andreas-Salomé und Anaïs Nin, zeichnet den Lebensweg der Dietrich vor politischem und kulturellem Hintergrund nach.

Foto: dpa

Anderseits: Es werden auch Mauern der Distanzierung niedergelegt. Die Musik im Verein mit anderen ästhetischen Mitteln (Raum- und Lichtgestaltung, Körpersprache etc.) induziert Verschmelzungsprozesse der Zuschauenden mit Wünschen, Ängsten, Irritationen der Akteure auf der Bühne, die an Intensität das übertreffen, was der Alltag an Gefühlen der Teilnahme zuläßt. Die Entrückung ins Spiel zeitigt also mit der Distanzierung auch eine neue Nähe. Es bleibt die Frage, wie die Wirkungen dieses komplexen und widersprüchlichen Kunstgebildes zu erklären sind. Der in einem Opernführer abstrahierte Informationsgehalt der Handlung kann es ja nicht sein. Woher das Erlebnis gesteigerter Lebensintensität und festlicher Erhöhung, bei oft genug unwahrscheinlichem Handlungssubstrat? Man mag an FREUDs Deutung der Lust denken, die der Witz freisetzen kann. Im Witz werden ja demnach die Grenzen des Schicklichen, Wahrscheinlichen, Massvollen und Vernünftigen annulliert – die das Wunschzentrum einschnürende Realität scheint zeitweise außer Kraft gesetzt. Das zivilisierte Bewußtsein kann das aber nur zulassen, wenn und weil die ungebärdigen Wünsche durch kulturkonforme Gestaltungen (im Fall des Witzes etwa durch geschliffene Sprachspiele) gefiltert, gedämpft und ebenso getarnt wie gesellschaftsfähig gemacht sind. Die Analogie zur Deutung der Lust an Exzessen auf der Opernbühne liegt nahe: Die ausgearbeitete szenische, musikalische, gesangliche Präsentationsgestalt macht das oft extreme Geschehen mit den extremen Gefühlsäußerungen dem zivilisierten Bewußtsein erträglich – sie gibt eine Erlebnispassage frei, die es mit dem normalen normgesteuerten Leben vereinbar macht.

Diese ästhetische Durchgestaltung bietet Chancen, ansonsten tabuierten ungebärdigen Triebwünschen in der Phantasie nachzugeben. So kann »der Lustsucher« (Freud 1973, 142) im Menschen, der immer auf der Lauer liegt, in gesellschaftlich approbierter Form (Oper ist als Kunst gesellschaftlich hochrangig eingestuft) auf seine Kosten kommen. Seine aggressiven, narzißtischen, sexuell-erotischen Wünsche, d.h. also auch seine Sehnsucht nach Erhöhung, Verklärung, Verewigung von Menschenleben gegen den »Denk- und Realitätszwang« (a.a.O., 141), solches kann zum Zug kommen. Menschen können sich in Dimensionen kennenlernen und ausforschen, die der rationalisierte Alltag in einer säkularisierten Welt durchweg blockiert. Und solches hat auch politische Brisanz. Woraus sich ja die vielen Zensurierungen und Überarbeitungszwänge erklären, die die Operngeschichte vor allem im 19. Jahrhundert begleiten. Aber diese Art von Traumzensur ist hier nicht mehr abzuhandeln.

Oper als Spiel-Art der Menschenforschung? Der Komponist und Dirigent Michael GIELEN, zwischen 1976 und 1986 Operndirektor in Frankfurt, sagte unter anderem in einer kurzen Ansprache zum Ende seiner Ära, die für die Geschichte der Opernrezeption in Deutschland epochemachende Züge hatte: »Sie haben in diesen zehn Jahren gewiß einiges über Oper und Musik erfahren. Was wohl noch wichtiger ist: Sie haben einiges über sich erfahren.«

Literatur

BLOCH, E. (1965):Über Hoffmanns Erzählungen. Gesamtausgabe der Werke, Bd.9. Frankfurt/M
FREUD, S. (1906): Psychopathische Personen auf der Bühne. SA, Bd. X. Frankfurt/M 1969
- (1905): Der Witz und seine Beziehung zum Unbewußten. GW, Bd.VI. Frankfurt/M 1973
GERHARD, A. (27./28.1.2001): Töne aus dem Leierkasten oder Weltliteratur? In: NZZ, S. 50
SARTRE, J.P. (1980): Das Imaginäre. Reinbek
GERHARD, A./SCHWEIKERT, U.(Hg) (2001): Verdi-Handbuch. Kassel/Stuttgart/Weimar

Eine Nacht? und war ein Leben.
Eine Nacht. Es war ein Traum.

...Doch vergiß es nicht, die Träume,
Sie erschaffen nicht die Wünsche,
Die vorhandnen wecken sie;
Und was jetzt verscheucht der Morgen,
Lag als Keim in dir verborgen, ...

Franz GRILLPARZER

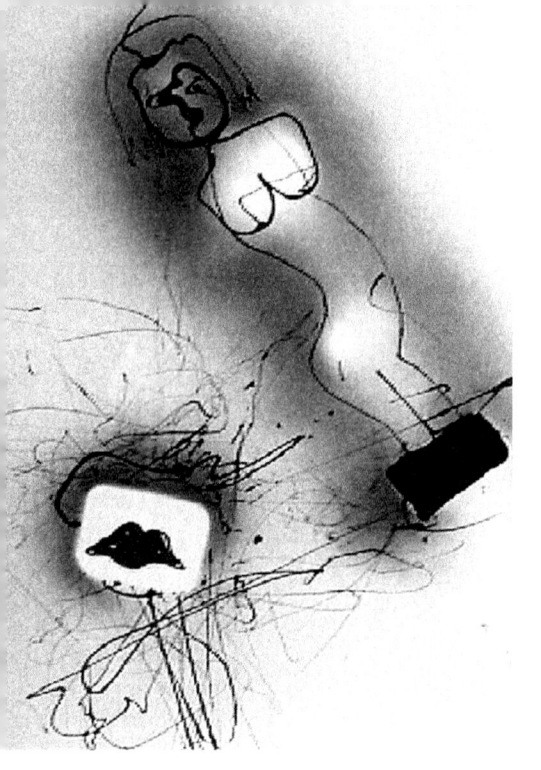

Gisela Rascher

Traum und Behandlung

Phantastische Ergänzungen

Traum und Behandlung hatte man mir als Titel meines Vortrags vorgegeben, und ich hatte mich gerade auf die Suche nach einem Einstieg in dieses unerschöpfliche Thema gemacht, als sich bei einem Fall in meiner Praxis mit einer gewissen Dramatik herausrückte, welchen Stellenwert der Traum in einer psychologischen Behandlung hat: Frank Hellmann* rief mich an und bat mich verzweifelt um einen Termin: »Wenn es geht, noch diese Woche!« Herr Hellmann hatte vor zehn Monaten den zweiten Behandlungsblock einer Intensivberatung abgeschlossen, und wir hatten verabredet, in einem Jahr bei der Katamnese zu entscheiden, ob die Behandlung noch eine weitere Fortsetzung erfahren würde.

Die erste Sitzung ist ein einziger Hilferuf: Es geht ihm ganz schlecht, am ganzen Körper zittert er, Erstickungsgefühle, Schweißausbrüche, Angst. Die ganze Symptompalette, wegen der er die Behandlung aufgesucht hatte und die zwischenzeitlich verschwunden war, ist wieder aufgeblüht. Medizinisch gibt es keinen Befund. Was ist los? Es soll geheiratet werden! Eine Blitzhochzeit, nächsten Monat schon. Ich laß ihn erzählen, und am Ende sieht es so aus, als sei er einer heiratswütigen Frau in die Hände gefallen, die ihr Torschlußpanikprogramm durchziehen will: Mann suchen, zusammenziehen, heiraten, Kinder kriegen. Ihre Bestimmtheit im Vorgehen und seine Unfähigkeit, ihrem Verhalten eigene Bestimmungen entgegenzusetzen, erinnern an sein Verhältnis zum Vater, um das es in der Behandlung immer wieder ging. Was diesen Eindruck noch verstärkt: Genau zu dem Zeitpunkt, als der Vater einen Herzinfarkt bekam und zu sterben drohte, tauchte diese Frau auf, er verliebte sich in sie, und das alte Unheil nahm seinen Lauf.

---

*Name(n) und sonstige biographische Daten geändert

Und wie beim Vater, sagt er jetzt auch bei ihr zu allem ›Ja und Amen‹. Oh je! Die Therapeutin ist schockiert. Was ist denn da passiert. War die Behandlung zu früh beendet worden?

In der 2. Sitzung kommt die Entwarnung: »Ich habe die Heirat aufgekündigt!« Erleichterung bei Fall und Therapeutin. Schock bei der Braut, Heulen und Zähneknirschen. Er fühlt sich schrecklich schuldig. Ihre heftige und wütende Reaktion scheint seinem Rückzug aber recht zu geben: Gerade noch einmal mit einem blauen Auge davon gekommen, ehe er in der Hölle gelandet wäre?

In der 3. Sitzung erzählt er dann, daß sie doch noch einmal miteinander geredet haben und sich abends treffen wollen. Vielleicht kann es ja doch mit ihnen gehen, wenn man den Druck, der durch die Hochzeit aufgekommen ist, wieder rausnimmt. Ich habe etwas Komisches geträumt, erzählt er dann unvermittelt.

»Ich war im Büro. Da habe ich Doris wiedergetroffen. Draußen bricht ein schreckliches Unwetter aus, es ist wirklich ein ganz schlimmes Unwetter. Es hat etwas Bedrohliches. Aber ich fühle mich drinnen ganz geborgen. Auf der Terrasse steht ein Photokopierer, der fällt von dem Regen um.«

Der Traum ging noch weiter, aber an die Fortsetzung erinnert er sich nicht mehr.

Wir gehen den Einfällen zu den einzelnen Traumbildern nach:

Zum ersten Bild »Ich war im Büro« fällt ihm ein, daß er im Moment zwar noch jeden Tag im Büro ist, daß es damit demnächst aber vorbei ist. Frank Hellmann arbeitet bei einem Frankfurter Musikproduzenten. Seine Abteilung wird nächstes Jahr nach Hamburg verlegt. Er wird nicht mitgehen. Er hat diese Gelegenheit genutzt, um endlich von der Firma wegzukommen. Als er vor vielen Jahren hier anfing, sollte das nur ein vorübergehender Job sein, eigentlich hatte er etwas ganz anderes vorgehabt. Aber dann ist er hängengeblieben, immer mit dem festen Vorsatz im Kopf, bei der nächsten Gelegenheit wegzugehen. Der Umzug nach Hamburg erschien dann als diese langherbeigewünschte Gelegenheit. Je näher aber der Tag heranrückt, an dem er sein Büro räumen wird, um so banger wird ihm davor.

Indem der Traum mit seinem Arbeitsplatz beginnt, stellt er gleichsam heraus: ›Guck' genau hin, dein Problem hat etwas mit dem zu tun, was sich an deinem Arbeitsplatz abspielt – mit deiner Ambivalenz von Bleiben und Weggehen.‹ Das wirkt im Zusammenhang mit seiner momentanen Krise wie ein Zurechtrücken. Erst das zweite Traumbild rückt das ganze zur Frau hin.

Im Traum trifft er Doris im Büro; das mit Doris war vor zehn Jahren, in die war er verliebt. Eine ungemein aktive Frau. So eine wie Lisa, die er nächsten Monat heiraten wollte. Doris wollte ihn damals auch von der Stelle weg heiraten. Dann fällt ihm Yvonne ein, die hat er tatsächlich vor ein paar Tagen wiedergetroffen, die hatte er wie Doris jahrelang nicht mehr gesehen. Yvonne ist ein ähnlicher Typ, die wollte ihn damals auch heiraten. Aber er ist jedes Mal weggesprungen. Doris wird als eine Art Prototyp der von ihm begehrten und verlassenen Frauen sichtbar; das sind Frauen, die genau das haben, was ihm im Moment bei den Bewegungen an seinem Arbeitsplatz fehlt: Entschiedenheit. Wenn er also im Traum Doris an seiner Arbeitsstelle trifft, stellt der Traum damit heraus: Das, was diese Frauen können, müßtest Du jetzt auch können.

In der Verschachtelung der Doris-Figur steckt zugleich noch ein Hinweis, daß in dem, was man als erstes sieht, noch ganz anderes stecken kann. Steckt in seiner plötzlichen Panik vor dem Hochzeitstermin auch noch etwas anderes?

Das schreckliche Unwetter draußen. Dazu fällt ihm der Brand ein: Vor vierzehn Tagen hat es in dem Bürogebäude gebrannt. Er war oben im 30. Stock, allein, Freitagabends, da fing es plötzlich an zu britzeln, und dann ging das Licht aus. Der Strom war weg. Der Aufzug tat es nicht. Das Telephon auch nicht. Es roch nach Qualm. Er erzählt das alles ganz munter, als würde er über einen Film erzählen, als hätte sich das Bedrohliche wirklich draußen ereignet, wie es der Traum auch ausdrücklich herausstellt: Draußen war es bedrohlich, aber er war ja zum Glück drinnen. Da konnte ihm nichts passieren. Drinnen war er vor dem, was draußen passierte, geschützt. Macht der Traum da auf eine Verschiebung aufmerksam? Indem das Schreckliche, in das er hineingeraten ist, sich in ein Draußen verschiebt, entsteht zugleich ein davon abgetrenntes Drinnen, in dem er sich geborgen fühlen kann.

Im nächsten Traumbild wird das noch weiter ausgestaltet: Der Photokopierer steht draußen und fällt vom Regen um.

Das ist verkehrt, der würde nie draußen stehen, fällt ihm dazu ein. Der steht natürlich drinnen. Dann fällt ihm der Blick in die Büroetage ein, wo das Feuer ausgebrochen war: Da war der Photokopierer wirklich umgefallen, aber vom Löschwasser drinnen, nicht vom Regen draußen. Das schlimme Unwetter hat sich nicht draußen, sondern drinnen abgespielt! Im Bild vom Photokopierer im Regen wird das Verhältnis von drinnen und draußen jetzt noch deutlicher herausgestellt: Es war genau umgekehrt, man muß alles umdrehen! Und im Umdrehen dreht sich jetzt das ganze Ausmaß dieses Unwetters heraus: Stück für Stück fällt ihm wieder ein, wie das war: Im 30. Stock eingesperrt, mutterseelenallein sein, Fenster gehen nicht auf, kein Strom, kein Telefon, Brandgeruch, das Feuertreppenhaus, Bilder vom Düsseldorfer Flughafen. Todesangst ergreift ihn. Wie eine materiale Verdichtung: das flackernde Schild, das den Notausgang markiert, ein Männchen läuft eine Treppe herunter. Da hat er oft im Vorbeigehen draufgeschaut, ohne sich dabei etwas zu denken. Und jetzt ist er plötzlich selber dieses Notmännchen auf der Treppe geworden. Das hat etwas bedrängend Reales und zugleich etwas Unwirkliches. Als könnte das alles gar nicht wahr sein. Aber die schweren Eisentüren, die er öffnen muß, der muffige Geruch des Fluchttreppenhauses, der ihm entgegenschlägt, die rohen, staubigen Betontreppen bestätigen die Echtheit dieser ungeheuerliche Wirklichkeit, in der er plötzlich mitten drin steckt: Er ist tatsächlich selber dieses Notmännchen! – zwischen Himmel und Erde hängend. 25 Minuten dauert das. So lange braucht man für 30 Stockwerke. Draußen hört er hundert Feuerwehren ankommen. Ein Kollege hat im Aufzug gesteckt. Der hat wie am Spieß geschrien, der wurde gleich ins Krankenhaus gebracht. Er nicht! Sobald er wieder an der frischen Luft war, hat er nichts mehr von seinem Schrecken gespürt. Er ist am nächsten Tag wieder ins Büro gegangen, als wäre nichts gewesen. Aber dann bekam er zum ersten Mal dieses Erstickungsgefühl. An die frische Luft rennen, das hilft. Das gleiche am darauffolgenden Tag. Dann ist er zum Arzt gegangen, dem hat er aber nur erzählt, daß er sich unwohl fühlt. Nichts von dem, was passiert war. »Sie brüten einen Virus aus!«, hat der gesagt. Langsam zeichnet sich beim Beschreiben ab: Er stand genauso unter Schock wie auch die anderen, die sich im Gebäude aufgehalten haben; aber bei ihm hat es niemand gemerkt. Bei ihm konnte es niemand merken, weil er sich nachher so verhielt, als sei er das gar nicht gewesen, der im Treppenhaus gesteckt hatte, 25 Minuten zwischen Himmel und Erde, zwischen Leben und Tod. Als sei in dem Moment, wo er das Gebäude verlassen hatte, das Notmännchen wieder an seinen Platz auf dem Warnschild zurückgekehrt. Draußen.

Kurz darauf aber stellte sich bei ihm die Panik wegen des bevorstehenden Hochzeitstermins ein. War das eine Verschiebung seiner Todesängste von dem dramatischen Geschehen im Büro auf die geplante Hochzeit? Betroffenheit stellt sich ein über diesen plötzlich sich herausrückenden Zusammenhang! Das wäre ja furchtbar! Es kommt zu einer ersten Umerzählung, wie es zum Hochzeitstermin kam: nicht die Freundin, sondern er hatte auf Heiraten gedrängt! Die Idee war von ihm ausgegangen, weil er endlich eine eigene Frau und auch ein Kind haben wollte, eine Familie, in der er sich geborgen fühlen könnte, wenn er sich jetzt wieder in die rauhe Berufswelt hinausbegeben würde.

Wie eine Bestätigung, daß wir auf der richtigen Spur sind, wirkt es, daß ihm jetzt wieder einfällt, wie der Traum weiterging.

»Ich ging einen langen Gang entlang.« Das lange Nottreppenhaus, die lange Not, die er so gut verdrängt hatte! Zugleich hat der Traum das aus der Vertikalen in die Horizontale gedreht. Wieder ein Hinweis, daß man bei ihm alles umdrehen muß? Bei diesem langen Gang hat er körperlich gespürt, daß er selber es ist, der hier zwischen Himmel und Erde hängt, kein Treppenmännchen auf einem Schild an der Wand. Und genau das hatte er ja weggemacht, indem er seine Beklemmungen auf den bevorstehenden Gang zum Traualtar geschoben hatte. Hat er mit dieser Verschiebung den Gang zum Traualtar überdramatisiert? Oder ist ihm hier gerade erst deutlich geworden, daß er selber auch dieses Männchen ist, das bald zum Traualtar schreiten wird?

»Der Gang führt an zwei kleinen Zimmern vorbei.« Dazu fallen ihm die Kinderzimmer der Kinder von Freunden der Eltern ein, die lagen so. Da fuhr er nicht gerne hin. Denen fühlte er sich so ausgeliefert, die waren zu Hause bei sich, und außerdem waren die auch noch zu viert, und er war ganz allein. Bei jedem Besuch war er ihrer Übermacht ausgeliefert. Hier rückt der Traum ein Verhältnis heraus: Es geht um Unterlegenheit, Ohnmacht, Ausgeliefert-Sein. Wie beim Stromausfall. Und was sich ihm anschließend am Heiraten so panisch herausgerückt hat. Zugleich liegt im Bild der Kinderzimmer wohl ein Hinweis auf etwas aus seiner Vergangenheit, das immer noch wirksam ist.

»Da ist ein Raum mit einem offenen Fenster.« Das beruhigt. Da geht es raus.

Ehe die Abteilung in Frankfurt ganz aufgelöst wird, zieht sie noch einmal um ins Nebengebäude. Dieses Gebäude hat offene Fenster. Dieser Umzug ist eine Frist, die ihm bleibt, bevor sein Vertrag ausläuft und er ins rauhe Leben hinaus muß. Je näher sie rückt, um so mehr bekommt sie etwas von einer Galgenfrist. Auch hier wird er mehr und mehr zu diesem Notmännchen, das bald weggehen muß und dann keine Arbeitsstelle mehr hat. Weil er auch hier eine Festlegung scheut. Wie beim Heiraten.

»Vor dem Fenster hängen Wäschestücke.« Sein »Bergzimmer« fällt ihm dazu ein; dieses Zimmer in seiner Wohnung nennt er so, weil sich hier seine Wäsche zu zwei Bergen stapelt: einen mit schmutziger, einen mit sauberer Wäsche. In diesen Bergen steckt seine Freiheit: Während es in den anderen Zimmern immer sehr aufgeräumt ist, leistet er sich hier ein Stück Ungeordnetheit. Seine Angst vor der Heirat hat sich an seinem »Bergzimmer« festgemacht: Daß ihm dieses Zimmer und damit seine Freiheit genommen wird, wenn seine Frau zu ihm in die Wohnung ziehen wird. Erst in diesem letzten Traumbild greift der Traum jetzt explizit auf die Hochzeitsgeschichte zurück und rückt in diesem letzten Bild, bei dem vor das Fluchtfenster ein Wäschestück von seinem Freiheitsberg hängt, fast wie eine Karikatur heraus: ›Was Du deine Freiheit nennst, die Du dir um jeden Preis erhalten willst, ist ein Berg unaufgeräumter Wäschestücke.‹

Das Voranschreiten der Traumanalyse führt zu einer kompletten Umerzählung der Krise: Jetzt liegt der Grund nicht mehr bei der Frau, die sich heiratswütig auf ihn stürzte und nichts anderes im Sinn hatte, als sich über seine Freiheitsberge herzumachen. Vielmehr tritt sein ewiges Hinwenden und Abwenden als Auslöser der Krise heraus. Dieses Hin und Weg, so stellt es der Traum ausdrücklich heraus, ist aber nicht auf seine Liebesbeziehungen beschränkt, vielmehr bestimmt dieses Verhältnis auch seine Arbeit. Indem der Traum Arbeit und Liebe als etwas zusammenbringt, das sich im gleichen Hin und Her bewegt, kann er jetzt in einem dritten Schritt die besondere Zuspitzung des Ganzen durch den Brand im Bürogebäude herausarbeiten: Seine Todesängste haben sich von dem Weglaufen aus einer realen Gefahrensituation auf die bevorstehende Hochzeit geschoben, um daran die tödliche Gefährdung aufzudecken, vor der es wie vor dem Brand wegzulaufen gilt; indem aber das auslösende Ereignis, nämlich der reale Brand, an den Rand der Erinnerung gedrängt wurde, konnte sich die Verschiebung unkenntlich machen. Erst mit diesem Unkenntlich-Machen aber konnte sich die ganze Wucht seiner durchgestandenen Todesangst auf die Heirat übertragen. Die Hochzeit wurde damit zu einer Figur gemacht, in die er seine aufgebrochenen Todesängste wie in eine Schachtel hineinschieben und wegschließen konnte.

Und dann macht der Traum noch einen vierten Schritt: In dem zunächst vergessenen Teil weist er darauf hin, daß diese seltsame Bewegung etwas mit der Kindheit zu tun hat. Mit alten Erfahrungen von Ohnmacht und Ausgeliefert-Sein im Kinderzimmer. Dieses Kinderzimmer hat aber zugleich auch das offene Fenster, aus dem es in die Freiheit hinaus geht. Resultiert aus den alten Erfahrungen von Ohnmacht und Ausgeliefertsein auch seine Bedrängnis, die ihn immer wieder panisch nach einem Fluchtfenster suchen läßt? Das letzte Traumbild weist an der gesuchten Freiheit Kindliches auf: Es ist die Freiheit vom Aufräumen-Müssen, die ihn immer noch bewegt.

Für die Arbeit in den folgenden Sitzungen ist dieser Traum gleichsam programmatisch: es kommt jetzt endlich das zum Zug, was der Traum mit dem Bild vom langen Gang, der an den Kinderzimmern vorbeiführt, angedeutet hat. Es ist genau das, was sich in den ersten Behandlungsblöcken einer Berührung verschlossen hatte: die Geschichte der Behinderung, die seine ersten Lebensjahre bestimmte. Frank Hellmann wurde mit einer Gaumenspalte geboren; vor allem beim Trinken hatte das eine fatale Auswirkung: Trinken an der Mutter drohte sich immer in ein Ersticken an der Mutter zu verkehren. Diese frühe Verkehrungserfahrung ist zwar nicht behandelbar, indem die Behandlung verdrängte oder verschobene Erinnerungsbilder herbeirufen und zurechtrücken kann. Aber zum ersten Mal in seinem Leben kommt es jetzt dazu, daß er sich mit diesem Schicksal auseinandersetzt und anfängt, Auswirkungen dieser Behinderung wahrzunehmen. Das fängt bei der Narbe an, die er von der Operation am Mund zurückbehalten hat; die hatte er bis jetzt quasi ›übersehen‹; das führt aber auch zu Gesprächen mit der Mutter, denen er immer aus dem Weg gegangen ist.

Die Beschreibungen der Mutter, wie schwierig sich das Trinken für ihn als Säugling gestaltete, wie es jedesmal stundenlang dauerte, bis er endlich satt war, und wie ungeduldig er dabei oft wurde – diese Bilder treten an die Stelle eigener Erinnerungen und lassen ahnen, wie sich hier eine erste Gestalt dieses Hinwendens und Abwendens ausgebildet hat. Diese erste Gestalt ist zwar, wie gesagt, nicht direkt erinnerbar, aber solange er sich erinnern kann, ist da dieses Bedrängt-Werden von der Überfürsorge seiner Mutter, der er von klein an zu entkommen suchte: Schon mit vier Jahren lief er ganz alleine über die Mainbrücke, neben der sie wohnten, und sobald er sein erstes Rädchen hatte, war er nicht mehr zu halten. Dieses zwanghafte Weglaufen bestimmt bis heute seine Liebesverhältnisse: Wenn die Frau, die er liebt, ihm endlich so nahe ist, wie er es sich gewünscht hat, bekommt er Erstickungsängste und läuft weg, wie er es als Kind auch gemacht hat, sobald er laufen konnte.

Das ganze hat damals anscheinend noch eine zusätzliche Komplikation durch die notwendige Operation der Gaumenspalte erhalten. Mit einem halben Jahr wurde diese Operation an ihm vorgenommen, und wie das früher üblich war, wurde er während der drei Wochen, die er dazu im Krankenhaus bleiben mußte, vollständig von der Mutter getrennt. Die Vermutung liegt nahe, daß sich in dieser Trennungszeit der autistische Zug bei ihm entwickelt hat, der beim Erleben von Bedroht-Werden eine Spaltung in eine gefährliche Außenwelt und eine schützende Innenwelt herstellt. Diese Innenwelt, in der er als Säugling wahrscheinlich den traumatischen Verlust der Mutter überlebte, hat sich inzwischen zur neuen Behinderung verkehrt. Als er seine Mutter nach dieser Zeit im Krankenhaus fragt, bricht die sofort in heftiges

Weinen aus, als hätte sich diese schlimme Verletzung, die immerhin fünfunddreißig Jahre zurückliegt, so verkapselt, daß sie nie heilen konnte. Auch in der Behandlung machte sich dieses Verkapselte bemerkbar: Frank Hellmann konnte zwar über seine Kindheit reden, aber dies klang immer, als sei er gar nicht selber das kleine Männchen gewesen, von dem er da erzählte. Erst diese ganz harte Zuspitzung seiner Lebensverhältnisse konnte das Verkapselte so aufbrechen, daß er von seinem Schicksal berührt wurde. Der Traum aber hatte gleichsam die Spitze gebildet, die das Verkapselte durchbrechen konnte und damit herausrückte, daß in der Panik vor dem Heiraten viel umfassendere panische Lebensverhältnisse steckten.

Der Psychologe kann den Menschen, die sich in ihren Krisen an ihn wenden, nicht raten, ob sie heiraten sollen oder ob sie es besser bleiben lassen. Eine psychologische Behandlung kann immer nur herausarbeiten, in welchen Gestaltkreisen sich unser Handeln bewegt. Ob es die alten Kreise sind, die sich in den Verkehrungen unserer Lebensgeschichte einst als Lösungsformen herausgebildet haben und die sich zu wiederholen versuchen, oder ob unsere Handlungen dem Gewinnen neuer Lebenserfahrungen und der Ausbildung neuer Lebenskreise eine Chance geben. Oft ist diese Unterscheidung schwierig, da wir es immer mit fließenden Übergängen zu tun haben. Paradoxerweise sind es gerade die Träume, die uns in der Behandlung helfen, die Zugehörigkeiten aufzuspüren, und ich habe immer wieder mit Erstaunen festgestellt, daß sich an solchen unentscheidbaren Stellen oft tatsächlich ein Traum einstellt, der für Klärung sorgt. Wie es ja auch bei Frank Hellmann der Fall war: Auch hier war auf den ersten Blick nicht erkennbar, ob seine Heirat vor allem eine Wiederholung des alten Verhältnisses von Bestimmen und Bestimmt-Werden war, oder ein Schritt, der herausführte aus diesem vertrauten, aber auch festgefahrenen Kreis, und der sich von daher mit großen Hoffnungen auf Neues, aber auch mit großen Widerständen des Alten verband. Ohne eine vertiefende Analyse war das nicht unterscheidbar, der Traum aber trug zu dieser Analyse entscheidend bei.

Damit der Traum aber sein Potential entfalten kann, muß er einer kunstgerechten Traumanalyse unterzogen werden. Die zu allen Zeiten und auch bei Psychologen beliebten Direktdeutungen würden weder das Verständnis eines Traumes noch die psychologische Behandlung weiterbringen. Um das zu verdeutlichen, habe ich es bei unserem Traum auch einmal mit solch einer Direktdeutung probiert, wobei ich mich eines der vielen Traumbücher bedient habe. In der Gebrauchsanleitung heißt es:

»Auf den folgenden Seiten findet der Leser nun alphabetisch geordnet einen Schlüssel der eigenartigen Bildersprache des Traumes. Träumt man nun etwas Bestimmtes, so schlägt man dieses im Buche auf und liest die betreffende Deutung. Schwieriger ist es, wenn man 3 oder 4 verschiedene Dinge im Traum hört und sieht, dann hat man dieselben zu kombinieren, unter Berücksichtigung zur Zeit bestehender Lebensumstände und Verhältnisse.«

Mit dem ersten Traumbild komme ich gleich schon nicht weiter, »Büro« gibt es in meinem Buch nicht; ich schlage unter »Arbeit« nach: »Vom Arbeiten träumen bedeutet, daß wir Erfolg in unserem Beruf haben.« Hm, das müssen wir jetzt, so sagt das Buch, auf seine Lebensverhältnisse beziehen, da könnte man dann eine Frage formulieren: Hat Frank Hellmann nicht mitbekommen, daß im Beruf eigentlich alles in Ordnung ist? Das lassen wir mal so stehen.

Das nächste Stichwort, »Doris«, gibt es natürlich auch nicht. Ich probiere es mit Freundin: »Eine(n) Freund/Freundin im Traum sehen warnt vor falschen Freunden.« Das wieder mit den Lebensverhältnissen verbunden, hätte ins Schwarze getroffen: Vorsicht vor falschen Bräuten!

Dann weiter: Unter »Unwetter/Gewitter« steht: »... rät zu Gottesfurcht und verheißt Gutes«. Wenn man die bisherigen Deutungen zusammenziehen würden, könnte das etwa so lauten: Erfolg beim Arbeiten doch gegeben, aber nicht mitbekommen, aber es wird vor falscher Braut gewarnt! Es kann aber noch alles gutgehen, wenn man das ganze dem Willen Gottes unterstellt.

Ich hab noch etwas weiter nachgeschlagen: ›Photokopierer‹ gibt es nicht in meinem Buch, aber dafür den Hinweis, daß es sich um die Ankündigung eines Ungemaches handelt, wenn im Traum etwas zu Boden fällt. »Starker Regen« deutet laut Buch ebenfalls auf eine bevorstehende Gefahr hin. Das könnte man jetzt alles gut auf die Warnung vor der falschen Braut beziehen! Wir hätten es hier also mit einem Traum aus der Kategorie ›Warnträume‹ zu tun.

Dann weiter »Durch einen Gang gehen« bedeutet »das Übel wird leicht überstanden werden«. Paßt auch prima, wir haben uns jetzt in die Gestalt eingehört!

Bei dem Stichwort »Zimmer« gibt es zwei Bedeutungen: handelt es sich um ein schönes, wohnliches Zimmer, das man im Traum sieht, zeigt dieses Bild häusliches Unbehagen an; ist es ein ärmlich eingerichtetes Zimmer, verheißt es Hilfe in der Not. Das weiß ich jetzt nicht, das hatte mir der Fall nicht mitgeteilt. Aber in diesem Fluchtkontext könnte man eher an ein nicht so behagliches Zimmer denken.

Und weiter: »offene Fenster« zeigen Besuch an, sagt mein Buch. Da ließe sich eine tröstende Abschlußwendung draus machen: ›Sei nicht traurig, daß es diesmal nicht geklappt hat, das Schicksal hält noch eine ganz andere Frau für Dich bereit.‹

Sie sehen, wie sich auf diese Art der Traumdeutung auch allmählich eine Gestalt herausheben läßt, das funktioniert ganz normal nach den bekannten Gestaltgesetzen; aber wie verschieden ist diese Gestalt von der, die bei unserer Traumanalyse herauskam! Als Bestandteil der Behandlung aber hätte diese Traumdeutung eine fatale Folge gehabt: Sie hätte die besondere Wirkung dieses Traumes, nämlich die komplette Umkehrung der ganzen Heiratsdramatik, geradezu torpediert und die Behandlung noch tiefer in die alte Sackgasse geführt.

Nur wenn wir die Träume einer Analyse unterziehen, bei der uns die Einfälle des Träumenden von dem manifesten Trauminhalt an den latenten Traumgedanken heranführen, können wir ihre bewegende Kraft für die Behandlung der Lebenskrisen unserer Patienten ausnutzen. Genau das hat FREUD vor hundert Jahren so genial herausgefunden und in seiner ›Traumdeutung‹ so überzeugend dargestellt; aber leider ist diese Jahrhundertentdeckung bei den meisten Psychologen noch immer nicht angekommen. Anläßlich dieses hundertjährigen Jubiläums gab es vor einigen Tagen einen Fernsehbericht, und der befragte Psychoanalytiker wurde von dem neugierigen Reporter prompt um eine Traumdeutung gebeten: »Ich habe geträumt, daß mir alle Zähne ausgefallen sind.« Was bedeutet das nach FREUD? Und statt an der Stelle darauf hinzuweisen, daß man nach FREUD seine Einfälle zu diesem Traumbild analysieren müßte, gab ihm der Psychoanalytiker eine direkte Deutung: »Das heißt, daß sie sich in einem Konflikt befinden, ob Sie etwas sagen sollen oder nicht, und die Zähne Sie daran hindern wollen, es auszusprechen.« Das ist ungefähr vergleichbar, als würde in der Naturwissenschaft noch immer die EINSTEINsche Relativitätstheorie ignoriert!

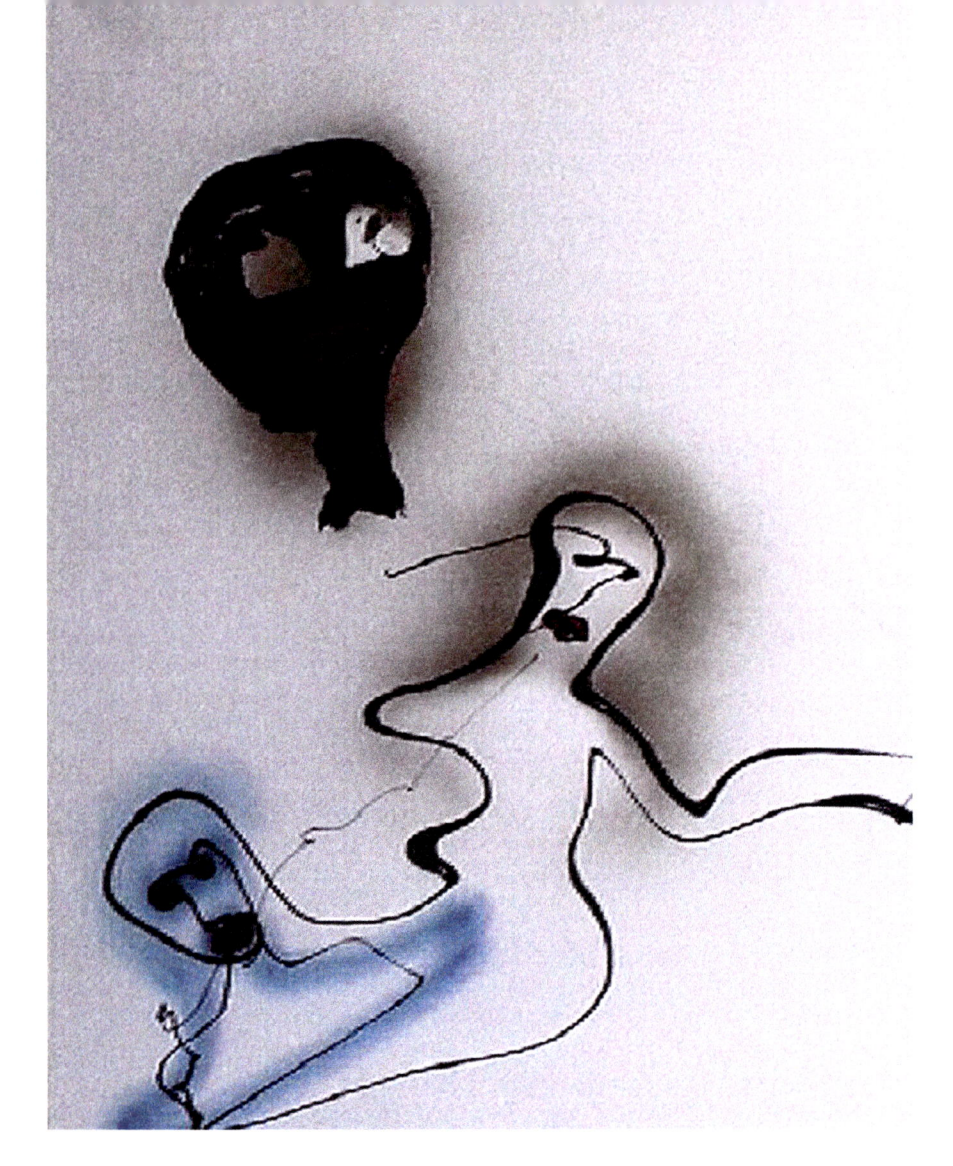

Wenn wir in unserem Behandlungskonzept den Träumen eine Vorrangstellung einräumen, machen wir das nicht nur, weil wir die Guten sind und ein Herz für Träume haben, sondern aus einem sehr pragmatischen Grund: Die Traumanalyse ist ein Intensivierungsfaktor für die Psychologische Behandlung! Wir haben uns immer für intensivierende Faktoren in der Psychotherapie interessiert, weil die Intensivierung eine Abkürzungsmöglichkeit für die im Prinzip unendliche Analyse darstellt. Wenn wir uns die Traumarbeit einmal von den Kennzeichen aus ansehen, die wir als Intensivierungsfaktoren herausgefunden haben, so finden wir eine verblüffende Übereinstimmung zwischen Traumarbeit und psychologischer Behandlung:

1. Eine erste Intensivierung erreichen wir in einer psychologischen Behandlung, indem wir an der Materialfülle, die unsere Patienten liefern, Typisierungen herausstellen. Diese Typisierungen ermöglichen uns eine erste Ordnung, die ganz im Materialen angelegt ist und von daher unserer Analyse die materiale Beweglichkeit erhält. Genauso arbeitet der Traum, seine Bilder sind immer schon Typisierungen von etwas, das uns in Unruhe versetzt; denken Sie an das ›Doris-Bild‹ unseres Traumes: In den Einfällen wird sichtbar, daß es hier um viel mehr geht als um diese eine Person, in Doris stecken noch andere ›Dorisse‹, die Yvonne und Lisa heißen, die alle etwas gemeinsam haben, nämlich genau das, was unserem Fall fehlt: Entschiedenheit. ›Doris treffen‹ ist also nicht nur der Hinweis auf ein Ereignis in der Vergangenheit, sondern zugleich eine Typisierung dieses komplexen Verhältnisses. Und wenn er im Büro ›Doris trifft‹, typisiert das zugleich seine Probleme bei der Arbeit. Der Traum hat eine ganz besonders plakative Form der Typisierung, die sehr nahe an eine Karikatur heranreicht, viel näher, als man es sich in einer psychologischen Behandlung trauen würde, zumindest zu Anfang! Diese gewagten Typisierungen verleihen dem Herausgerückten eine ungeheure Wucht, die wir alle von diesem ›Huch, was hab' ich denn da geträumt!‹ beim Aufwachen kennen.

Diese Wucht führt zu einem gesteigerten Aufmerken, so daß wir, ganz ähnlich wie nach einer Therapiesitzung, auch in den kleinen Pausen des Alltags oftmals wieder zu den Traumbildern zurückkehren. Befinden wir uns aber zusätzlich in einer psychologischen Behandlung, kann diese Wucht das Herausgerückte in die Bewegungen einer Analysestunde hineinbefördern, was für die Behandlung einen doppelten Profit abwirft: Der Traum hat mit seinen Typisierungen schon vorgearbeitet und kürzt damit den Analyseprozeß ab, und gleichzeitig kann der behandelnde Psychologe sicher sein, mit dem Aufgreifen der Typisierungen des Traumes auf einen bedeutsamen Zusammenhang gestoßen zu sein; statt sich ewig im gleichen Kreis zu drehen, läßt sich von hier aus mit größter Wahrscheinlichkeit die Entwicklung des Problems in Gang bringen.

2. Die Entwicklung eines Problems aber ist ein weiterer intensivierender Faktor: Wir geben uns nicht damit zufrieden, daß wir in einem Schnellschußverfahren eine Erklärung für ein bestehendes Problem liefern, etwa so: ›Sie sträuben sich vor dem Heiraten, weil Sie Angst haben, dadurch Ihre Freiheit zu verlieren.‹ Vielmehr setzen wir einen Prozeß in Gang, der dieses Problem nach allen möglichen Seiten hin entwickelt, und dabei ganz verschiedene Versionen deutlich werden läßt. Zu diesem Vorgehen aber leitet uns der Traum gleichsam an, denn auch der Traum probiert ja mit jedem neuen Bild eine weitere Version der ersten Gestalt aus. Unser Traum begann im Bild vom Büro mit dem Problem seines unentschiedenen Hin und Her; das wurde im ›Doris-Bild‹ aufgegriffen und weiter ausgeführt: Die Frauen, die er liebt, haben diese Entschiedenheit, die ihm fehlt; sie fehlt ihm sowohl bei der Arbeit als auch in der Liebe. Zugleich weist das Verschachtelte dieser Figur auf etwas hin, was es bei seinem Problem auch noch zu beachten gilt: ›In etwas steckt noch etwas anderes‹, was vom nächsten Bild noch zugespitzt wird: Manches Problem muß man auch komplett umdrehen, damit herauskommt, was wirklich los ist: Todesangst! Gerade frisch durchgemacht. Und sofort komplett

verdrängt. Aber wenn man es umdreht, kann die Verdrängung wieder aufgehoben werden. Was dann auch prompt geschieht.

Aber der Traum treibt diese Entwicklung noch weiter: Er dreht das Problem aus dem aktuellen Geschehen in die Kindheit und kann jetzt das Grundlegende an diesem ewigen Hin und Her herausrücken: Alles ist ein Versuch, mit den Erfahrungen von Ohnmacht und Ausgeliefert-Sein zu Rande zu kommen. Von hier aus aber dreht sich die Anfangsklage ›Hilfe, mein Freiheit wird mir geraubt!‹ in die trotzigen Selbstbestimmungsversuche eines Kindes, das nicht aufräumen will. Das ist ein kompletter Entwicklungsgang, durch alle Versionen hindurch!

3. Daß ein einziger kurzer Traum ein Problem in einem kompletten Entwicklungsgang bearbeiten kann, hängt mit dem dritten Kennzeichen für eine Intensivierung zusammen: dem Herausrücken; und das kann der Traum ganz hervorragend, und vor allem kann er es blitzschnell. In der psychologischen Behandlung brauchen wir Stunde um Stunde für das, was der Traum in einigen Sekunden schafft. Um an der Panik vor dem Heiraten das herauszurücken, was dieser Traum daran herausrücken konnte, dazu braucht man manchmal mehrere Behandlungsblöcke: Den Trotz des kleinen Jungen, der sich gegen die erstickenden Übermächte des Lebens damit zu wehren versucht, daß er das Aufräumen-Müssen als feindliche Schicksalsmacht identifiziert, gegen die er sich fortan auflehnen kann!

Der Nachteil dieses blitzschnellen Herausrückens des Traumes ist allerdings, daß das Herausgerückte im nächsten Moment schon wieder ins Unverfügbare unseres Unbewußten verschwindet. Eine psychologische Behandlung kann diesem Unverfügbar-Werden gleichsam zuvorkommen, indem sie das Herausgerückte aufgreift und es so entschlüsselt, daß unserem bewußten Aufmerken zugänglich gemacht wird, was uns beim Träumen so eigenartig berührt hat, daß wir es noch beim Wach-Werden verspürten.

4. Dieses eigenartige Berührt-Werden von unseren Träumen kennen wir auch von Kunstwerken her; auch hier werden wir oft von einem Zauber berührt, ohne daß deutlich wird, was uns an einer Melodie oder einem Bild so anrührt. Es ist, als wären wir dem, was wir sind und wie wir sind, ein Stück näher gerückt. Als seien wir in der Melodie oder in dem Bild oder eben in diesem Traum mit uns selber zusammengetroffen wie mit einem Ding, das wir uns ansehen können; und indem wir es von ganz verschiedenen Seiten betrachten können, werden wir von einem Sog erfaßt und kommen uns selber nah. Kunst und Traum stellen beschaubare Werke unserer gelebten Wirklichkeit her, in denen wir auch den Wendungen begegnen können, die uns in unserem Alltag verborgen bleiben. Sowohl in der Kunst wie auch im Traum nähern wir uns gleichsam den objektiven Verhältnissen unseres Lebens, während unser Erleben bei Tag sehr subjektiv gefärbt ist. So war auch Frank Hellmann bei Tag felsenfest davon überzeugt, daß die Bedrohung von der Heirat ausging, während er sich im Traum sein Problem von verschiedenen Seiten ansehen konnte, sozusagen objektiv. Wie die Kunst versucht auch der Traum, die Lebensverhältnisse in seiner Bildgestaltung zu objektivieren. Dabei entstehen sowohl in der Kunst als auch beim Traum seltsame Bilder, die unserer Anschauung keine Eins-zu-Eins-Abbildungen gegenüberstellen, sondern immer eine besondere Steigerungsform darstellen. Die kunstanaloge Steigerung aber ist zugleich ein vierter Intensivierungsfaktor.

Was die seltsamen Traumbilder von Frank Hellmann mit ihren noch seltsameren Übergängen von Büro, Doris, Unwetter, umgefal-

PSYCHOLOGISCHE MORPHOLOGIE
WILHELM SALBER
PSYCHOLOGISCHE BEHANDLUNG

WILHEM SALBER
PSYCHOLOGISCHE
BEHANDLUNG

BOUVIER

Wilhelm Salber
Psychologische Behandlung
Werkausgabe
2., überarbeitete Auflage
ca. 265 Seiten
DM 44,-/€ 22,-

Das Buch
Das Buch will die Grundzüge psychologischer Behandlung darstellen – wenn wir diese kennen, wirken die Grundzüge für uns; wenn wir sie nicht kennen, verwirren sie unser Handeln. Es nutzt nichts, tausend Kniffe, Rezepte und Interventionen auswendig zu lernen – wir brauchen ein System, das unsere Praxis organisiert. Ein solches System finden wir, in dem wir die Frage verfolgen, wie Behandlung funktioniert und wie sie konstruiert ist.

Der Autor
Prof. Dr. Wilhelm Salber, geboren 1928 in Aachen, war dreißig Jahre Direktor des Psychologischen Instituts der Universität zu Köln. Er entwickelte dort das Konzept einer Psychologischen Morphologie, das der Erforschung der Alltagskultur, der Medien und Künste des Seelischen sowie der Geschichte seelischer Selbstbehandlung einen neuen wissenschaftlichen Rahmen bietet.

Die Ergebnisse vieler Untersuchungen hat er in 31 Büchern und 128 Abhandlungen dargestellt.

Ebenfalls im Bouvier-Verlag erschienen:
Band 7 Kunst – Psychologie – Behandlung
Band 12 Märchenanalyse
Band 15 Traum und Tag

Eine Freundschaft
fürs Lesen.

BOUVIER
Verlag · 53113 Bonn · Am Hof 28
Tel.: 0228/72901-124 · Fax -179
www.bouvier-online.de

lenen Photokopierer im Regen und dem sich dabei einstellenden Geborgen-Sein, einem langen Gang und einem Zimmer mit offenem Fenster, vor dem ein Wäschestück hing, so eindringlich angerührt hatten, führte endlich an das heran, was sich in der Behandlung bis dahin einer Bearbeitung verschlossen hatte: die Geschichte seiner kindlichen Behinderung und die davon ausgehende Behinderung seiner Bindungswerke. Daß es sein eigenes Schicksal ist, von dem die Behinderung ausgeht, und nicht das intrigante Werk anderer Menschen, die es auf seine Freiheit abgesehen haben, konnte er erst jetzt spüren. Im Rückblick markiert diesen Wendepunkt für mich immer dieser Traum, der sich auf dem Höhepunkt der Krise einstellte und die Behandlung in eine andere Richtung umlenkte.

Damit aber bewirkte er, daß sich die Behandlung entschieden psychologisch weiterbewegte und nicht im ersten menschlichen Angerührt-Werden steckenblieb, was immer eine Gefahr bei der Arbeit des Psychologen darstellt. Ohne das Angerührt-Werden von der Not des Menschen, der uns um Hilfe bittet, würde nie eine Behandlung in Gang kommen. Es sind immer die eigenen Verletztheiten und Verletzbarkeiten, die dem Psychologen in seinen Fällen gegenübertreten, als hätten sie sich wie dieses Notmännchen von irgendeinem Hintergrund, auf dem wir uns mehr oder weniger bewußt bewegen, abgelöst, um uns da auf dem Sofa leibhaftig gegenüberzusitzen. Und so berühren uns auch die Fälle auf diese eigenartige Weise, wie es die Bilder der Träume oder der Kunst tun, die dem Eigenen eine leibhaftige, beschaubare Gestalt verleihen. Diese Begegnung von eigenem im anderen ist gleichsam die Bedingung für eine psychologische Behandlung. Aber in einem nächsten Schritt müssen wir uns aus diesem subjektiven Berührt-Werden wieder abheben können, um auch das Andersartige mitzubekommen, das sich da rührt, und paradoxerweise hilft der psychologischen Behandlung bei dieser Objektivierung vor allem der Traum!

Traum und Behandlung stehen in einem phantastisch anmutenden Ergänzungsverhältnis: Im Traum erfahren wir Nacht für Nacht eine intensive Selbstbehandlung unserer Probleme, nachts stellt sich unser Seelenbetrieb gleichsam auf Intensivbehandlung um; aber es ist – wie alle Formen der Selbstbehandlung – eine unbewußte Behandlung, und deswegen bekommen wir davon nicht viel mit. Unter normaler Betriebsbelastung reicht diese nächtliche Intensivbehandlung aus, um uns am Laufen zu halten. Unsere Probleme können sich jedoch so verdrehen und ineinander verwickeln, daß der Traum allein es nicht mehr schafft, daß Verknäuelte zu entwirren. Dann ist eine psychologische Behandlung angesagt; indem diese sich aber mit den Träumen beschäftigt, kann sie sich direkt an den Seelenbetrieb eines Falles andocken, und damit die Traumbehandlung in eine weitere Intensivierung einmünden lassen: Nämlich die Intensivierung, die unser Leben erfährt, wenn wir auch bewußt mitbekommen, was wir erleben und was wir tun.

Träume sind bekanntlich eine äußerst sonderbare Sache: das Eine sieht man mit erschreckender Deutlichkeit, mit schmuckstückhafter Ausarbeitung der Einzelheiten, anderes dagegen übergeht man fast ganz, als ob es überhaupt nicht vorhanden wäre, so z.B. Raum und Zeit. Ich glaube, Träume träumt nicht die Vernunft, sondern der Wunsch, nicht der Kopf, sondern das Herz, und doch: welch komplizierte Dinge überwand meine Vernunft zuweilen im Traum! Ganz unbegreifliche Dinge! Zum Beispiel: mein Bruder ist vor fünf Jahren gestorben, ich sehe ihn aber sehr oft im Traum: er nimmt Anteil an meinen Interessen, wir sprechen sehr sachlich über alle möglichen Dinge, währenddessen aber weiß ich doch die ganze Zeit über genau und vergesse es keinen Augenblick, daß mein Bruder schon tot und längst begraben ist. Wie kommt es aber, daß ich mich nicht im geringsten über sein Erscheinen wundere? Daß der Tote neben mir sitzt und mit mir spricht? Warum läßt meine Vernunft so etwas ruhig zu? Doch genug. Ich will jetzt von meinem Traum erzählen. Ja, damals hatte ich jenen Traum, meinen Traum vom dritten November! Jetzt necken sie mich damit, daß es ja doch nur ein Traum gewesen ist. Aber ist es denn wirklich nicht gnz gleichgültig, ob es ein Traum gewesen ist oder nicht, wenn nur dieser Traum mir die Wahrheit offenbart hat?

Fjodor Michailowitsch DOSTOJEWSKI

Dirk Blothner

»Figuren im Traum eines Gottes...«

Wie das Kino die Sehnsucht der Kultur nach Veränderung behandelt

Von Kulturkritikern wird heute gerne angeführt, der Spielfilm Hollywoodscher Prägung sei zu einem Script für das Alltagsleben geworden. Diese These hat erst kürzlich Neal GABLER in seinem Buch »Das Leben, ein Film« vertreten. Er meint, daß weite Bereiche des öffentlichen Lebens, besonders der Politik, zunehmend von der Dramaturgie des Entertainments bestimmt werden. Von der Morphologie her würden wir ins Feld führen, daß die Menschen nicht erst, seit es den Film gibt, gegebene Bilder aufgreifen, um ihrem Ausdrucksdrängen Form und Inhalt zu geben. Wir gehen von einem konstitutionellen Doppelheit von Seelischem und Gegenständlich-Bildlichem aus.

Heute – in der durch das Nichtvorhanden-Sein eines allgemeingültigen Lebensbildes geprägten Kultur oder in der Zeit des, wie NIETZSCHE es nannte, »Nihilismus« – kommt zweifellos dem Fernsehen, aber auch dem Kino eine besondere Rolle zu, die Verwandlungswirklichkeit zu kultivieren. Aber, daß wir anderes brauchen, um das Eigene faßbar zu machen – dieses Grundverhältnis ist so alt wie das Seelische selbst. Wir sind nicht erst im 20. Jahrhundert zu Medien-Menschen geworden. Wir haben allenfalls das Leitmedium gewechselt. Früher verliehen die kollektiven Mythen, die Märchen und Erzählungen dem seelischen Verwandlungsbetrieb eine Fassung. Heute hat diese Aufgabe zu einem gewissen Teil der Film übernommen. Und ich persönlich meine, das amerikanische Kino macht dies besonders gut.

Im Bereich Film vollzieht sich zur Zeit eine technische Revolution. Sie wird durch die schier unbeschränkten Möglichkeiten der digitalen Bildbearbeitung und Bilderzeugung unterhalten. Vielleicht ist es, im Hinblick auf das Thema Traum, berechtigt zu behaupten, daß die Filme der vordigitalen

Ära sich für das Einschlafen interessierten. In ihnen wird die Intention spürbar, die Begrenzungen des Alltags aufzubrechen und – ähnlich wie der Traum – im Austausch mit einer gewissen Stillegung einen größeren und beweglicheren Verwandlungsbetrieb zu eröffnen. Ich denke da beispielsweise an HITCHCOCK, an BUNUEL, aber letztlich haben für die Zuschauer alle romantischen, kriminellen und abenteuerlichen Bildgeschichten etwas Traumartiges. Viele Filme des angebrochenen digitalen Zeitalters, die in einem Maße wie nie zuvor dazu in der Lage sind, jeden nur erdenklichen Traum in halluzinatorischer Eindringlichkeit zu gestalten, scheinen sich jedoch nicht nur für das *Eintauchen* in den Traum, sondern auch, und meines Erachtens zunehmend, für das *Aufwachen* aus ihm zu interessieren.

Solche Filme beschäftigen sich mit einer Situation, die aus der aktuellen Krise der Auskuppelkultur erwächst: Die Kultur wird verstärkt darauf aufmerksam, daß Bilder der menschlichen Wirklichkeit Richtung und Inhalt geben, aber auch darauf, daß der verschwommene Zusammenhang, der in der westlichen Welt den Alltag zur Zeit strukturiert, zu einem geworden ist, der anstehende Probleme und drängende Entwicklungstendenzen nicht mehr zu fassen versteht. Die Menschen fragen sich, ob man unserem Alltag nicht eine ganz andere Ausrichtung geben kann.

Meine Auffassung ist, daß viele der erfolgreichen Hollywoodfilme mit dem Veränderungsdruck unserer Zeit experimentieren. Sie eröffnen kollektive Tagträume, in denen die Menschen ausprobieren können, in welche Richtung sich unser zugleich fest betonierter und erregt flirrender Alltag wenden könnte. Filme wie »Titanic«, »Forrest Gump«, »Die üblichen Verdächtigen« erlauben es den Zuschauern, sich für einige Stunden auf eine Strömung einzulassen, die unbewußt auf Entfaltung drängt. Um es hier nur anzudeuten: »Titanic« verfolgt einen Rahmenwechsel vom Glauben an den Halt durch Technologie und Wissenschaft zum Glauben an den Halt durch zwischenmenschliche Verbindlichkeit. »Forrest Gump« macht unserer nicht nur globalen, sondern auch megalomanen Zeit schmackhaft, daß weniger mehr bedeuten kann. Und »Die üblichen Verdächtigen« macht die unbewußte Sehnsucht nach der festen Hand in einer Kultur spürbar, die von der Fiktion absoluter Freiheit besessen ist. So gesehen bietet uns das Kino Tagträume an, in denen wir – für Minuten oder Stunden zumindest – die uns vertrauten Orientierungen überschreiten können. (BLOTHNER 1999)

Die Filme, über die ich heute sprechen möchte, sind jedoch naiverer Natur. Sie stellen den Übergang von einer Wirklichkeitsordnung in die andere direkt heraus. In der amerikanischen Produktion »Contact« findet die Suche nach einem anderen Bild eine Metapher in der Reise durch ein Wurmloch. Ein Wurmloch ist ein galaktischer Verbindungsweg zwischen Sternensystemen. Wenn solche Filme heute Konjunktur haben, verweist das darauf, daß sich die Menschen vorstellen möchten, wie eine Welt aussehen könnte, die ganz anders ist, als die unsere, die aber dennoch alltagspraktisch funktioniert. Eine andere Gruppe von zeitgenössischen Filmen führt die in den 60er Jahren begonnene Diskussion über die Macht der Medien weiter und stellt unsere Wirklichkeit als eine vermittelte dar, als einen gesteuerten Traum. Ich denke hierbei an »Die Truman Show« und vor allem aber an »Matrix«. Es sind Filme, die sich mit einer Art Aufwachen aus unverfügbaren Kulturbildern befassen. Solche Filme zeigen Szenarien, in denen sich *die vertraute Wirklichkeit als Traum er-*

weist, der zur Fessel geworden ist. Sie erzählen von Figuren oder Kollektiven, die aus solchen gesteuerten Träumen aufwachen und aus ihnen auszubrechen suchen.

Der Film als das Leitmedium des 20. Jahrhunderts versteht es wie kein anderes, das »Originaltempo« (SALBER 1977, 43) des Verwandlungsstroms zum Erlebnis zu machen. Doch gerade seine Fähigkeit, die Wirklichkeit überzeugend nachzubilden, hat die breiten Massen an die Erfahrung herangeführt, daß unsere Lebenswirklichkeit nicht einfach nur vorgefunden, sondern auch gemacht wird. Zunächst waren es die Philosophen, die eine Konstruiertheit der Wirklichkeit postulierten. Inzwischen leben aber viele jungen Menschen danach. Jugendliche und Twens gestalten bei voller Bewußtheit eine nicht endende Folge von Auftritten. Ihnen ist das Theorem, daß wirklich ist, was wirkt, zum Alltagsprinzip geworden. Der Übergang zwischen dem vorgefundenen Banalen einerseits und den Entwicklungskünsten des Seelischen andererseits ist wohl noch nie so sehr zur allgemeinen Auffassung geworden wie heute. Das wiederum führt uns allerdings auch in eine Gleichwertigkeitskrise. Wenn alles gemacht ist, ist auch alles möglich und hebt sich durch nichts von dem anderen als ein Wert ab. Wie dem auch sei, ich möchte an dieser Stelle darauf aufmerksam machen, daß der Film seinen Part dazu beigetragen hat, daß die Menschen sich sagen: Wenn unser Alltag gemacht ist, ja können wir ihn dann nicht auch anders machen? So führt die Sensibilisierung für die Entwicklungskünste des Seelischen schließlich zu massenwirksamen Filmen, die *das Machen von Wirklichkeit* selbst zum Thema haben.

In einigen solcher Filme bezeichnet der Moment, in dem die Protagonisten auf das Gemachte aufmerksam werden, also aufwachen, den Anfang einer Revolte, über die sie sich schließlich aus einem Zusammenhang befreien, den sie für die Realität hielten. Bei »Die Truman Show« fällt plötzlich ein Scheinwerfer auf eine Vorortstraße. Truman (Jim CARREY), der verwundert vor dem Ding steht, kann sich weder dessen Funktion noch Herkommen erklären. Aber mit dem Fortgang der Geschichte wird es uns und dem Protagonisten mehr und mehr deutlich: Er ist die Figur in einer Daily Soap. Eine findige TV-Produktionsfirma hat ihm unter einer künstlichen Himmelskuppel eine kleine Welt errichtet. Irgendwo in dieser Kuppel hat sich einer der vielen Scheinwerfer gelöst und ist heruntergefallen. Eine technische Panne! Alle anderen in der ›Truman Show‹ wissen, daß sie eine Rolle spielen. Nur Truman selbst, der schon bei seiner Geburt ›gecastet‹ und engagiert wurde, ist der einzige, der noch nicht weiß, daß er die Hauptfigur einer weltweit ausgestrahlten Serie ist und die Kreation eines TV-Produzenten, den er noch nie gesehen hat. In »Matrix« wird Neo (Keanu REEVES) auf das Gemachte seiner Welt über ein déja vu aufmerksam. Er sieht eine Katze einen Türrahmen durchqueren. Als er noch einmal in Richtung Tür blickt, wiederholt sich dieselbe Szene. An dieser Stelle, an der der selbstverständliche Fluß der Wirklichkeitserfahrung einen Sprung aufweist, wird er darauf aufmerksam, daß hinter seinem Erlebensstrom Computer arbeiten, die gerade mal einen Aussetzer hatten.

Aber lassen Sie mich Ihnen von »Matrix«, den ich für einen der interessantesten und wichtigsten Filme des Jahres 1999 halte, etwas genauer erzählen. Der Film führt uns in eine phantastisch-groteske Situation: Die Maschinen haben die Herrschaft über die Erde. In ihrer Not hatten die Menschen den Himmel verdunkelt, um die von den Maschinen genutzte Solarenergie auszuschalten. Doch die Maschinen haben sich schließlich doch der Menschen bemächtigt. Sie züchten sie nun in riesigen Plantagen und entziehen ihnen die vom Körper produzierte Energie. Der Mensch ist zum Stromspender der Maschine geworden. Sein ganzes Leben liegt er in einem kleinen Container. Mit den verflüssigten Toten werden die Lebendigen intravenös ernährt. Damit die Menschen nicht unruhig werden, ist ihr Nervensystem an die ›Matrix‹ angeschlossen – ein Computerprogramm, das ihnen vorgaukelt ›in der Wirklichkeit‹ zu leben. Äußerlich gleicht die Matrix der uns vertrauten Wirklichkeit. Tatsächlich aber bildet sie eine künstliche Traumwelt, in der die Container-Menschen ihr Seelisches betätigen, um nicht aufzuwachen und der schrecklichen Realität – sie sind zur Batterie verkommen – gewahr zu werden. *Die Matrix verschluckt die Revolten ihrer individuellen Träume.*

Psychologisch interessant ist, daß die Maschinen – in Unkenntnis des Seelischen – zunächst eine Matrix programmiert hatten, die den Menschen ein ›glückliches Leben‹ vorgaukelte. Sie wollten ihren Sklaven damit durchaus etwas gutes tun. In diesem Traum stimmte alles. Es gab keinen Mangel, keine Spannung zwischen den Menschen und keine bemerkenswerten Belastungen. Ein Traum vom glücklichen Leben. Ähnlich wie in DOSTOJEWSKIS phantastischer Erzählung »Der Traum eines lächerlichen Menschen« hatten die Menschen jedoch ihre Probleme mit diesem Programm. Weil die Wirklichkeit des Seelischen mit ihren Verkehrungen und Drehungen, mit ihren erschreckenden und beglückenden Verwandlungen stillgelegt war, fielen sie aus dem gemachten Traum immer wieder heraus. Der Traum als »Hüter des Schlafes« verlangt nun einmal, daß die Gestaltungsansätze eine Verwandlung erfahren. Wenn diese ausfällt, ist das Seelische beunruhigt und entzieht sich dem Stillstand durch Aufwachen. Der Traum, sagt SALBER in »Traum und Tag«, hat die Funktion, uns unserer Lebendigkeit zu vergewissern (SALBER 1997, 18).

Die Maschinen gingen also ähnlich an das Seelische heran wie heute viele Mainstream-Psychologen. Ich nehme an, sie hatten Schwierigkeiten mit der Digitalisierung des Buches von Sigmund FREUD »Die Traumdeutung« und konnten daher Konflikte und Paradoxien nicht als Konstruktionszüge des Seelischen erkennen. Sie mußten sie als unnötige Störung einschätzen. Nachdem sie ihren Fehler durch revoltierende ›Batterien‹ haben büßen müssen, schufen sie eine Matrix diesseits der schwingenden Voluten der seelischen Wirklichkeit, und hiermit gelang es ihnen tatsächlich, die Menschen in einem Dauerschlaf zu halten.

Einige Menschen haben sich aus dem fesselnden Traum, der Matrix, befreit und leben als Freiheitskämpfer in Schiffen, die durch die ehemalige Kanalisation der großen Städte kreuzen – immer in Gefahr, entdeckt zu werden. Ihr Leben ist hart und ohne Spaß. Das Essen ist eintönig. Daher wünscht sich auch Cypher, der archetypische Verräter der Filmstory, in den Dauerschlaf zurückversetzt zu werden. Denn dann kann er wenigstens davon träumen, ein saftiges Steak zu essen. Das erscheint ihm immer noch besser als die karge und geschmacklose Nahrung, mit der sich die Revolutionäre versorgen.

»Matrix« erzeugt eine Verwirrung. Man muß sich anstrengen, um es deutlich zu bekommen: Was ist hier das, was wir als ›Realität‹ bezeichnen, was ist Computerprogramm? Der Film vermittelt auch das Gefühl, von einer starken Macht bestimmt zu werden. Die Allgegenwart von omnipotenten

Agenten – so etwas wie die Traumzensur, die jeden Ansatz zu einem anderen als den computergesteuerten Traum zu ersticken sucht – schafft eine Beklemmung, die wiederum an die Beklemmung Trumans denken läßt, der herausfindet, daß er nur eine Figur in einer daily soap ist.

Über solche Wirkungen machen »Matrix« und »Die Truman Show« darauf aufmerksam, daß uns Bilder leben, die wir nicht selber gemacht haben. Nicht sehr oft wird uns das so deutlich und gehen wir dieser Ahnung überhaupt nach. Indem die Filme uns der Erfahrung zuführen, daß wir nur Mitspielende sind im Selbstbehandlungsprozeß der Kultur, zerdehnen sie diesen Moment des kollektiven ›Aufwachens‹. NIETZSCHE sagt: »...wir sind die Figuren im Traum eines Gottes, die erraten, wie er träumt« (1977, 248). Das ist die Position der Protagonisten Neo und Truman, aber auch die des Zuschauers, denn auch er sucht das Prinzip dieser seltsamen Filme und zunehmend überhaupt seine Stellung zum Ganzen der Kultur zu verstehen.

Damit gerät der Zuschauer ein wenig selbst in die Lage, sich aus einer ›Matrix‹ lösen zu wollen, die man ihm vorsetzt. Die Filme greifen seine erwachenden und erweckenden Fragen auf und führen sie in einer Befreiungs- und Revolutionsgeschichte weiter. Lange Zeit gab es im Kino keine Komplexentwicklungen, die Revolten zum Erlebnis werden ließen. Doch scheinen sich solche Erlebnisse nun zu mehren. Nur haben sich die Herrschenden gründlich gewandelt. Es sind weder Vertreter sozialer Klassen noch Diktatoren. Die Gegner der Revolte sind *unpersönliche* Bilder der Wirklichkeit.

Ich möchte Ihnen nun einen Ausschnitt aus »Matrix« vorführen. Es handelt sich um Neos Aufwachen aus dem von den Maschinen gefertigten Traum. Er findet sich in einem Container vor, als hätte er die Placenta nie verlassen. Über zahlreiche Kabel ist er an die Matrix angeschlossen, die gerade eben ihre Wirkung verloren hatte. Nun blickt Neo sich um. Neben ihm, über ihm und unter ihm in vertikalen Plantagen eine Heer von Millionen von ähnlichen Containern. In ihnen die Menschheit, stillgelegt, selig dem Traum der Matrix folgend. Elektrische Blitze, die an den Containern entlang laufen zeigen an, daß die Menschen in dieser Welt nur eine Funktion haben. Sie produzieren Strom für die Maschinen. Ehe sich Neo richtig orientieren kann, wird er schon von den Kabeln befreit und aus seinem bergenden Container gespült. Schließlich findet er sich bei den

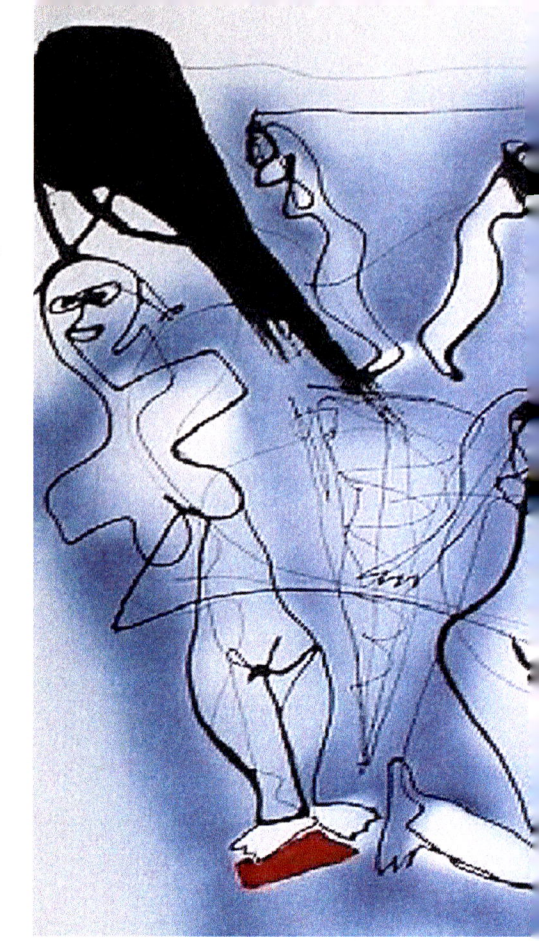

Revolutionären wieder. Ihr Anführer mit dem Namen Morpheus begrüßt ihn mit den Worten: »Willkommen in der Realität!«

Leider kommt es bei »Matrix«, ebenso wie in allen anderen Filmen, die einer Sehnsucht nach Veränderung der betonierten Auskuppelkultur Ausdruck verleihen, nicht zu einer wirklichen Umordnung. Neo, der »Auserwählte«, macht sich nicht – wie etwa CHRISTUS – daran, eine Lebensordnung zu setzen. Er ist den Agenten und der Matrix nur darin überlegen, daß er besser kämpfen kann. Das heißt, der Film generiert keine Utopie, kein Lebensbild auf Probe, das der Revolte eine Richtung geben könnte. Es geht um nicht mehr und nicht weniger als um die Bekämpfung der Maschinen. Und diese findet – wie soll es anders sein – als ein imponierendes Actionspektakel statt. In Filmen wie »Contact« oder »Stargate« ist dies nicht anders. Auch dort kommen die Zeittunnel- oder Wurmloch-Reisenden schließlich in Welten an, die sich zwar äußerlich von der unseren unterscheiden, die aber keine wirklich andere Alltagsordnung aufweisen. Auf mich wirken diese Filme – »Matrix« eingeschlossen – in dieser Beziehung enttäuschend, und ich warte noch immer auf einen Film, dem es gelingt, tatsächlich ein anderes als das vertraute Wirklichkeitsbild erfahrbar zu machen.

Der Film ist wohl das wichtigste Medium der Auskuppelkultur. Das faszinierende Spektrum seiner Komplexentwicklungen trägt mit dazu bei, das unsere Zeit bestimmende, erregende Aus- und Einkuppeln in Gang zu halten. Aber auch der Film kann schließlich das wachsende Unbehagen an der Gleichwertigkeit nicht unter Kontrolle bekommen. Die Menschen finden über ihn nur vorübergehend Inhalt und Richtung. Daher formiert sich auch der Wunsch, das Ein-

und Auskuppeln zu überwinden und eine Ordnung zu finden, die – in der SALBERschen Interpretation des Märchens »Das Wasser des Lebens« – den Unternehmungen der Menschen Inhalt und Bergung verspricht (1993, 192). Das Seelische läßt sein Entwicklungsdrängen ebenso im Kino unterbringen, wie es am gleichen Ort gegen die damit verbundene Stillegung revoltiert.

Der Film als Anhalt zum Träumen – oder besser Tagträumen – hat daher ein *Doppelgesicht*. Zum einen stützt er mit seiner schillernden Bildervielfalt die Auskuppelkultur ab, trägt bei zu deren Betonierung. Zum anderen aber vermag er es wie kein anderes Medium, mit Entwicklungstendenzen zu experimentieren, die aus den Konstruktionsproblemen unserer Zeit erwachsen. Und er vermag es ebenfalls, die Chancen und Begrenzungen entschiedener Wirklichkeitsbilder erfahrbar zu machen, die eine Sache von Anfang bis Ende, mit allen Wendungen, Krisen und Konsequenzen festhalten.

Ich wollte mich heute auf diese nach vorne weisende Seite des Films stellen und seine Möglichkeit herausstellen, uns mit den ungeheuren Verwandlungen, die vermutlich auf uns zukommen, vertraut zu machen. SALBER schreibt in »Seelenrevolution«: »Die Chance ist, daß die Menschen sich nicht gegen die (kompletten) Drehungen dieser ungeheuren Wirklichkeit sträuben... Das ist die Chance für ... *einen neuen Traum der Verwandlungswirklichkeit*« (1993, 192).

Sehen sie nun zum Abschluß eine weitere filmische Darstellung des Aufwachens aus den gesteuerten Tagträumen unserer Zeit. Es ist Truman's Ausstieg aus seiner Lebens-Soap. In seiner Suche nach einem Ausweg aus der Serie ist er an den Rand der künstlichen Himmelskuppel gestoßen. Dort findet er eine Tür, auf der ›Exit‹ steht. Wenn er die Angst vor dem Neuen überwindet, kann er sich aus den Fesseln der Serie befreien. Damit führt »Die Truman Show« Millionen von Zuschauern eine Angst vor Augen, die uns alle im Griff hat. Es ist die Angst vor der Preisgabe der flirrenden Versprechen der Auskuppelkultur.

Ich finde diesen Augenblick sehr schön, weil er das Gegeneinander zweier Figurationen, mit dem sich ein Bildwechsel auseinanderzusetzen hat, auf unterhaltsame Weise ins Bild rückt. Auf der einen Seite: Truman am äußersten Rand seiner Fernsehwelt. In der Wirklichkeit *vor* dem Fernseher eine junge Frau, die ihn liebt. Und wir, die Zuschauer, die sich so sehr nach einer Veränderung sehnen. Auf der anderen Seite der Schöpfer der Soap oder – wenn man so will – der persönliche Repräsentant des betonierten Wirklichkeitsbildes, aus dem sich unsere Zeit herauszulösen sucht.

Literatur

BLOTHNER, D. (1999): Erlebniswelt Kino – Über die unbewußte Wirkung des Films. Bergisch Gladbach
DOSTOJEWSKI, F.M. (1864): Traum eines lächerlichen Menschen. Frankfurt/M. 1995
FREUD, S. (1900): Die Traumdeutung. GW II/III London 1942
GABLER, N. (1999): Das Leben ein Film – Die Eroberung der Wirklichkeit durch das Entertainment. Berlin
NIETZSCHE, F. (1887): Der Wille zur Macht Leipzig 1930
SALBER, W. (1977): Zur Psychologie des Filmerlebens. In: SALBER, W. (1977): Wirkungsanalyse des Films. Köln
– (1993) Seelenrevolution – Komische Geschichte des Seelischen und der Psychologie. Bonn
– (1997) Traum und Tag. Bonn

Filme

Forrest Gump (USA 1993)
Buch: Eric ROTH
Regie: Robert ZEMECKIS

Stargate (USA 1994)
Buch: DEVLIN/EMMERICH
Regie: Roland EMMERICH

Die üblichen Verdächtigen (USA 1995)
Buch: Christopher MCQUARRIE
Regie: Bryan SINGER

Contact (USA 1997)
Buch: HART/GOLDENBERG
Regie: Robert ZEMECKIS

Titanic (USA 1997)
Buch: James CAMERON
Regie: James CAMERON

Die Truman Show (USA 1998)
Buch: Andrew NICCOL
Regie: Peter WEIR

The Matrix (USA 1999)
Buch: Andy & Larry WACHOWSKI
Regie: Andy & Larry WACHOWSKI

Von dem Reichtum träumt der Reiche,
Der ihm stets nur Sorgen schickt.
Und der Arme, leidbedrückt,
Träumt, daß seine Not nie weiche.
Der träumt, daß ihm alles glückt,
Der von Ehrgeiz und von Streben,
Jener von des Zornes Pein -
Kurz, in diesem Erdenleben
Träumen alle nur ihr Sein,
Sehen wir es gleich nicht ein.
Ich, in Kerkerhaft gebückt,
Träume, daß die Fessel drückt,
Daß ein glücklicheres Los
Früher einmal mich beglückt.
Was ist Leben? Eitler Schaum,
Truggebild, ein Schatten kaum,
Und das größte Glück ist klein;
Denn ein Traum ist alles Sein,
Und die Träume selbst sind Traum.

Pedro CALDERON DE LA BARCA

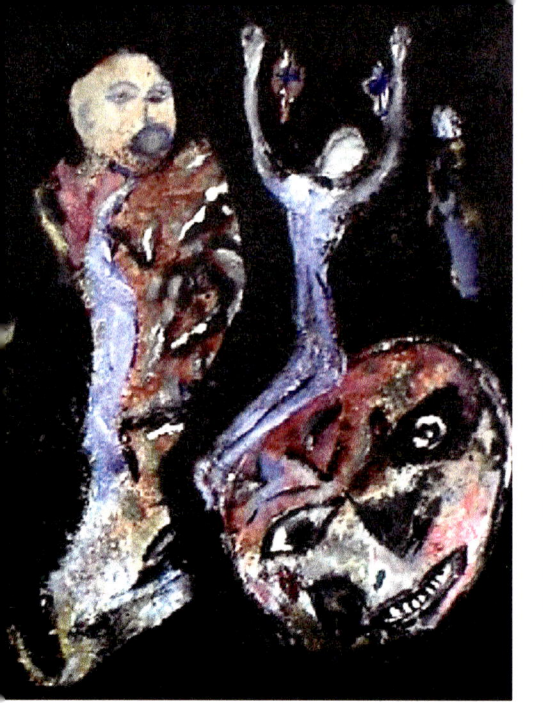

Lena Verkade

Die Gedanken sind frei

Vom Anders-Möglichen

Das Konjunktivische

Wenn der Mensch nicht mehr ›spinnen‹ kann, wird er krank, und wenn er es nur noch tut, ist er bereits ›gestört‹. Im Tag- oder Wachtraum entspinnt sich eine Welt des Konjunktivischen. Die Frage, »wie wäre es, wenn...« , begleitet wie eine Gegenprobe unser entschiedenes Handeln, das unter Regeln steht, die gewährleisten sollen, daß wir unseren Alltag bewältigen können. Daß das möglich ist, hat mit dem Doppelleben des Seelischen zu tun, das auch dem Phänomen der Ambivalenz zugrundeliegt. Das »nicht festgestellte Tier« (NIETZSCHE) könnte immer auch anders. Der Persiflage eines Luthersatzes ›Hier stehe ich, ich kann auch anders‹ liegt das Prinzip des Tagtraums zugrunde.

Vor einer Weile hörte ich in der Straßenbahn, wie jemand erzählt, daß ihm die Gedanken davongelaufen sind: »... plötzlich erwische ich mich, wie ich abdrifte. Ich sitze an dem großen Tisch im Garten und bin dabei, dieses ärgerliche Referat fertigzustellen. Nach geraumer Zeit gibt die Wolke die Sonne wieder frei. Es wird ganz hell und warm. Ich lehne meinen Kopf zurück und schließe die Augen. Zunächst bleibe ich noch bei dem Text und sinne über treffendere Formulierungen und klareren Zusammenhang nach, bis sich unversehens die Frage breit macht, ob ich es nicht doch noch schaffen könnte, mir morgen früh schnell irgendwo die Haare färben zu lassen. Mir gefällt das, besonders im Sommer, wenn mein Gesicht braun gebrannt ist. ›Ihm‹ gefällt das nicht so gut. Aber, wer weiß, vielleich findet ›er‹ es doch ganz nett, wenn ich, von dem vertrauten Muster abweichend, ein wenig fremd aussehe. Bin kein Naturkind mehr, bin ein Kunstmensch geworden. Ob ›er‹ sich dann wieder ein Naturkind suchen wird, damit das Muster stimmt? Dann könnte ich mich ganz den unsterblichen Werken widmen. Ob ich dann gelähmt wäre in meinem Tun, oder ob ich gerade dann, abgekoppelt, ausgeliefert an die Welt, Werke schaffen könnte einer ganz anderen Art? Schon bin ich an weltweit interessanten Ausstellungen beteiligt. Mein Name steht in allen Zeitungen. Längst vergessene Freunde kommen auf mich zu, allen voran Martin, der Maler, und bestaunen, was aus mir geworden ist... Es zieht die nächste Wolke über die Sonne. Begleitet von einem ironischen Windhauch, verschleiert sie den kleinen Höhenflug. Und ich wende mich wieder dem gescheit werden sollenden Text zu. Muß man sich eigentlich wegen solcher Anwandlungen schämen? Wie gehst du damit um? Ist doch gar nichts passiert; ...kein Mensch kann sie wissen... Im Nu war ich beim nächsten Satz, der vor mir auf dem großen Tisch liegt. Mit entschiedener Gebärde forme ich ihn so um, daß ich einen ganzen Absatz dafür streichen kann; blöde Wiederholungen, zische ich noch vor mich hin und bin wieder ganz bei der Sache; ja, die Sache ist wieder da und mit ihr auch mein sogenanntes Ich.«

Flüchtig »...wie nächtliche Schatten...« löst sich etwas aus dem aktuell Gelebten, hebt ab, nimmt subliminal die Gestalt eines kleinen Spektakels an, wendet sich und tritt wieder in den Hintergrund. Das Sonnenbaden ist eine Brutstätte für solche virtuellen Inszenierungen. Meine Großmutter behauptete immer, sie würde keinen Mittagsschlaf brauchen; statt dessen machte sie es sich in einem gemütlichen Sessel bequem und »druselte« nur ein bißchen. Ich habe nie gefragt, was das ist, aber heute bin ich sicher, daß das ihr Ausdruck für Tagträumen war. Als versierte Tagträumerin hat sich diese sanfte Seele, ›nur ein viertel Stündchen‹, ein Leben ausgemalt, das in der Ehe mit dem Draufgänger nicht zu gestalten war. Als es noch verpönt war, sich scheiden zu lassen, war das für Frauen eine Möglichkeit, den status quo zu ertragen. Der Tagtraum hat durchaus auch eine die Verhältnisse konsolidierende Funktion.

Das Ungenügen des Gegebenen

Genau genommen, kann man eigentlich von ›dem‹ Tagtraum nicht sprechen. Es gibt ganz verschiedene Arten. Allen jedoch liegt ein prinzipielles Ungenügen des Gegebenen zugrunde, das Sehnsucht schürt, und den Wachträumer in die Ferne zieht, als gelte es, ›die blaue Blume‹ der Romantiker zu finden.

Unter dem Titel »Aufforderung zur Reise« schreibt BAUDELAIRE: »Es gibt ein herrliches Land, ein Schlaraffenland sagt man, das mit einer alten Freundin zu besuchen ich träume. ... Ein wahres Schlaraffenland, wo alles schön, reich, ruhig und ehrlich ist; wo es dem Luxus gefällt, sich in der Ordnung zu spiegeln, wo das Leben fett und süß einzuatmen ist; aus dem die Unordnung, der Taumel und das Unvorhergesehene verbannt sind, wo das Glück dem Schweigen vermählt ist; wo die Küche selbst voller Poesie ist, fett und erregend zugleich, wo alles Dir, lieber Engel, gleicht.« Zwei Seiten später ruft der Poet der Sehnsucht und Psychologe der künstlichen Paradiese aus: »Träume! Immer Träume! Und je ehrgeiziger und empfindsamer die Seele ist, desto weiter entfernen die Träume sich vom Möglichen. Jeder Mensch trägt seine natürliche Dosis Opium in sich, die dauernd abgesondert und erneuert wird; und wieviel Stunden zählen wir von der Geburt bis zum Tode, die voll sind von wirklicher Freude, von gelungener und entschlossener Tat. Werden wir jemals in diesem Gebilde leben, werden wir jemals in dieses Gebilde reisen, das mein Geist gezeichnet hat ... ?« (192f)

Das Ferne

Eine besondere Ausformung hat die Sehnsucht nach dem Anderen in der europäischen Begeisterung für exotische Welten zu Ende des 19.Jahrhunderts erhalten. Man tagträumte nach der Maxime ›nicht hier, sondern dort‹. Alles wäre gewendet, wenn man dort wäre. Tagtraum und Kulturkritik gingen ein Bündnis ein. Julien VIAUD schrieb unter dem Pseudonym Pierre LOTI seine Tagträume der Erneuerung des Westens durch die ›Bilderwelt‹ des nahen oder fernen Ostens zu umfänglichen Romanen aus. PUCCINIS »Madame Butterfly«, der durchgemusterte Tagtraum auf der Opernbühne, geht auf LOTIS Roman »Madame Chrysantheme« zurück.

Für Karl MAY hatte sich im Laufe seines Lebens die Grenze zwischen Tagtraum und aktueller Lebenswelt ganz und gar aufgehoben. Bei Zwickau geboren, behauptete er, aus dem tiefsten Ardistan zu stammen. Seine Tagträume dynamisieren sich, als er durch Gefängnismauern vom Alltag abgegrenzt wird. Betrug, Lügen, Diebstahl hatten ihn dorthin gebracht, weniger soziale Formen der Grenz-Überschreitung. Für Karl MAY traten seine romanhaft ausgestalteten Tagträume an die Stelle der palpablen Wirklichkeit. So hermetisch hat er sich in seinen Tagträumen bewegt.

Das Unausweichliche

Das Tagträumen kann aber auch, wie das Kinderspiel, ein Weg sein, die Wirklichkeit, in der man lebt, auf einem Umweg akzeptabel zu machen. Unausweichliches wie der Faltenwurf der Haut als Zeichen des Älterwerdens, wird wieder und wieder durch Animation des Balges, der als alter ego fungiert, in Szene gesetzt, durchgespielt und so abgewandelt, daß es erträglich wird und angeeignet werden kann. Animal-Companion- und Zwillingsphantasien sowie der sogenannte Familienroman können durch Stärkung der eigenen seelischen Ausrüstung ebenfalls ein Umweg zur Anpassung sein. Ähnliches gilt für immer wiederholte fixe Tagträume, wie sie häufig den Prozeß der Selbstbefriedigung wie des Beischlafs begleiten.

Selbstbehandlung des Übergangs

Während Nachtträume seelischen Zusammenhang so weitgehend lockern, daß man sie nur mit künstlichen Prozeduren (wieder ?) auf die Tages-Reihe bringen kann, entwickelt sich das Erleben in Tag- oder Wachtraum mit gewisser Konsequenz in Richtung von etwas jeweils Erwünschtem. Dabei kann jedes Thema aufgenommen werden: Schönheit, Stärke, Unschlagbarkeit, Liebe, Sex, Erlösung, Opfer, Werktätigkeit, Ruhm, Macht, Ehre, Klugheit, das Reine, das Ursprüngliche, das Verbotene, das Gesunde und so weiter und so fort. Von den Themen her kommen wir kaum an die psychologische Bedeutung heran; eher schon von der Methode her, in der die Themen behandelt werden.

Es ist nicht der Träumer, der den Tagtraum ›macht‹. Ohne daß er etwas tun müßte oder könnte, gerät er in einen Zustand, der unmöglich Scheinendes ›wahr‹ sein läßt. Das geschieht wie von selbst. Der Schlager weiß davon ein Liedchen zu singen: »Ich weiß, es wird einmal ein Wunder gescheh'n und dann werden tausend Märchen wahr...« Kaum zählbar dürften Gedichte und Liedertexte sein, die Traum, Träume, Träumen ins Zentrum stellen. Gemeint ist der Tagtraum, in dem das Seelische derartige Leichtigkeit gewinnt, daß es auf eine ›schöne‹ Gestalt zuschweben kann.

Produzent des Tagtraums ist die unabwählbare Verwandlung unseres Verhaltens und Erlebens mit ihren Versprechungen und Belastungen. Was wir anstreben und realisierend gestalten, ›ist‹ stets ein Gebilde im Übergang, ein geschichtliches ›Etwas‹, das nicht das Total der Möglichkeiten umschließt. Die Wendung, man könne nicht ›Alles‹ haben beziehungsweise sein, ist auf diesen Sachverhalt gemünzt. Totalität ist erfahrbar für einen zeitenthobenen Augenblick, der nicht verweilen kann.

Einerseits erleben wir das als Chance. Wir können Schritte tun, uns entwickeln, fortschreiten, neu und anders werden. Dabei formt sich, gewollt oder nicht, ein Bild-Ganzes, in dem das nacheinander Gelebte seine Platzanweisung erhält. An den Bild-Grenzen jedoch kristallisiert sich das Ausgeschlossene, Nicht-Realisierte, Anders-Mögliche, das je nach lebensgeschichtlichem Standort mehr oder weniger heftige Unruhe aufkommen läßt.

Angesichts des Wissens um die begrenzte Lebenszeit drängt es ins Spiel; es will umgesetzt werden. So entfaltet sich, was wir zustandebringen, in einer Art Doppelspiel oder in der Spannung zwischen faktischer Realisierung und anders gerichteten, darüber hinaus drängenden Möglichkeiten.

Der Tagtraum wird auf diesem Hintergrund psychologisch verständlich als diejenige Verfassung, in der das Unmögliche möglich wird, nicht als Handlung, aber als erlebte »Metamorphose von Bedeutungen« (SALBER 1965). Autor des Tagtraums ist die Selbstbehandlung seelischen Übergangs.

Drei typische Formen

Drei typische Formen, die der Tagtraum annimmt, um dem Menschen wenigstens zeitweilig den Druck der »ungeschlossenen Geschlossenheit« (vgl. SALBER 1989) seiner seelischen Produktionen zu nehmen, sollen abschließend skizziert werden.

(1) Entgrenzung

Es gibt einen Typus von Tagträumen, der das Doppelspiel des Seelischen aufzuheben sucht durch Meditation. Die Meditation faßt das Problem an der Wurzel und setzt auf Totalisierung. Von jeder Realisierung abrückend, erkennt sie der Selbstbewegung des Seelischen den ersten Rang zu. Tagträume dieses Typs sind sozusagen mit sich selbst zufrieden. Sie drängen nicht auf Revolution der Verhältnisse in der anfaßbaren Realität. Sie suchen vielmehr einen Ausnahmezustand in der Versenkung. Metamorphose ›pur‹, Entgrenzung als Prinzip, Selbstbewegung ohne Auseinandersetzung.

Gaston BACHELARD beschreibt, wie sich diese seelische Verfassung angesichts des Feuers einstellt, und beschreibt die für diesen Tagtraum charakteritische Figur. »Die Träumerei arbeitet sternförmig. Sie kommt immer wieder auf ihren Mittelpunkt zurück, um neue Strahlen auszusenden« (BACHELARD 1985, 22). Mit seiner Neigung zu ununterbrochener Bewegung verzichtet der meditative Tagtraum darauf, aus einem bestimmten Komplex eine dramatische oder idyllische Geschichte zu formen. Aufkommende Bedeutungen können zurückgelassen werden, wenn es gelingt, sie gleich viel oder wenig gelten zu lassen wie jede andere. Jede aufkommende Regung angesichts der sich einstellenden Bilder wird als gleich-gültig qualifiziert. Da sich der Tagträumer nicht verwickeln läßt in eine bestimmte themenzentrierte Dramatisierung, wird er frei von der Spannung, die sonst zwischen seinen geschichtlich gebundenen und geschichtenhaft entstehenden Werken aufkommt. Das ist anders als im Nachttraum, denn der verwickelt den Träumer durch die Belebung von Komplexanreizen, deren Ausformung in Geschichten allerdings fragmentiert wird.

Wenn wir Musik hören, eine vertraute Symphonie etwa, können wir uns unversehens in einem Tagtraum wiederfinden. Wir stellen fest, daß wir schon längere Zeit nicht mehr zugehört haben. Dann kehren wir zurück, nehmen uns vor, ganz aufmerksam nah am Verlauf zu bleiben, damit er unsere seelische Bewegung tragen kann. Das glückt (wie bei der Meditation) aber nur, wenn wir uns von den kleinen kompensatorischen Seelenspektakeln lösen.

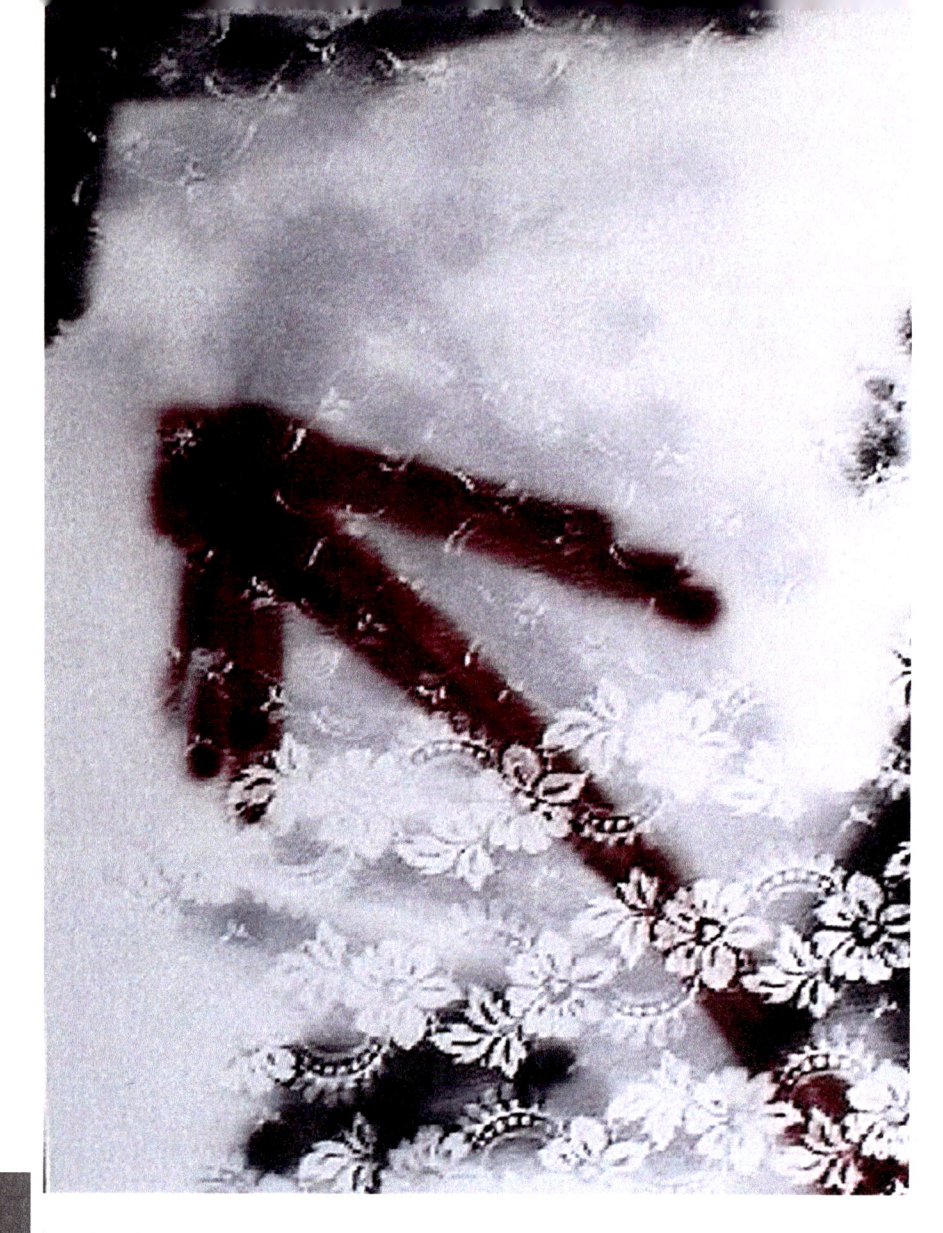

(2) Flotter Wechsel

Ein zweiter Typus von Tagträumen bemüht sich um eine Lösung für das Unbehagen am

Doppelspiel von Partiellem und Total durch Wechsel beziehungsweise durch flotte Sukzession von Beschränktheit und Belebung des Anders-Möglichen. Schnelles Umsteigen ist die Devise. Es geht um ein Antesten von Alternativen ohne Konsequenz. Was sich beim ›Flug‹ durch die mehr als zwanzig Fernseh-Möglichkeiten abspielt, läßt sich in diesem Sinne vielleicht als Tagtraum begreifen. Auf der Suche nach der Ausgestaltungshilfe für einen Tagtraum durch das TV-Programm produzieren wir möglicherweise beim Zappen einen eigenen, gut getarnten Tagtraum; kein Mensch kann ihn wissen..., auch der Tagträumer nicht. In der Flucht der Bilder kommt unter dem Mäntelchen der Entrüstung über das schlechte ›Programm‹ ein Erlebens-Gebilde zustande, das die Spannung ›Etwas versus Anderes‹ durch Vergleichzeitigung nahezu aufhebt. Insgesamt gilt für den Tagtraum, daß er einen besonderen Umgang mit der Zeit pflegt und mit dem Nacheinander, ähnlich wie die Langeweile.

Chatten im Internet, eine andere Form zeitgenössischen Tagträumens, ist ebenfalls bestimmt durch das Antesten ohne Konsequenz und flottes Umsteigen. Manche kommen von der Arbeit nach Hause, machen die Kiste an und geben ein: ›Hi, ich bin wieder da‹ und chatten bis vier Uhr früh. Man kann sich darstellen, wie man will, mal jung, mal alt; man kann erzählen, was man will, und alles kann wechseln und bleibt vollkommen unverbindlich. Man kann mit drei Männern gleichzeitig flirten... Das hört sich an wie ein kleines Stückchen reiner Möglichkeit. Selten mal kommt es zu einer Begegnung im sogenannten wirklichen Leben. Am nächsten Tag geht man wieder zur Arbeit.

Oftmals wissen wir kaum von dem Tagtraum-Gespinst, das sich da verfertigt. Manchmal mag uns das Gefühl beschleichen, wir sollten diese flüchtigen Konfigurationen des Anders-Möglichen verscheuchen, bevor sie handlungsanweisend werden könnten. Jedenfalls wäre es ein Mißverständnis, würde man den Tagtraum, wie in der Psychoanalyse geschehen, zum Naturschutzpark der Phantasie erklären. Gewiß kann ihm auch einmal die Funktion kompensatorischer Tröstung zukommen, aber Tagträume haben es durchaus in sich. Sie lassen sich ausarbeiten und durchformen, bis aus ihnen eine Utopie oder eine Erzählung oder ein Roman geworden ist. Dann figurieren sie, verwandelt, als Ding mit eigener Wirkung unter den anderen Dingen, und können ihre Leser zu »gemeinsamen Tagträumen« (Hanns SACHS, 1924) einladen. In jedem Fall sind Tagträume zukunftgerichtet, selbst wenn sie sich längst vergangener Erlebnisse bedienen.

(3) Handlungsanweisung

Ein dritter Typus von Tagträumen behandelt die Doppelheit seelischer Verhältnisse durch den Entwurf einer Vision vom ›besseren‹ Zustand. Dieser Tagtraum folgt dem Konzept, es liege an der Mängelhaftigkeit der Gegebenheiten, wenn wir uns unbehaglich fühlen. Sind wir nicht frei, so sind es doch unsere Gedanken, die eine Lebensform ausmalen können, in der auch wir frei wären. Utopien sind Richtungsangaben für eine Revolution der unleidlichen Lebensformen des Alltags mit dem Versprechen, einen größeren Verwandlungsspielraum zu öffnen; ein für allemal. Das Dilemma zwischen Begrenzungserfahrung und Anders-Möglichem soll aufgehoben werden durch die Veränderung der Verhältnisse des Alltags. Im Tagtraum nehmen wir das vorweg.

Ernst BLOCH sieht im Tagtraum eine Spielart des Noch-Nicht-Bewußten, das er dem Nicht-Mehr-Bewußten oder Verdrängten als eigene Wirksamkeit gegenüberstellt. Visionen, Entwürfe, Phantasmagorien und ganz besonders Utopien von einer ganz anderen, besseren Welt, sind ihre augenfälligen Ausdrucksformen. All dieses bildet sich auf dem soliden Fundament alltäglicher Selbstverständlichkeiten. Durch Verdruß, Mangel-Leiden, Ohnmacht bildet sich ein »Novum«, das sich dem Immer-schon-Gleichen wie ein Versprechen gegenüberstellt und zum Fanal des »I have a dream!« werden kann.

Nicht die ewige Wiederkehr infantiler Wünsche sieht der Philosoph Ernst BLOCH im Tagtraum am Werk, sondern ein »antizipierendes Bewußtsein«, das mit dem Ungewordenen als Möglichem und künftig Realem befaßt ist.

Westliches Denken ist ganz darauf eingespielt, Sachverhalte, auch die seelischen, nach dem Ursache-Wirkung-Schema herzuleiten von einem Früheren. Bloch sieht das anders. Das Noch-Nicht-Gewordene hat sein eigenes Motiv, seine eigene Dynamik. Wenn man sich erinnert, daß es der Tod ist, von dem die stärkste Wirkung auf unsere Lebens-Gestaltung ausgeht, kann man BLOCHs Denkweise besser verstehen.

In wieder anderer Weise leitet morphologisch-psychologisches Denken die Phänomene her. Nicht aus einem Früheren, Ersten oder Infantilen, sondern aus der Überfülle gleichberechtigter Verwandlungsrichtungen, die sich für eine Weile in Übergangsverfassungen organisieren. In diesem Kontext spielt der Tagtraum als ›virtuelles Übergangsobjekt‹ die Rolle eines Vermittlers.

Literatur

BACHELARD, G. (1985): Psychoanalyse des Feuers. München

BAUDELAIRE, Ch. (o.J.): Ausgewählte Werke. München

BLOCH, E. (1973): Das Prinzip Hoffnung. Frankfurt/M

BURLINGHAM, D. (1980): Labyrinth Kindheit. München

Württembergischer Kunstverein (1987): Exotische Welten. Europäische Phantasien. Stuttgart

NIETZSCHE F. (1878): Menschliches, Allzumenschliches. Leipzig 1930

SACHS, H. (1924): Gemeinsame Tagträume. Leipzig/Wien/Zürich

SALBER, W. (1965): Morphologie des seelischen Geschehens. Ratingen
– (1988): Kleine Werbung für das Paradox. Köln

O ein Gott ist der Mensch, wenn er träumt,
ein Bettler, wenn er nachdenkt.

Friedrich HÖLDERLIN

Stephan Grünewald

Zur Psychologie des Tagtraums

Die alltägliche Traumfabrik

I. Warum träumen wir? Die Grundkonstruktion des Seelenlebens

Eine der Grundfragen, mit der sich die Psychologen seit Sigmund FREUD beschäftigen, lautet: Warum träumen wir? Erwarten Sie bitte von mir jetzt keine direkte Antwort, denn ich glaube, wir können das Wesen und die Funktion des Traumes nur verstehen, wenn man sich vorab ein paar Gedanken über die Grundkonstruktion unseres Seelenlebens macht.

Verwandlungs-Gier und Gestalt-Sehnsucht

Wilhelm SALBER hat es auf eine einfache Formel gebracht: Alles, was wir den Tag über – und des Nachts – betreiben, ist Ausdruck einer unersättlichen Verwandlungs-Gier. Unser Seelisches ist so beschaffen, daß wir uns zu jeder Stunde, zu jeder Zeit in alles verwandeln wollen, was wir uns denken können. Die tragende und treibende Qualität des Seelenlebens ist eine ungeheure Unruhe, die versucht, in bestimmten Verwandlungen und Inszenierungen eine Gestalt zu finden. Dabei geraten wir jedoch immer an ein Problem: Wir können die Wirklichkeit nur fassen, wir können nur etwas aus unserem Leben machen, wenn wir uns auf endliche Werke oder Gestalten einlassen – wenn wir uns hier und jetzt entscheiden: Diesen Menschen heirate ich, diesen Beruf ergreife ich, dieses Haus beziehe ich. Mit diesen Setzungen grenzen wir aber den Reichtum der Verwandlungen aus. Das heißt, mit jeder Setzung, mit jeder Entscheidung, mit jeder Lebensgestaltung, die wir vollziehen, grenzen wir ungeheuer viel aus, was auch gelebt, was auch gestaltet, was auch geliebt werden will.

Wir versuchen also, in begrenzten Werken das Total unserer Entwicklungsmöglichkeiten zu fassen, merken dabei aber: Alles ist unvollkommen, die Unruhe, die uns treibt, ist nie ganz zu besänftigen. In all unseren Gestaltungen, spüren wir, bleibt so etwas wie ein nagender, unbefriedigter Rest. Wir sind niemals ganz glücklich, und wir müssen daher immer wieder weiter machen. Indem wir unser Leben umbauen, indem wir die Partner wechseln, indem wir in eine andere Wohnung ziehen, indem wir Kleider oder neue Schuhe anschaffen, versuchen wir wieder etwas von diesen unbefriedigten Resten unterzubringen.

In unserem Lebensalltag sind wir gewissermaßen immer dabei, feste Häuser zu bauen – und in dem Moment, wo wir sie gebaut haben, spüren wir wieder die Macht der Verwandlung, die diese festen Werke unterspült. Allerdings können wir auch in diesem Fließenden nicht leben: Wenn wir mitten im Fluß sind, dann sehnen wir uns wieder nach Bergung und etwas Stabilem – das ist der ewige Kreislauf des Lebens.

**Portionierungen
zwischen Alltag und Traum**

Um diese unbefriedigten Reste irgendwie lebbar zu machen und unterzubringen, haben wir in unserer Kultur nun so etwas wie eine Spaltung oder eine Dopplung aufgebaut. Das heißt: Unsere ganze Kultur funktioniert, weil wir sie in verschiedene ›Portionen‹ oder in unterschiedliche Verfassungen einteilen, zwischen denen wir immer wieder wechseln können.

Wir haben unsere Kultur beispielsweise aufgeteilt in einen Bereich, den nennen wir Alltag – und hier sind wir bestrebt, förmlich und gesetzt zu Werke zu gehen –, und in einen anderen Teil, den wir als Ferien bezeichnen, wo all das zum Zuge kommen soll, was im ›normalen‹ Alltag nicht befriedigt und untergebracht werden konnte. Im Urlaub haben wir das Gefühl, die Welt einmal mit anderen Augen sehen zu können, hier können wir uns anders präsentieren und anderes veranstalten.

Aber diese Aufteilung wird jetzt noch einmal weiter untergliedert: Im Alltag unterscheiden wir die Arbeitswoche und das Wochenende – und auch da haben wir das Gefühl, am Wochenende die ›traumhaften‹ Möglichkeiten, die wir in der Woche nicht untergebracht haben, ein bißchen (aus-) leben zu können. Am Samstag und Sonntag wollen wir uns anders verhalten, auch da wollen wir uns anders kleiden, anders lieben und anderes erreichen.

Und selbst wenn man schließlich nur den einzelnen Tag betrachtet, kann man ebenfalls feststellen: Auch der Tag funktioniert wieder in einer Dopplung. Wir haben uns auf ein Lebenssystem eingelassen, das unseren Tagesablauf in verschiedene Phasen oder eben Verfassungen einteilt: Acht Stunden sind wir recht formell und gehen unseren Tätigkeiten nach; in den acht Stunden unserer ›Freizeit‹ lassen wir so ein bißchen ›die Sau‹ raus, da die Spielräume hier größer werden; und acht Stunden experimentieren und unterhalten wir uns mit uns selber: nämlich nachts, wenn wir träumen. Aber auch in den acht Stunden, die mehr oder weniger der Arbeitszeit vorbehalten sind, haben wir immer wieder kleine Freizeitpausen eingebaut, wo all die Formalien und Zwänge kurzfristig aufgehoben werden und – denken Sie an Kinder im Unterricht, wenn die Pausenglocke tönt –, wo so etwas wie ein seelischer Schulhof entsteht, auf dem man sich für zehn Minuten einmal austoben kann.

Das heißt, unser ganzes Leben funktioniert nur in diesen Aufteilungen und nur dank dieser Portionierungen, die mit dem Versprechen einhergehen, in der einen Verfassung ›irgendwie‹ das untergebracht zu bekommen und all das zu leben, was in der anderen Phase nicht lebbar war.

Spielraum und Formzwang

Wie bereits angedeutet, unterscheiden sich diese verschiedenen Verfassungen im Hinblick auf den gegebenen Spielraum bzw. Formzwang. ›Alltag‹ steht dafür, daß wir einem sehr starken Formzwang ausgesetzt werden: Hier haben wir Kleiderordnungen und Terminzwänge; hier gibt es ›Stoppuhren‹, wir haben Vorgesetzte und unterwerfen uns Regelwerken. Dieser Formzwang gibt uns eine Richtung und so etwas wie eine Gewißheit – er führt dazu, daß die Unruhe ein wenig eingedämmt wird, weil dieser Formzwang uns letztendlich auch ein Gerüst verschafft, wie wir durch den Tag kommen.

Die Spielräume, die wir angesichts eines solchen Alltags-Korsetts nun in unserer ›Freizeit‹ immer wieder anstreben, sind merkwürdigerweise um so größer, desto weniger wir anrichten können; das heißt, desto weniger unsere Taten oder Wünsche die Stabilität unserer tagtäglichen Lebensformen gefährden können. Und den größten Spielraum haben wir nachts, wenn wir schlafen, weil hier die Motorik buchstäblich stillgelegt ist. Nachts können wir weder in die Wirklichkeit eingreifen noch an ihr etwas verändern, wir können aber auch nichts Schlimmes anrichten. Dieses grundlegende Verhältnis wird uns nun im weiteren beschäftigen, wenn wir uns mit dem Traum auseinandersetzen, weil der Traum nur funktioniert, weil wir mit ihm eine Vereinbarung treffen: Wir verzichten auf alle direkten Einwirkungen im Leben, haben dafür jedoch ungeahnte Möglichkeiten: Wir können fliegen und ganz groß werden; wir können expandieren und machtvolle Gestalten inszenieren – aber im Verzicht, daß all das ›wirklich‹ realisiert wird.

II. Die nächtliche Traumfabrik

Wenn wir uns jetzt der nächtlichen Traumfabrik zuwenden, müssen wir zunächst einmal davon ausgehen, daß unser Seelisches so konstruiert ist, daß es eigentlich niemals schläft. Wir sind ständig dabei, irgendwelche Sinnzusammenhänge zu produzieren und all das, was am hellichten Tag nicht zum Zuge gekommen ist, irgendwie dingfest zu machen. Und der Traum ist dabei mehr als nur eine Wunscherfüllung: Er zeigt uns, wie unser Leben produziert ist, was in unserem Alltag alles mitwirkt und zum Ausdruck kommen will. Der Traum ist so etwas wie ein Selbstgespräch der Seele.

FREUD hat betont, daß es in unseren Träumen vor allem darum geht, bestimmte Wünsche, die der Tag nicht erfüllen konnte, auf halluzinatorische Weise zu befriedigen. FREUD hat das vor allem an den Träumen von Kindern verdeutlicht wie das folgende einfache Beispiel zeigt: Ein Kind, das am Tag den Wunsch hatte, von der Marmelade zu naschen, wurde von der Mutter daran gehindert. Diese Behinderung führte zu einer Anspannung und Unruhe. Der Traum gibt dem Kind jetzt die Möglichkeit, diesen unerfüllten ›Tages-Rest‹ zu Ende zu bringen. Das Kind träumt also nun, wie es in die Marmelade greift, und diese halluzinatorische Wunscherfüllung führt jetzt dazu, daß es zufrieden ist und weiterschlafen kann.

Mechanismen der Traumfabrik

Dann mußte FREUD aber die Erfahrung machen, daß es sich bei den Erwachsenen nicht ganz so einfach verhält. Auch die Erwachsenen haben Wünsche, die der Tag nicht erfüllt und die folglich eine sehr beunruhigende Qualität haben. Aber jetzt kommt noch etwas anderes hinzu: Es sind Wünsche, die wir nicht nur am Tag nicht realisieren konnten, weil wir daran gehindert wurden, sondern es handelt sich um Strebungen, die man sich selber nicht eingestehen kann. Wir werden am Tag von Wünschen geplagt, die im wahrsten Sinne des Wortes unbewußt sind, und der Traum versucht jetzt, diese unbewußten Wünsche aufzugreifen, aber so, daß wir davon nichts mitbekommen. Und er macht das, indem er für eine solche Entstellung eine Reihe von Bearbeitungs-Mechanismen mobilisiert.

Sie merken das daran, wie Sie morgens wach werden: Sie haben etwas geträumt, sie können diesen Traum manchmal sogar erzählen, aber der Traum kommt Ihnen recht fragmentarisch, meist rätselhaft, oft sogar sinnlos vor. Das hängt damit zusammen, daß der Traum versucht, unter dem Einfluß gewisser zensierender Tendenzen das, was da an Wünschen zum Ausdruck gekommen ist, wieder unkenntlich zu machen. Er macht das, um Sie in Sicherheit zu wiegen, er will Sie gar nicht darüber aufklären, was für komische, abstruse, zum Teil auch perverse oder kulturlose Wünsche Sie haben. Andererseits sind die Wünsche aber wirksam – und das ist das große Problem.

Wir leben den ganzen Tag in irgendwelchen Zusammenhängen, in denen wir auf einmal spüren: Wir haben den Impuls, dem anderen an den Kragen zu gehen, wir haben den Impuls, unsere Geschwister oder unsere Konkurrenten aus dem Weg zu räumen. Wir haben den Impuls, das, was uns begeistert – wie das Kind den Marmeladentopf – in die Hand zu nehmen, zu erobern und uns schlichterdings einzuverleiben. Aber diese Wünsche sind uns als Erwachsenen nicht mehr eingestehbar. Sie widersprechen unserem Selbstbild, sie widersprechen dem, was wir in der Kultur an Erziehung mitbekommen haben. Und so versucht der Traum jetzt so eine Art Kompromiß: Er greift diese Wünsche auf, er zeigt, wie beim Kindertraum, die halluzinatorische Wunscherfüllung, aber im gleichen Atemzug verkleidet er, entstellt er, maskiert er die Wünsche.

FREUD hat in seiner Traumdeutung vor allem an der Symbolik des Traumes aufgezeigt, wie eine Wunscherfüllung funktionieren kann, ohne daß der Traum eine klare, deutliche Sprache spricht. Ein Paradebeispiel, das Sie möglicherweise kennen: Eine Frau hat den Wunsch, mit ihrem Schwager ins Bett zu gehen, aber die Kultur sagt: Das ist tabu, das ist der Schwager, und sie will die Schwester ja auch nicht verprellen. Also träumt sie, daß sie mit dem Schwager gemeinsam eine Treppe erklimmt und von Stufe zu Stufe atemloser wird. Das heißt, die Treppe ist ein symbolisches Bild für den Geschlechtsverkehr, man erklimmt im übertragenen Sinne die Gipfel der Lust und kommt dann oben sehr atemlos, erregt oder entspannt an.

Ein wichtiger Zug bei dieser nächtlichen Traumfabrik besteht also darin, daß der Traum darauf angewiesen ist, alles in eine bildhafte Ordnung zu bringen. Der Traum kann nicht über das Medium der Sprache verfügen, sondern er muß alles wie ein Stummfilm in eine bewegte Bilderwelt umsetzen. Das Tolle dabei ist jetzt, daß der Traum so etwas wie einen Kompromiß anstellt: Der Wunsch ist befriedigt, aber auch den kulturellen Forderungen ist Rechnung getragen – und das hat zur Folge, daß man in Ruhe weiterschlafen kann. Denn wenn der Traum diese Wünsche nicht entstellen würde, würden wir nachts ›schweißgebadet‹ aufschrecken und kämen uns gegenüber in arge Konflikte.

Wir haben es also bei den Träumen immer mit einer Zensur und einer Entstellung zu tun. Darum ist eine Traum›deutung‹ – beispielsweise im Zuge einer psychotherapeutischen Behandlung – so ungeheuer aufwendig. Man braucht viel Zeit, um zu verstehen, was für ein latenter Sinn hinter diesem manifesten Trauminhalt steht, an den wir uns morgens erinnern können. Um auf diesen latenten Sinn zu kommen, bedarf es der Einfälle des Patienten zu den einzelnen Elementen der manifesten Traumgeschichte, weil die Einfälle diesen latenten Sinn des Traumes ständig umkreisen.

Eine solche umfassende psychologische Analyse von Träumen zeigt dann jedoch auch, daß Träume keine einfachen Wunscherfüllungen, sondern in einem wesentlich umfassenderen Sinne Selbstgespräche der Seele sind. In unseren Träumen führen wir uns vor Augen, was alles ›drin‹ ist in unserem Alltag und wie wir unser Leben gebaut haben.

Wir bekommen ein Gespür dafür, wie unser Leben auch anders zu handhaben wäre. Wir spüren, was alles mitwirkt, welchen Kräften wir ausgesetzt sind, aber auch, wie wir versuchen, mit diesen unterschiedlichen Kräften zurande zu kommen. Der Traum hat für unser Wachleben daher den Charakter einer Provokation – er fordert uns heraus, er motiviert uns, in den wachen Werken des Tages die Dinge einmal anders zu sehen, auf den Kopf zu stellen, einmal andere Lebenslinien zu entwickeln, uns selber einmal in einem ganz anderen Licht zu betrachten. Er provoziert uns im wahrsten Sinne des Wortes dergestalt, daß wir bereit sind, bestimmte Dinge dann auch am Tage anders zu machen, oder er verwundert uns, indem er uns verspüren läßt, es ist viel mehr mit uns los, als wir uns im Wachen eingestehen.

III. Der Tagtraum im Tagesablauf

Die Tagträume sind jetzt etwas einfacher ›gestrickt‹ als die nächtlichen Träume, weil die Tagträume viel stärker das zum Ausdruck bringen, was FREUD am Beispiel der Träume von Kindern aufzeigen konnte: Die Tagträume haben eine eindeutige Tendenz in Richtung einer Wunscherfüllung. In den Tagträumen versuchen wir, all das, was wir im Laufe eines Tages veranstalten, mit einer Richtung zu kombinieren, die wir insgeheim ersehnen und erwünschen. Wir haben in unserer Kultur vor allem im Hinblick auf die Gestaltung von Liebe und Macht bestimmte Verabredungen.

Diese Vereinbarungen, die wir bei unseren Tagesverrichtungen auch aktiv leben, werden aber im Tagtraum konterkariert; das heißt, bei uns läuft gewissermaßen immer ein paralleler Film ab, den wir uns jedoch gar nicht klar machen. Wir tagträumen, wenn man das einmal summiert, pro Tag etwa fünf bis sechs Stunden. Davon wird uns jedoch nur ein kleiner Bruchteil überhaupt bewußt. Ich vermute, jeder von Ihnen hat in den letzten 20 Minuten drei oder vier kleine Tagträume gehabt, die Sie aber gar nicht bemerkt haben. Diese Tagträume sind jetzt ein Versuch, all das, was im Hauptwerk – also jetzt während des Vortrages – abläuft, zu konterkarieren und mit eigenen Wendungen und ›traumhaften‹ Möglichkeiten zu ergänzen und auszuschmücken.

1. Das Doppelleben: Tag und Traum

Wir führen ständig so etwas wie ein Doppelleben. Ja, wir können nur leben, indem wir ständig zwischen einem Haupt- und einem Nebenwerk hin und her pendeln. Das Hauptwerk hier und jetzt besteht darin, daß wir uns darauf geeinigt haben, gesittet zu sitzen. Ich halte einen Vortrag, Sie hören zu oder schreiben etwas mit. Das aber füllt uns nicht vollends aus, wir wollen viel mehr, wir wollen uns in das Getümmel der Großstadt begeben, tolle Eroberungen machen oder uns statt meiner Ausführungen ein saftiges Stück Fleisch einverleiben. Das jedoch geht in unserer gemeinsamen Verfassung nicht, und darum sind wir froh, daß wir ein Nebenwerk haben, daß da so kleine Knabbereien auf dem Tisch stehen, daß wir einen Aschenbecher haben, der uns erlaubt, auch neben dem ›offiziellen‹ Programm noch anderen Strebungen nachgehen zu können.

Das beste Beispiel für ein solches Nebenwerk ist die Zigarette. Mit einer Zigarette haben wir die Möglichkeit, vieles von dem, was in der Haupthandlung nicht lebbar ist, unterzubringen. Sie bemerken das manchmal auch, wenn Sie selber rauchen oder Raucher beobachten. Nehmen wir eine klassische Situation aus unserem Berufsalltag: ein Gespräch mit dem Chef. Hier kann es vorkommen, daß Sie dem Chef am liebsten einmal an die Gurgel springen; das aber ›dürfen‹ und machen Sie nicht. Statt dessen zünden Sie sich eine Zigarette an, und diese ganze brennende Gier, diese Wut, wird an und mit der Zigarette ausagiert. Jeder volle Aschenbecher vermittelt einen beredten Eindruck davon, was im Rauchen alles mitausgedrückt und abgefackelt wird.

2. Die drei Funktionen des Tagtraums

a) Die Werbeunterbrechung bei dramaturgischer Unterversorgung

Die bequemste und unverfänglichste Form des Doppellebens ist natürlich der Tagtraum, da wir stets und überall in eine Tagtraumdramatik überwechseln können. Im weiteren möchte ich Ihnen nun drei Kennzeichen oder drei funktionale Beschreibungen des Tagtraumes im Tageslauf darzustellen:

Das erste Kennzeichen oder die erste Funktion des Tagtraumes besteht darin, daß der Tagtraum eine Art ›Werbeunterbrechung‹ darstellt in ähnlicher Weise, wie man das bei den Programmen im Fernsehen kennt: Irgendwann kommt die Werbeunterbrechung, und die gemahnt uns daran, was neben dem ›eigentlichen‹ Film noch alles zu erleben ist, welche fernen Gestade wir bereisen können, welche andere ›Suppe‹ wir auch noch anrichten könnten. Der Werbeblock bringt im Grunde genommen all das zur Sprache, was wir in dem Hauptwerk beispielsweise eines Spielfilms nicht leben und unterbringen konnten.

Genauso macht es der Tagtraum auch. Vor allem in Situationen, wo wir das Gefühl haben, es passiert nicht allzu viel, oder wo wir zu wenig Dramatik erleben, versuchen wir, über den Tagtraum eine Dramatisierung in das ganze zu bringen. Das kann eine erotische Dramatisierung sein, das kann aber auch eine Dramatisierung sein, wo wir einmal so richtig auf den Tisch hauen und die Fetzen fliegen lassen, wo wir die Welt umbiegen oder die Welt retten.

Ein Beispiel, das Sie sicherlich kennen, ist der sogenannte Sekundenschlaf beim Autofahren. Im Auto sind wir manchmal in einer Verfassung, wo wir fast so etwas wie eine Sinn-Deprivation durchleben: Wir können wenig machen und kaum etwas erleben. Vor allem auf der Autobahn sehen wir rechts und links nur Lärmschutzwände; wir sind angeschnallt und können uns kaum bewegen. Der einzige Bewegungsspielraum, den wir haben, ist, mit dem rechten Fuß am Gaspedal zu spielen. Gegen diese dramaturgische Unterversorgung begehren wir auf, indem wir entweder das Radio aufdrehen und mitswingen oder den Beifahrer in ein Streitgespräch verwickeln und uns auf diese Weise ein bißchen dramaturgisches Futter verschaffen.

Wenn diese Möglichkeiten aber nicht da sind oder bei langen Fahrten nicht mehr ausreichen, dann fällt man in den Sekundenschlaf, der eigentlich kein Schlaf ist, sondern ein Sekundentraum, in dem all das Ungelebte auf uns einfällt und uns in Beschlag nimmt. Das kann mitunter tödlich sein, weil wir dann so in unserem Traum, in unserer eigenen Wirkungswelt gefangen sind, daß wir die Realität der Straße aus dem Blick verlieren. Das heißt, der Sekundenschlaf ist nicht deshalb gefährlich, weil uns etwas fehlt, sondern er kann tödlich sein, weil zu viel über den Traum auf uns übergreift und wir das gar nicht mehr behandelt bekommen.

**b) Die Meuterei
gegen die Zwänge des Alltags**

Eine zweite Funktion der Tagträume hat damit zu tun, daß wir uns mit den Tagträumen gegen die Zwänge des Alltages auflehnen und meutern können – denken Sie an das Zigarettenbeispiel. Immer dann, wenn wir in bestimmten Verfassungen stecken, die zu rigide sind, die uns in eine bestimmte Richtung versetzen, die uns gar nicht ›schmecken‹, versuchen wir in den Tagträumen so etwas wie eine Gegenbewegung, eine kleine Revolte anzustimmen. Wir definieren die Situation um, wir träumen die Sache um und geben ihr eine ganz andere, u.U. brutale Wendung.

**c) Die flüchtige Begleitmusik
im Stakkato der Arbeit**

In seiner dritten Funktion ist der Tagtraum so etwas wie eine kontinuierliche, ständig flüchtige Begleitmusik im Stakkato der Arbeit. Immer dann, wenn wir beschäftigt sind, wenn wir am Computer sitzen und konzentriert arbeiten, sind wir einerseits zwar ganz bei der Sache, aber wollen andererseits auch ein ›Darüber-Hinaus‹ leben. Wir wollen im grunde genommen immer mit einem halben Gedanken an den traumhaften Möglichkeiten, die das Leben doch noch bereitstellt, partizipieren. Darum ist es auch so wichtig, daß unsere Häuser und Büros Fenster haben, weil wir uns im Blick aus dem Fenster ein bißchen von der Verwandlungsvielfalt zurück an den eigenen Schreibtisch holen können.

3. Erotik und Exotik des Tagtraumes

Ich habe soeben schon einmal angedeutet, was den Inhalt des Tagtraumes oder des nächtlichen Traumes ausmacht. Wir sprechen immer davon, daß es in den Träumen um Erotik oder um Exotik geht. Wenn man das etwas psychologischer faßt, kann man sagen, der eigentliche Inhalt der Träume sind Steigerungen und Erweiterungen.

Steigerungen und Erweiterungen

Tagträume kreisen um die Steigerung unserer Wirkmöglichkeiten und um Erweiterungen unserer Freiheitsgrade. Sie bringen dabei paradiesische Möglichkeiten mit ›höllischen‹ Wirkungen zusammen, das ist ein ganz wichtiger Punkt. Wir neigen in unserer Kultur dazu, den Tagtraum oder den Traum zu idealisieren, indem wir behaupten, eigentlich nur von den schönen Dingen des Lebens zu träumen: von Südseeinseln, von Harmonie, schönen Menschen, Reichtümern und Glückseligkeiten. Wie es auch in vielen Anzeigenmotiven oder Werbespots dargestellt ist: Sandstrände, Palmen, Tiere und Menschen, alles friedlich, alles voller Harmonie, die Früchte fallen vom Baum, und wir brauchen nicht zu arbeiten.

Das ist sicherlich eine Seite unserer Tagträume, aber die andere Seite unserer Tagträume hat damit zu tun, daß wir auch in einer Welt leben, wo wir andere vernichten wollen, wo wir uns rücksichtslos durchsetzen wollen, wo wir im Grunde genommen alles begehren, besitzen oder okkupieren wollen, was uns in die Quere bzw. in den Sinn kommt. Und die Träume dramatisieren unser Leben in beide Richtungen. In die Richtung der Idylle, aber auch in die Richtung dieser martialischen Durchsetzung.

Die Exotik als Sinnbild

Die Exotik ist dabei ein zentrales Sinnbild. Ein Sinnbild für eine Verfassung mit größeren Freiheitsgraden und geringen Kultivierungszwängen: Die Karibik ersetzt die Akribik unseres normalen Alltagslebens, wo wir endlich einmal sehr viel formloser operieren können. ›Exotik‹ steht aber auch dafür, daß wir jetzt in einer Verfassung sind, die nach ganz anderen, nach freieren Gesetzen funktioniert – und diese freiere Verfassung ermöglicht uns jetzt, auch Dinge ins Spiel zu bringen, die sonst nicht lebbar sind. Auch das wird in der Werbung versinnbildlicht: Hier kann man in die Früchte beißen, ohne daß sie künstlich konserviert und bearbeitet worden sind; hier können wir nackt herumlaufen, können uns mehr oder weniger in aller Öffentlichkeit lieben und all die schönen Dinge machen, die uns die Zwänge des Alltags ansonsten nicht erlauben.

Einerseits ist Exotik also ein Sinnbild für eine Verfassung, die so etwas wie Muße, Sinnlichkeit und Erotik bringt; andererseits sind diese freien Verfassungen aber immer auch anfällig für Wildes, Archaisches und Aggressives. Denn daß wir eine Kultur bauen, daß wir Verhaltensmaßregeln entwickeln, daß wir uns auf eine bestimmte Art des Zusammenlebens verpflichten, ist ja auch ein Versuch, uns vor unserer eigenen Wildheit, vor unserer eigenen Ungebärdetheit zu schützen – und indem wir diese Verfassungen, diese Formen aufbauen, begehren wir gleichzeitig auch wieder gegen diese Formzwänge auf und wünschen uns, daß das Wilde, das Archaische, das Sinnliche und das Erotische zum Zuge kommt.

›Exotik‹ steht also für Freiheit, aber auch für Kulturlosigkeit. Von daher muß man bei Exotik auch immer davon ausgehen, daß es sich dabei nicht nur um etwas handelt, in das wir uns hineinträumen, nach dem wir uns sehnen, sondern Exotik hat auch immer mit Ängsten zu tun: Ängsten vor der Unkultiviertheit, Ängsten vor dem Archaischen – denken Sie an den Roman »Robinson Crusoe«. Es hat etwas Faszinierendes, sich seine eigene Wirklichkeit zu zimmern, aber bei »Robinson Crusoe« ist man gleichzeitig den Angriffen der Wilden ausgesetzt und muß mehr oder weniger ständig in Angst und Schrecken leben oder irgendwelche Zäune errichten, die einen dann auch wieder abschotten. Und damit sind die Freiheitsgrade erneut wieder begrenzt.

IV: Werbung für Tagträume

Der BOUNTY-Spot »Face«

Ich möchte Ihnen nun einen Spot zeigen, der das Gesagte noch einmal sehr gut illustriert. Es ist ein BOUNTY-Spot, der den Titel »Face« hat und den wir bei *rheingold* analysiert haben. Wie wirken diese Traumsequenzen auf die Zuschauer?

1. Phase: In den Zwängen von Perfektion und Makellosigkeit

Der Anfang des Spots wirkt auf die Zuschauer sehr undramatisch, beinahe langweilig. Die Protagonistin des Spots ist zwar sehr hübsch, aber sie hat auch etwas Nichtssagendes. Und in der Analyse wurde dann deutlich: Diese Frau ist fast zu perfekt, zu makellos. Damit erfährt das ganze etwas Zwanghaftes, und dieses Zwanghafte ist wie ein Korsett, das sie anhat. Einige Zuschauer hatten auch den Eindruck, daß die Frau einen Kittel trägt, der sie einzwängt. Die steht da, und da ist wenig Leben, wenig Entwicklung drin. Also überhaupt keine traumhafte Ausgangslage, sondern eher das, was ich eben mit Formzwang, mit einer sehr rigiden Verfassung versucht habe zu umschreiben, wie wir das aus dem Alltag kennen.

2. Phase: Die Verwandlung oder das Aufbrechen der schönen Gestalt

Die Frau verkörpert eine Verfassung, in der wir sehr gefaßt sind, aber wo wenig los ist, wo wir wenig Leben und kaum Entwicklungsmöglichkeiten verspüren. Infolgedessen drängen die Zuschauer jetzt richtig darauf, daß da Belebung und Entwicklung hineinkommt. Und dieses Drängen wird jetzt auch in der nächsten Sequenz des Spots aufgegriffen, indem man Zeuge einer Verwandlung wird. Die schöne Gestalt bricht auf, die Frau kriegt häßliche Striemen im Gesicht, die ein bißchen an eine Kriegsbemalung erinnern. Diese Kriegsbemalung macht Angst, denn man hat das Gefühl, irgend etwas verwandelt sich, und man weiß zunächst gar nicht, worauf das hinauslaufen kann. Geraten wir jetzt in einen Werwolf-Film, wird die Frau nun zu einem wilden Tier, oder wie entwickelt sie sich?

Damit kommt ein Grundmotiv des Seelischen ins Spiel, von dem ich zu Beginn meines Vortrags ausgegangen bin: Wir sehnen uns immer nach Verwandlungen. Aber Verwandlungen machen uns gleichzeitig Angst, weil sie uns in ein Terrain führen, das wir nicht im Griff haben, das wir noch nicht ausgebaut haben und das uns infolgedessen unvertraut ist. Das heißt, von der Verwandlung geht stets so etwas wie eine Angstfaszination aus: Wir sehnen uns danach, und dennoch wehren wir sie ab. Wir sind geschockt, aber auch fasziniert.

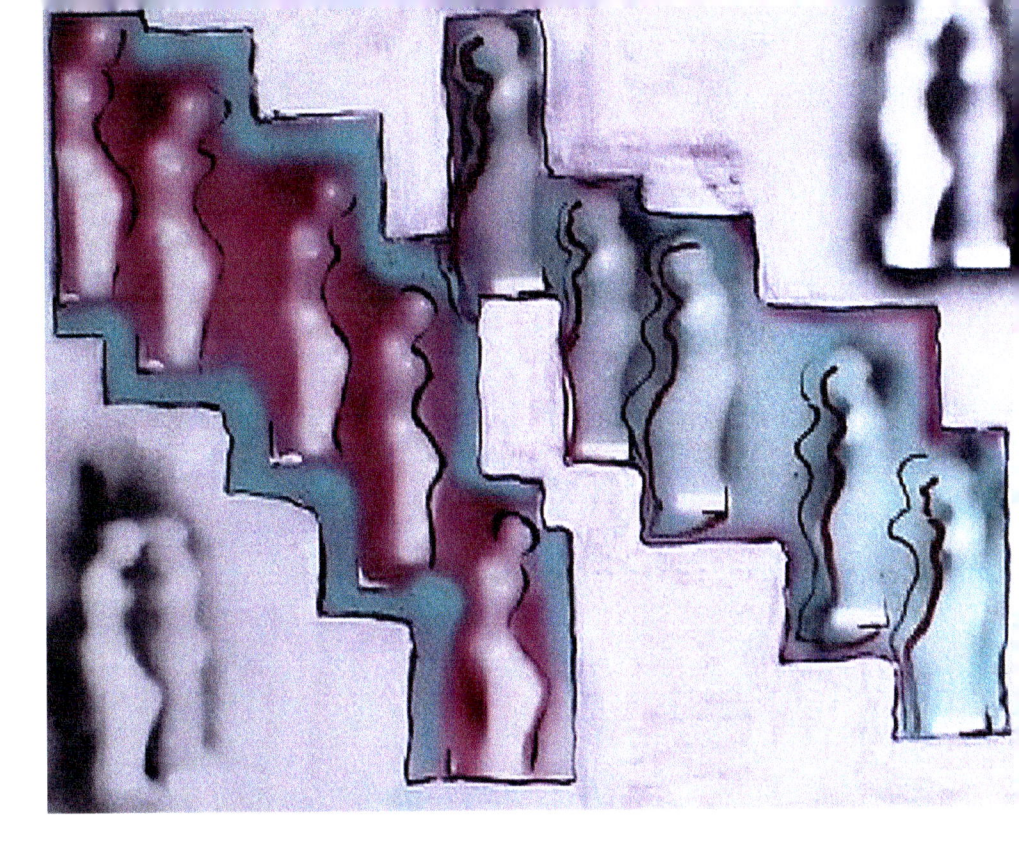

In dem Spot haben wir den Eindruck, durch diese ›Verunreinigung‹ ihres zuvor makellosen Gesichts wird die Frau lebendig; das macht neugierig, die Zuschauer geraten in einen Sog, der sie in die weitere Entwicklung des Spots hineinzieht. Sie wollen wissen: Was passiert jetzt? Dieser Sog hat die Qualität, daß man jetzt auch Lust auf das hat, was nun geschehen wird. Es soll jetzt was passieren, man will die Meuterei, man will die Flucht aus dieser Enge, man will die Verwandlung mitmachen.

3. Phase: Idyll und Dramatik

Und dann sind wir in der dritten Phase: Hier wird gleichzeitig ein Idyll, aber erneut auch eine Dramatik beschworen. Man taucht jetzt über die Augen der Frau in eine exotische und erotische Welt ein. Diese Welt ist geprägt von Wasser, von Weite, von Männlichkeit und Sinnlichkeit. An dieser Stelle geraten die Zuschauer, egal ob männlich oder weiblich, in erotische Tagträumereien. Das heißt, was der Spot jetzt bebildert, ist das, was wir im Leben auch immer erleben:

Wir wollen raus aus der Enge und schaffen uns eine Erweiterung, die hier erst einmal sexueller Natur ist. Die Zuschauer (tag-)träumen nun von One-Night-Stands, von wilden, erotischen Abenteuern mit ursprünglichen Männern, die nicht förmlich sind wie die Männer, die man in der Geschäftswelt vorfindet.

Aber, das ist jetzt nur die eine Seite des Tagtraumes. Im Spot klingt noch etwas anderes an. Einerseits haben wir hier wieder eine Idealisierung: Es ist eine warme, eine sinnliche, es ist eine harmonische Welt. Aber sie hat auch so etwas wie eine dramatische Tiefendimension, die unbewußt wirkt. Das wird vor allen Dingen an der aufplatzenden Kokosnuß festgemacht, die einerseits so etwas wie ungebändigte Naturgewalten symbolisiert, andererseits aber auch für die harte Schale unserer Kulturumhüllung steht. Mit der Kokosnuß platzt etwas auf, wird etwas freigesetzt; hier explodiert etwas, an dieser haben wir auf einmal Wünsche nach totaler Hingabe, nach totaler Bemächtigung und tabuloser Kommunion. Damit kommt also gleichzeitig eine äußerst aggressiv und sehr archaische Note ins Spiel. Nicht nur Sex mit dem Anderen haben, sondern den Anderen völlig einverleiben wollen; in ihn beißen, ins nackte Fleisch und sich daran ergötzen.

Ich bin ganz froh, daß Sie an dieser Stelle lachen, weil das Lachen immer ein Hinweis auf eine unbewußte Wirksamkeit ist. Denn ich vermute, daß Sie, wenn ich Ihnen schildere, was wir in unserer Untersuchung herausgefunden haben, denken: Was erzählt der uns da eigentlich? Diese Psychologen finden doch immer irgendwelche komische Sachen heraus. Und es war auch in den Interviews, die wir gemacht haben, so, daß wir erst nach einiger Zeit auf Themen zu sprechen kommen konnten, die wir uns normalerweise für die Hauptwerke des Tages verboten haben. Und das ist ein ganz wichtiger Punkt: Tagträume schmücken das Verbotene aus. Tagträume nehmen uns gefangen, weil sie radikal und tabulos sind.

Denn, obwohl wir ja in einer sehr freien Kultur leben, gibt es auch in unserer Kultur noch immer bestimmte Tabus. Mittlerweile ist ja die Sache mit dem Schwager, die zu Zeiten FREUDS noch für einen kulturellen Aufstand gesorgt hätte, fast schon alltäglich. Aber es gibt Phantasien wie Vatermord, Inzest, Geschwisterrivalität usw., die uns auch heute noch so beherrschen, daß wir sie tabuisieren müssen, gerade weil sie wirksam sind. Denn wenn sie nicht wirksam wären, bräuchten wir diese Tabus nicht mehr. Und wir können mit uns und diesen Wünschen nur umgehen, wenn wir über die Tagträume eine Möglichkeit haben, diese zumindest halluzinatorisch und in symbolischer ›Verpackung‹ weiterzuführen.

Denn die Wirksamkeit des »Face«-Spots besteht eben darin, daß er einerseits diese Idealisierungen zeigt, die ja bewußtseinsfähig sind. Wir können uns darüber verständigen, daß wir gerne in die Südsee reisen, daß wir gerne einen appetitlichen Partner hätten, daß wir Lust auf Sex und Zärtlichkeit hätten. Aber der Spot hat andererseits auch eine andere Dimension, die uns gleichfalls bewegt, die aber nur unterschwellig anklingt und die wir uns gar nicht so gerne vor Augen führen lassen wollen: Daß wir wirklich die Welt in den Händen haben wollen, daß wir die Herrscher sein wollen und dabei alles ausrotten möchten, was uns nicht ›in den Kram paßt‹. Diese Seite ist wirksam, darf jedoch immer nur anklingen und muß von den Werbemitteln unterschwellig mitbewegt werden.

Der BOUNTY-Spot »Marienkäfer«

Ich zeige Ihnen nun noch einen anderen BOUNTY-Spot, der diese Seite sehr viel stärker dramatisiert hat, der daher aber auch sehr wirkungslos war, weil er die Leute verängstigt hat. Er hat ihnen nämlich gezeigt, was in den eigenen Tagträumen los ist, und er hat es so unentstellt gezeigt, daß die Leute wirklich aufgeschreckt sind. Denken Sie an das, was ich eben über die Träume erzählt habe: Die Träume leben davon, daß sie einerseits diese Wünsche halluzinatorisch erfüllen, daß sie uns andererseits aber in Sicherheit wiegen, indem diese Wünsche schön verpackt, entstellt und zensiert werden.

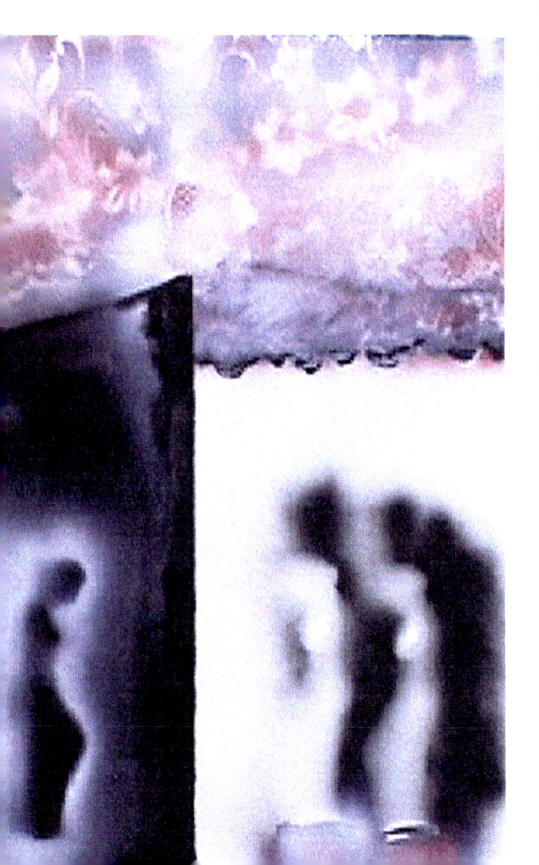

Der zweite Spot fängt sehr idyllisch an. Eine Frau liegt auf einer sommerlichen Wiese und beäugt den Flug eines Marienkäfers. Dann haben wir auch hier die Sequenz, die eine Wende einleitet: Die Kokosnuß fällt runter, die kultivierte Hülle des Alltags platzt auf, und was dann zum Vorschein kommt, wird zwar auch noch nicht ins Extreme hin durchdramatisiert, aber die Andeutungen sind sehr viel offenkundiger als bei »Face«: Hier ist man auf einmal mit einem Szenario konfrontiert, wo man durch die Wiese hindurch in einen Urwald gerät, in dem ein Panther einige spielenden Affenkinder jagt und sie fressen will. Auf diese Weise wird schon sehr viel unverhüllter und drastischer zum Ausdruck gebracht, daß eine Begierde immer auch beinhaltet, sich den Anderen restlos einzuverleiben, daß man die Kinder vernichten will. Im weiteren Verlauf wird das zwar wieder verharmlost, indem dieses ganze Szenario sich wieder in den Marienkäfer zurückverwandelt – aber die Andeutungen sind hier eben doch zu stark und lassen den Zuschauer unbewußt etwas von der Macht, von der Wucht, von der Unerbittlichkeit seiner Tagträume verspüren. Das aber wollen wir zwar erleben, jedoch nicht ›sehen‹, indem wir es uns so vor Augen führen (lassen). Und dies ist dann auch der Grund dafür, weshalb wir uns bei insgesamt fünf Stunden Tagträumereien pro Tag nur an eine halbe Stunde erinnern mögen: In den übrigen viereinhalb Stunden passiert in etwa das, was dieser Spot gerade angedeutet hat.

Der BOUNTY-Spot »Face«

*4. Phase: Kontrolle und
neuen Alltags-Schwung wieder erlangen*

Der Spot »Face« hat hingegen ein sehr versöhnliches Ende für die Zuschauer: Er zeigt, wie man einerseits in diesen Tagtraum hineingleiten kann, wie dieser Tagtraum Phantasien von Sinnlichkeit, aber auch von Bemächtigung belebt; aber er zeigt auch, daß man nicht von dem Tagtraum gefangen oder aufgesogen wird, sondern letztendlich die Kontrolle behält. Das wird vor allem symbolisiert in der Schlußszene, wo die Frau die Verpackung zusammenknüllt und auf diese Weise demonstriert, daß sie Herrin des Tagtraumes bleibt und ihm nicht ausgeliefert ist. Und damit gibt sie dem Geschehen eine erneute Wendung: Die Pflicht ruft, und sie wendet sich wieder dem Alltagsgeschehen zu.

Die Botschaft des Spots lautet somit: Man kann mit BOUNTY so etwas wie einen kontrollierten Tagtraum erleben, der nicht übergriffig ist und einen nicht gefährdet. Man kann einen Wechsel von Abtauchen und Wieder-Auftauchen selber initiieren, und dieser Wechsel von Abtauchen und Wieder-Auftauchen verleiht dem Alltag einen neuen Schwung.

V. Seelenfutter: Tagträume und Snacks

Psychologisch betrachtet haben Snacks (wie so ein BOUNTY-Riegel) viel mit Tagträumen zu tun, denn Snacks stillen nicht nur den physiologischen Hunger, sondern vor allem unseren Hunger auf Leben. Denn wenn man sich einmal beschreiben läßt, wann die Menschen Snack-Produkte essen, sind es nicht nur die klassischen Hungersituationen, sondern solche, die durch eine Sinn-Deprivation charakterisierbar sind, wo wir nach Verwandlung und einem neuem Sinn gieren. Eine einfache und bequeme Form, dieses Gieren unterzubringen und zu realisieren, kann darin bestehen, in einen Snack zu beißen, eine Brezel zu vertilgen oder an anderem zu knabbern.

(Bezeichnenderweise macht heutzutage das Handy den Snack-Produkten Konkurrenz. Das Handy ist ein situatives Therapeutikum. Mit dem Handy versuchen wir, ebenso wie mit der Zigarette oder einem Schokoriegel, gewisse Situationen zu behandeln, die langweilig und undramatisch sind. Von daher erleben wir immer wieder, daß die Leute in diesen Langeweile-Situationen fast mechanisch entweder zur Zigarette oder zum Handy greifen und in einer Art Kommunikations-Transpiration relative Belanglosigkeiten verbreiten, die kaum mehr einen Sinn vermitteln: ›Ich stehe gerade in der Einfahrt und werde in zwei Minuten bei Dir sein.‹ Die Konkurrenzverhältnisse im Markt finden somit manchmal gar nicht so sehr auf einer Produktschiene statt, sondern sie gehen quer durch die verschiedenen Sinnangebote.)

Oraldramaturgie und Stimmungsprofilierung

Daß mit Snacks so etwas wie eine situative Behandlung möglich ist, hängt mit zwei Faktoren zusammen: Einmal gestattet der Snack so etwas wie eine Oraldramaturgie. Anders ausgedrückt, ist mit dem Verzehr eines Snacks eine bestimmte Mundchoreographie verbunden. Wenn Sie zum Beispiel an Pudding denken: Hier tauchen wir ein in ein süßes Nirwana und verschmelzen mit dem sämigen Sud des Puddings. Die Zunge wird so zum Hauptdarsteller eines süßen Zentrums, in dem wir uns verlieren, und wir haben das Gefühl, für den Moment verschwimmen alle

Gesetze, alle Rauhheiten, alle Schroffheiten dieser Welt. Oder wir beißen in eine Tafel Schokolade und merken, daß uns die Schokolade die Härten dieses Lebens im Mund erst spürbar macht. Aber gleichzeitig führen wir uns vor Augen, daß wir mit diesen Härten klarkommen können und daß wir das Harte in etwas Weiches und Süßes überführt bekommen. Mit dem Biß in einen Cracker oder in eine Nuss-Schokolade können wir uns an einer solchen Oraldramaturgie vergegenwärtigen, daß wir in der Lage sind, uns durchzubeißen und die ›harten Nüsse‹ zu knacken. Auf diese Weise gelingt es, uns dann auch wieder in eine konzentriertere oder vitalisiertere Stimmung zu bringen.

Mit der Oraldramturgie ist folglich immer eine Stimmungsprofilierung verbunden. Je nachdem, welche Stimmungsänderung wir wünschen, suchen wir ein entsprechendes Snack-Produkt aus. Es gibt also Snack-Produkte, die uns beruhigen, andere, die uns aktivieren; wir können auf Snacks zugreifen, die uns bestätigen, oder auf andere, die uns in einen Zustand vollkommener Entspannung hineinversetzen.

Das heißt, wir können immer davon ausgehen, daß man versucht, eine bestimmte Ausgangssituation, die für uns ein Problem darstellt, mit dem geeigneten Snack-Produkt zu behandeln.

Sechs Handlungstypen
für Tagträume und Snacks

Psychologisch können wir sechs typische Situationen darstellen, in denen wir entweder tagträumen oder ›snacken‹:

Dabei handelt es sich zunächst um Situationen, die man als *Handlungsabrundungen* beschreiben kann. Das kann der erfolgreiche Abschluß einer Arbeit sein, das kann ein wunderbares Essen sein oder das Ende eines Geschlechtsaktes. Immer dann, wenn etwas zu Ende ist, drohen wir in eine Leere zu kippen, und sind infolgedessen bestrebt, diese Handlungsabrundung quasi weiterklingen zu lassen oder etwas anderes ins Spiel zu bringen.

Im Unterschied dazu sind *Handlungsabbrüche* Situationen, wo wir irgend etwas betreiben und es plötzlich nicht mehr weitergeht: Der Fernseher fällt aus, das Gespräch reißt ab, wir werden aus einer Konferenz herausgerufen. Wir sind auf Kurs gewesen, aber die Entwicklung stößt auf ein jähes Ende. Auch hier hilft ein Tagtraum, oder wir können zu einem Snack greifen

Demgegenüber sind *Handlungsstrecken* Situationen, wo wir über längere Zeit eingebunden sind und einer bestimmten Sinnentwicklung folgen müssen. Das beste Beispiel dafür sind lange Autofahrten. Mit Snacks und Tagträumen können wir diese einengenden Sinnentwicklungen konterkarrieren.

Mit *Handlungswirrwarr* können alltägliche Situationen bezeichnet werden, in denen ungeheuer viel auf uns einströmt: Die Kinder plärren, das Telefon klingelt, der Trockner funktioniert nicht, die Nachbarn wollen etwas von uns, oder im Büro kommt alles auf einmal auf uns zu. Unser Handlungsgefüge gleicht einem Gordischem Knoten, den wir nicht zu durchtrennen wissen.

Zu *Handlungstorturen* kommt es in Situationen, wo wir in hohem Maße beansprucht sind und die Schwere des Daseins auf unseren Schultern lastet: Prüfungen, wichtige Präsentationen, Vorstellungsgespräche sind Beispiele dafür, wo wir uns durch Tagträumereien oder ein entsprechendes Snack-Produkt Entlastung verschaffen können.

Schließlich gibt es fesselnde Handlungen, die uns gewissermaßen über längere Zeit festlegen und bannen, hier ist das Musterbeispiel der Kinobesuch: Bei Filmerleben sind wir wirklich gefesselt; wir dürfen uns weder bewegen, noch ist es uns erlaubt, zu reden oder sonstwie aktiv zu werden, weil dann die Hintermänner rebellieren. Und diese fesselnden Handlungen können wir seelisch nur überstehen, indem wir irgendwo etwas Entfesseltes – einerseits in unserem Kopf oder in unserer Chipstüte – entfachen.

Angesichts solcher Situationen wird deutlich, daß wir uns mit Snack-Produkten im eigentlichen Sinn des Wortes selbst behandeln. Die Handlungsabrundung in Form eines guten Essens kann über ›süße‹ Snack-Produkte einen weiteren krönenden Abschluß erfahren. Das heißt, man dehnt die Lust, die man soeben genossen hat, noch ein Stück weit aus und flankiert das mit schönen, träumerischen Gedanken. Bei Handlungsabbrüchen kann man sich entsprechend trösten: Wenn die eine Sache nicht weiterläuft, dann greift man halt in die Pralinen, gönnt sich ein BOUNTY oder beißt in die Schokolade. Auch bei Handlungsstrecken kann einem die zuckrige Welt der Snacks so etwas wie eine süße Genugtuung dafür vermitteln, daß man sich so lange dieser einen Handlung ausliefert.

›Schwere‹ Riegel behandeln andersartige Situationen: Sie führen zu einer gemäßigten Aktivierung und dazu, sich in einem Handlungswirrwarr einmal für einen Moment zurücklehnen und besinnen zu können; oder sie begünstigen ein kräftigendes Ausspannen: Man spannt einmal aus, aber schöpft auch Kraft dabei.

›Herzhafte‹ Snacks sind in der Lage, unser Durchhaltevermögen gerade bei Handlungstorturen zu stärken. Interessanterweise berichten viele Menschen, daß sie, wenn es im Alltag ›hart auf hart‹ kommt, zu einem BIFI greifen, weil sie bei BIFI das Gefühl haben, genauso stramm zu werden wie diese Mini-Salami. Alleine schon durch das Produkt wird also ein gewisses ›phallisches‹ Durchhaltevermögen symbolisiert und inszeniert:

Mit BIFI kriegt man eine Art Rückgrat in sein Leben – und das ist naheliegenderweise besonders wichtig, wenn man Prüfungen ausgesetzt ist. Aber auch Mütter geben BIFI ihren Kindern mit auf den Schulweg, damit sie unterwegs nicht verprügelt werden, sondern auch ein bißchen ›Rückgrat‹ im Tornister haben.

Und bei den fesselnden Handlungen – im Kino, bei einem Fußballspiel im Fernsehen oder bei einer spannenden Lektüre – braucht man ebenfalls einen solchen Nebenkriegsschauplatz, wo man entfesselt in die Tüte greifen kann.

Das Stillgelegt-Sein wird dann kompensiert durch ein Dauermampfen, für das der Hunger kaum eine Rolle spielt, sondern das Gefühl, daß wir uns nicht nur mit einem ›Gucken‹ zufrieden geben können.

Die Unterfütterung des Tagtraumes

Snacks können unsere Tagträume im wahrsten Sinne des Wortes unterfüttern: Sie schaffen einen begrenzten Rahmen, einen situativen Fluchtpunkt, in dem wir für kurze Zeit den Tagträumen nachgehen können. Die Tagträume werden während des Snackens in den Vordergrund gerückt. Das heißt, hier findet wirklich so etwas wie ein Wechsel statt: Was vorher unterschwellig gelaufen ist, kann während einer ›Lila Pause‹ einmal im Vordergrund stehen. Man weiß aber, nach fünf Minuten dreht man dieses Verhältnis wieder um. Ab dann steht das Hauptwerk wieder im Vordergrund, und das Nebenwerk ist allenfalls die Begleitmusik.

Ich bin damit am Ende meines Vortrages angelangt, und für Sie beginnt jetzt ein anderer Teil des Tages, in dem Sie mehr Zeit oder Raum haben, um mit Snacks, Kinofilmen, oder Tagträumen den unendlichen Verwandlungshunger unserer Seele zu stillen.

Mit dem Hegelschen Satz:
Identität ist die Identität der Identität und der Nicht-Identität
beginnt alle Traumerfahrung.

Ignaz JEZOWER

Wilhelm Salber

Traum-Psychologie

**Anders bewegt –
das Leben geht weiter**

Wenn wir uns mit dem Traum beschäftigen, muß ich zunächst einiges voranstellen, um Ihnen deutlich zu machen, auf welcher Schiene wir fahren: Der Traum ist durch Freud zum ersten Mal systematisch als eine sinnvolle *seelische* Angelegenheit dargestellt worden.

Wenn Freud nun behauptete, der Traum sei eine sinnvolle Angelegenheit, hatte er dabei das Problem, wie er das, was wir am Morgen erinnern, mit einer sinnvollen seelischen Unternehmung zusammenbringen konnte. Freud ging dazu der Frage nach, inwieweit mit dem Traum eine Absicht verbunden sei, und hatte damit schon den ersten Schritt in Richtung einer Erklärung getan.

Freud war nämlich nicht der Auffassung, daß nur unser Gehirn beim Traum ein wenig durcheinander gerate – sondern: Wenn wir am Morgen nicht mehr wissen, was wir geträumt haben, dann hat der Traum das so gewollt. Also kein Zufall, keine Degeneration seelischer Tätigkeiten, sondern eine Absicht macht den Traum so unkenntlich gegenüber einem Sinn; man kann auch sagen, daß der Traum absichtsvoll entstellt wurde. Warum aber muß der Traum entstellt werden? Man könnte doch meinen, daß wir am Tage genug zu tun hätten und nachts dementsprechend müde seien.

Auf der Suche nach dem Interesse des Traumes an solchen Entstellungen kam Freud – er ging dabei auch von den Erfahrungen aus, die er mit seinen Patienten gemacht hatte – zu dem Schluß, daß es sich dabei nur um etwas handeln könnte, was wir uns am Tage nicht gerne vor Augen führen. Damit hatte er ein Motiv für diese Entstellung: Wir entstellen etwas, was wir uns nicht so ohne weiteres eingestehen, wenn wir am Tag als zivilisierte Menschen über uns nachdenken. Es muß sich dabei also um etwas ›Unanständiges‹ handeln, und um das packen zu können, gelangte er zu der Annahme, daß in dem Traum ein Wunsch versteckt sei. Diesen Wunsch bekommen wir im Traum zwar irgendwie mit, doch bereits während wir ahnen, was für unanständige Wünsche wir haben, fängt die Traumarbeit an, diese Wünsche so zu verwandeln, daß wir weiterschlafen können. Würden wir nämlich diese Wünsche mitkriegen – daß beispielsweise der Junge seine Mutter haben und den Vater umbringen will – würden wir vor lauter Schreck aufwachen.

Auf diese Weise gelangte Freud zu der bekannten Definition: Der Traum ist eine entstellte Wunscherfüllung. Im Traum erfüllt sich ein (infantiler) Wunsch, damit uns dieser nicht weiter bedrängt; das aber wird entstellt. Daher kann Freud nun feststellen, daß der Sinn des Traumes zwar verborgen, aber dennoch gegeben ist. Um an den Wunsch heranzukommen, mußte Freud jedoch einen Teil der Einfälle, die er gesammelt hatte, weglassen. Freud war sich darüber im klaren, daß in einem Traum viel mehr enthalten war als ein Wunsch, aber dieser eine Wunsch stand im Mittelpunkt seines Interesses. Und genau an dieser Stelle möchte ich nun mit einer Morphologie des Traumes beginnen; ich versuche, eine neue Traumtheorie zu entwerfen, bei der es nicht auf einen Bestandteil des Traumes ankommt – den Wunsch –, sondern auf den Traum im ganzen.

Alles, was im Traum eine Rolle spielt, also alles, was wir am Morgen erinnern, hat in einem Zusammenhang seine Bedeutung. Und von daher war die erste Hypothese, die ich hatte: Der Traum ist ein Unternehmen in der Art, wie wir es auch vom Tag her kennen. Wenn Sie eine Arbeit schreiben, etwas durchführen oder sich in Ihrer Freizeit einen Film im Fernsehen anschauen, sind Sie ebenfalls etwa für ein bis zwei Stunden mit einer Sache beschäftigt, die Sie sich zurechtmachen und mit der Sie sich zurechtzufinden suchen. Der Traum hat eine ähnliche Grundlage wie das, was wir am Tag tun – nur stellt sich auch hier die Frage: Und warum wissen wir das nicht?

Zweierlei müssen wir an dieser Stelle auf jeden Fall von Freuds Überlegungen festhalten: 1.) Der Traum hat einen Sinn – ansonsten wäre es zwecklos, uns psychologisch an die Arbeit zu machen. 2.) Wir müssen methodisch davon ausgehen, daß das, was wir träumen, nicht alles ist. Diesen Aspekt können Sie sich verdeutlichen, wenn Sie überlegen, daß das, was Sie im Traum bewegt hat und was Sie am Morgen in diesen ›Bröckelchen‹ erzählen, nicht alles umfaßt, was offenbar in der Nacht eine Rolle gespielt hat. Infolgedessen muß man versuchen, über das, was Sie am Morgen erinnern, hinauszugehen, um wieder an den *Prozeß* heranzukommen, der in der Nacht stattgefunden hat. Freud hat dafür einen entscheidenden Hinweis gegeben, wenn er sagt, daß wir an diesen Prozeß nur herankommen, wenn wir die Leute nicht nach dem Warum fragen, sondern indem wir zunächst Einfälle sammeln. Wir sind also nicht an den Tagesgeschichten interessiert, sondern an dem, was sie uns nicht sagen wollen, was wir aber dennoch in dem aufspüren können, wenn die Leute bereit sind, alles zu sagen, was ihnen jeweils durch den Kopf geht. Das ist die Voraussetzung für jede Traumdeutung.

Wenn ich nun vom Traum als einem kompletten Unternehmen ausgehe, muß ich mir klarmachen, was denn der Sinn dieses Unternehmens ist. Hier wäre es didaktisch sehr reizvoll, wenn man nun wie in einem Seminar von der ersten Zeile des manifesten Traums ausgehen könnte, um das Ganze dann Schritt für Schritt zu entwickeln. Aber das wäre eine ganze Seminarreihe, und ich soll heute abend ja nur einen Vortrag halten. Also muß ich meine Ausführungen ein wenig abkürzen. Das andere können Sie nachlesen oder versuchen, durch eigene Beobachtungen zu ergänzen. (Obwohl ich Ihnen an dieser Stelle leider auch sagen muß, daß Sie Ihre Träume selber nicht deuten können. Sie brauchen immer zumindest eine Theorie, an der Sie Ihre Traumdeutungen messen können, und am einfachsten ist es, wenn Sie sich jemanden anschaffen, mit dem Sie das zusammen machen – vorausgesetzt, derjenige versteht etwas von Träumen.)

Zunächst also, was ist der Sinn dieses Unternehmens ›Traum‹? Ich hoffe, Sie sehen das Problem: Das, was wir am Morgen erinnern, scheint wenig sinnvoll und bruchstückhaft, und die Aufgabe der Psychologie besteht nun darin, hier dennoch einen Zusammenhang zu entdecken. Aber was macht den Zusammenhang aus, wenn wir im Traum nicht – wie Freud – einen entstellten Wunsch am Werke sehen, sondern davon ausgehen, daß es der ganze Traum selbst ist, in dem sich gewissermaßen ein vollständiges Drama abspielt? Und wo kann man hier unterbringen, daß uns der Traum am Morgen nicht in seinem Sinn deutlich wird?

An dieser Stelle nun eine These, wie man den Traum anders verstehen kann: Im Traum stellt sich der seelische Produktionsbetrieb *selber* dar; hier stellt sich all das dar, was wir am Tage nicht mitkriegen, was aber ›Gott sei Dank‹ funktioniert. Denn es liegt nicht an Ihrem ›Willen‹, daß Sie durch die Welt kommen, sondern Sie werden getragen von einem seelischen Betrieb, der sehr vieles für Sie tut, und ab und zu fangen Sie auch an, einmal zu ›denken‹, und manchmal ›wollen‹ Sie auch etwas – aber ansonsten läuft das zum Glück so ab, daß Sie Ihren Alltag mit einigem Vertrauen auf Ihr Seelenleben bewältigen.

Dieser Produktionsbetrieb stellt sich jetzt im Traum gewissermaßen selber vor einen Spiegel. Und all das, was wir am Tag gar nicht verfolgen können, wird im Traum anschaulich spürbar und sichtbar gemacht. Das Seelische ist ein Betrieb, der funktioniert, und der Traum beobachtet sich bei diesem Funktionieren. Am Tag können wir uns das nicht erlauben; wenn wir uns tagsüber unser Produzieren vor Augen führen wollten, kämen wir mit dem Auto keine hundert Meter weit. Am Tag sind wir genötigt, die Vorgänge zu vereinfachen, sie abzukürzen, auf bestimmte Widerstände zu beziehen – man will ja mit dem Auto nicht gegen einen Baum fahren. Wollte man dabei noch überlegen, wie das im einzelnen hergestellt wird, ginge es einem wie dem Tausendfüßler, der, als er einmal gefragt wurde, wie er es mit seinen tausend Füßchen denn anstellt, buchstäblich aus dem Tritt geriet. Eine Einsicht in die eigene Produktion würde uns daran hindern, in der Wirklichkeit in einer einfachen Weise mit den Widerständen zurechtzukommen.

Also das ist der Kern meiner Überlegungen. Im Traum stellt sich das Seelische in seinen Tätigkeiten und Gestaltungsprozessen in einer Weise dar, wie es am Tage unmöglich wäre. Und wie wird das gemacht? Auch dazu kann ich nur einige Hinweise geben: Zunächst geschieht das im Traum in einer Art, daß wir hier nicht mehr in Begriffen denken, daß wir die Dinge nicht mehr von anderen Dingen trennen. Sondern: indem wir uns auf bestimmte Wirkungsqualitäten beziehen, vergleichbar denen, die wir verspüren, wenn wir beispielsweise einen Film sehen. Bei einem Film verfolgen Sie ja nicht nur die Geschichte, sondern Sie erwarten etwas, Sie freuen sich, wenn ganz bestimmte Dinge eintreten, Sie sind furchtbar enttäuscht und wehren sich, wenn anderes eintritt; im Film denken Sie »Nun knall' ihm doch eine!« oder »Laß die doch sausen, das ist doch nichts für dich!«. All das denken Sie über die

Geschichte hinaus mit. Und diese Wirkungsqualitäten sind es auch, die dem Traum zugrunde liegen, und eine Traumanalyse besteht darin, daß Sie versuchen, auf diese Wirkungsqualitäten einzugehen. Und die ganze Produktion des Traumes wird durch eine Entwicklung solcher Wirkungsqualitäten zusammengehalten. Erstaunlicherweise sind wir in der Lage, in ganz verschiedenen Dingen, in völlig verschiedenen Bildern und Konfigurationen von Menschen ähnliche Wirkungsqualitäten und ähnliche Entwicklungen zu verfolgen. Und das möchte ich Ihnen nun anhand eines konkreten Traumes noch einmal zumindest in Ansätzen veranschaulichen.

(Denjenigen, die sich für die Morphologie interessieren, möchte ich vorab noch sagen, daß man am Traum ganz verschiedene Sichtweisen unterbringen kann: Man kann den Traum zum einen als ein Beispiel dafür nehmen, wie Seelisches überhaupt funktioniert. Dann interessiert nicht die besondere Traumverfassung, sondern wir stellen anhand des Traumes fest, was es bedeutet, daß das Seelische sich in Gestaltbildungen organisiert, die eine Ordnung in die Welt bringen, und daß diese Ordnungen sich immer wieder auflösen müssen – sonst kommen wir in einen Zustand, in der sich die Bundesrepublik gegenwärtig befindet, wo nichts mehr geht. Diese allgemeinen Betrachtungen lassen sich aber auch am Filmerleben zeigen oder an den verschiedenen Arbeitsformen, beim Klatsch, beim Flirten usw. Eine zweite Richtung wäre, wenn man den Versuch unternähme, die Regeln dieses komischen Unternehmens ›Traum‹ herauszuarbeiten. Denn auch der Traum ist nicht regellos, offenkundig zeigen sich solche Regeln etwa dort, wo wir an bestimmten Stellen wach werden, wo etwas im Traum passiert sein muß, das uns dermaßen beunruhigt hat, daß wir diese Entwicklung nicht fortsetzen wollen. Das wäre ein Hinweis auf ganz bestimmte Regeln im Traum; und wenn man den Traum als etwas Sinnvolles ansieht, dann zeigt sich, daß sich von den Wirkungsqualitäten aus bestimmte Regeln, Gesetze und Konsequenzen eines Traumes ableiten lassen. Drittens ist der Traum natürlich ein Musterbeispiel für eine Untersuchung, die von Psychologen durchgeführt wird und die nicht von anderen Wissenschaften geleistet werden kann. Insbesondere ist der Traum ein Hinweis darauf, wie man morphologisch an bestimmte Probleme und Fälle herangeht. Schließlich – und damit komme ich nun zu dem konkreten Traumbeispiel – kann man mit Hilfe der Traumanalyse etwas über einen spezifischen Traum sagen, d.h. über den Traum eines bestimmten Menschen.)

Ich möchte Ihnen zunächst den Traum einer Frau im mittleren Alter, Akademikerin, vorlesen, und Sie werden sehen, sobald wir dann die Einfälle vorliegen haben, geraten wir in einen finsteren Wald, angesichts dessen sich dann die Frage stellen wird, wie man aus diesem Wald von Einfällen wieder heraus- und auf den Sinn des Traumes kommt. Wenn Sie das Gefühl haben, das nun folgende wird zu lang, höre ich auf, denn man kann bereits mit einem kleinen Stückchen Traum – fünf Sätze oder sogar nur fünf Worte – eine ganz lange Analyse machen. Normalerweise braucht man ja für einen Traum, den man zusammen mit dem Fall analysiert, ein paar Stunden – und vor diesem Hintergrund können Sie sich vorstellen, daß ich Ihnen jetzt ein kleines Kunststückchen präsentiere, um Sie an das heranzuführen, was sich beim Traum abspielt.

Der manifeste Traum – also das, was die Träumerin am Morgen noch weiß – lautet wie folgt: Die Träumerin war eine Mischung aus Wärter und Therapeut, und das ganze spielte sich ab in einem großen Käfig. Als Tagesrest kam dazu, daß sie sich auf einer Baustelle aufgehalten hatte, die unfertig war. Am Boden war Stroh und irgendein Zeug, das in diesem Käfig herumlag. Und nun kommt noch eine Mischung: Das Ganze war eine Mischung aus einem Käfig und einem Bett. Weiterhin gab es eine Mischung aus Stroh und Kissen. Auf dem Stroh und den Kissen lag eine lebendige Löwin, aber es hätte auch ein Mensch sein können, eine mädchenhafte Frau. Dazu fällt ihr schon beim Erzählen des manifesten Traumes ein Kind ein, das einen Steiftier-Löwen in der Hand hält.

Ein neuer Absatz: Der Mensch, der da liegt, faßt die Träumerin liebevoll an, und die Löwin, die sich inzwischen offenbar von diesem Menschen getrennt hat, läuft gefährlich herum und will ihn auffressen. Die Träumerin blickt nun hin und her, von Mensch zu Tier, von Tier zu Mensch, und sie merkt, da kann etwas ganz lieb sein, das kann aber auch Vernichtungen mit sich bringen – die Träumerin kommt nun in Gegensätze hinein. Auf der Erde liegen nun auf einmal verweste Kada-ver. Das sind Katzen, und der Träumerin fällt ein, daß sie vergessen hat, ihre Tiere zu füt-tern. Plötzlich hat sie das Kadaverfleisch in der Hand – sie nennt das »Matschefleisch« –, sie riecht daran und denkt: Alle Tiere mußt du füttern. Zugleich aber liegt sie mit dem Menschenwesen im Bett; und dieses Men-schenwesen greift mit der Hand nach ihr, aber es ist offenbar ein geschlechtsloses Menschenwesen, denn weiter passiert nichts. Dann standen plötzlich Menschen um sie herum, und sie dachte: Laß' die nicht so nah an Dich heran.

(Können Sie das noch so einigermaßen verfolgen? Oder haben Sie eher das Gefühl, von diesem Durcheinander genug zu haben? Ich weiß, wie schwer das ist, wenn man sich so etwas nur anhören kann. Aber selbst wenn Sie das schriftlich vorliegen hätten, würde man sich die Frage stellen, ob man das wirklich alles lesen muß. Die Schwierigkeit beim Traum besteht eben darin, daß man dieses Material Stückchen für Stückchen durchgeht. Wenn Sie jemanden auf der Couch liegen haben, der Ihnen so etwas erzählt, müssen Sie das von Beginn an auf diese Weise analysieren.

Und so wird aus einem ›kleinen‹ Traum eine unendliche Geschichte – selbst aus einem so kurzen Stück, wie ich es Ihnen gerade vorgestellt habe.)

Bei der Träumerin geht es dann weiter in anderen Räumen – ich fasse jetzt schon ein bißchen zusammen, damit wir einigermaßen durchkommen –, und die Träumerin muß pinkeln. Gerade will sie sich hinhocken, da sind auch schon wieder Leute um sie herum. Sie springt auf und zieht die Röcke hoch – das ist nicht ganz verständlich, aber so hat sie es gesagt, normalerweise müßte man sie ja herunterziehen; sie geht dann weiter, gerät in ein Menschengewimmel und kann immer noch nicht pinkeln. Dann endlich kommt sie in einen Gang, läßt die Hose herunter, will gerade anfangen, aber dann erscheint noch jemand, der sie fragt: Pinkeln Sie? Die Hose wieder hoch, und sie muß alles in die Hose reinsaugen.

Und nun der Schluß: Sie ist dann wieder im Stall – das ist anscheinend der Käfig von vorhin –, und hier trifft sie eine Bekannte, die sie duzt; sie muß weinen und hat dabei irgendwie im Kopf: Das Leben ist so schwer. Dann geht sie nach rechts und denkt: Der Spieß dreht sich um. Und weiter dachte sie: Du bist nun mal ein Mensch. Schließlich geht sie hinaus in die Stadt und die Straßen entlang.

Das ist der manifeste Traum, und wenn Sie dem einigermaßen folgen konnten, wissen Sie dennoch, daß Sie mit dem Traum allein nichts anfangen können, ohne daß Sie den Träumer nach all den Bewegungen fragen, die in dem Berichteten nicht mehr sichtbar sind – die aber im Traum doch da waren. Das wendet sich gegen Symboldeutungen, daß man einen Traum ohne Einfälle einfach übersetzt – hier also beispielsweise: »Die Träumerin ist eine Exhibitionistin.« Sie werden gleich merken, das alles spielt hier keine Rolle. Der Traum kann nur analysiert werden, wenn wir nun den Versuch machen, diese manifesten, am Morgen sinnlos erscheinenden Berichte wieder so weit aufzulockern, daß dabei ein Zusammenhang heraustritt und wir – im Zuge einer morphologischen Deutung – an Wirkungsqualitäten herankommen, an das, was uns in Bewegung bringt, was unserem Leben eine Richtung gibt, was seine Richtung ändern kann, uns weiterbringt usw. Wir suchen, mit einer Traumdeutung solche *Wirkungsqualitäten* herauszufinden.

Folglich habe ich die Träumerin aufgefordert, mir alles zu sagen, was ihr jeweils dazu einfällt. Zu »Sie war eine Mischung aus Wärter und Therapeut in einem großen Käfig« fällt ihr zunächst »Gefängnis« ein; dann ein Film mit Gefängnissen und Abhängigkeiten im Gefängnis – und sie meint dazu, im Film sei das »doof« gewesen. Ohne zu wissen, warum, fällt der Träumerin nun ihre Mutter ein. Dann stellt sie fest, daß sie nicht weinen könne und man immer das tun müsse, was einem gesagt werde. Und das versuche sie festzuhalten.

Sie merken an dieser Stelle vielleicht, daß der Sinn, selbst wenn man alle Einfälle beisammen hat, sich dennoch nicht so ohne weiteres einstellt. Durch die Einfälle allein hat man den Sinn noch nicht, sondern man hat nur eine Grundlage, aus der man dann den Sinn herausheben kann. Was also kann man hier herausheben? Im vorliegenden Fall haben wir es zunächst mit einem Gefühl von Abhängigkeit zu tun sowie der Befürchtung, da etwas nicht packen zu können. Die Träumerin spürt, daß da etwas ist, was sie nicht in den Griff bekommt, und das hat zu tun mit Abhängigkeit und Unabhängigkeit.

Dieser Abschnitt stellt so etwas wie eine kleine Ouvertüre dar: Die sauberen Trennungen von ›frei-unfrei‹, ›Ordnung-Chaos‹ gibt es nicht; die ›Inhalte‹ drehen sich. Der Traum – das wird zu Beginn deutlich gemacht – wird sich nun im weiteren damit beschäftigen, der Träumerin Näheres über ihre Freiheiten und Unfreiheiten mitzuteilen. Aber wir wissen noch nicht, auf welchem Gebiet. Zu »Therapeut« fällt ein, der habe mit Unordnung, aber auch mit Ordnung zu tun. Beim Wärter verhalte es sich genauso, und somit verstärkt sich der Eindruck, bei diesen (Un-)Abhängigkeiten gehe es möglicherweise in Richtung Ordnung bzw. Unordnung. Die Träumerin meint denn auch, der Therapeut stehe wie der Wärter *zwischen* Ordnung und Unordnung, und das sei auch so eine Art Baustelle – hier kommt sie auf den Tagesrest zu sprechen –, wo etwas kaputt und unfertig sei, jedoch ordentlich werden solle.

Der Traum beschäftigt sich also zunächst mit dem Problem, wie weit man frei und inwieweit man fest sei –, bei genauerer Betrachtung geht es um Festlegungen von Ordnung und Unordnung. Und Sie merken vielleicht bereits an dieser Stelle, was damit über Produktionen ausgesagt wird: Die seelischen Produktionen sind nie etwas ganz Fertiges, sondern immer etwas, was sich zwischen solchen Polen bewegt.

Der nächste Einfall: Die Träumerin hat Angst, daß ihr auf einem Bau etwas auf den Kopf fällt, daß der Bau einbricht, und sie fügt hinzu, daß sie auch einmal Architektin werden wollte. Im Grunde sei sie aber, wenn sie an den Bau und an die Einsturzgefahr denke, in dem gleichen Zustand, wie wenn sie sich den Käfig und die Gitter vor Augen führen würde. Hier ist sie froh, wenn man immer wieder herauskommt, sie ist also auch froh über die Unordnung. Es folgen Zootiere und ein Gedicht von einem Vogel im Käfig, und dann fällt ihr ein, daß sie einmal aus ihrer ganzen Arbeit durch eine Reise in die Dominikanische Republik ausbrechen wollte. Sie hatte sich vorgenommen, von dort nicht mehr zurückzukommen.

Wir müssen nun auch hier feststellen, daß wir erneut in einen ›Wald‹ geraten sind. Was kommt uns nun dabei als Qualität entgegen? Nachdem zunächst von Abhängigem und Unabhängigem die Rede war, dann von Ordnung und Unordnung, geht es jetzt um ihre Angst vor Festlegungen. Dem entspricht der Einfall, daß sie ausbrechen wollte – es geht also offenbar mehr und mehr darum, was eine Festlegung bedeutet und wie weit man davor weglaufen kann, daß man eingegrenzt wird und in eine Geschichte hineingerät, die einen aneignet. Und das zeigt sich nun auch bei den weiteren Einfällen: Die Träumerin kommt auf das Stroh, die Kissen und ein Bett zu sprechen; als Tagesrest – also etwas, was wir als Anhaltspunkt brauchen, etwas was den Träumer am Tage ›gereizt‹ hat und über das seelische Bewegungen in Gang gekommen sind – fällt ihr dazu ein, daß sie in einem Bettengeschäft war.

Weiterhin fällt ihr der Zusammenhang von Betten und Betteln auf, und sie meint, es sei unangenehm, im Bett zu betteln. Hier wird der Charakter des Produktions-Prozesses schon deutlicher: Man läßt sich auf etwas ein, das dann plötzlich nicht mehr funktioniert. Was wir morphologisch als Aneignung bezeichnen, scheint hier das Thema zu sein. Wir haben über die Aneignung bereits versie nicht weinen könne und man immer das tun müsse, was einem gesagt werde. Und das versuche sie festzuhalten.

Sie merken an dieser Stelle vielleicht, daß der Sinn, selbst wenn man alle Einfälle beisammen hat, sich dennoch nicht so ohne weiteres einstellt. Durch die Einfälle allein hat man den Sinn noch nicht, sondern man hat nur eine Grundlage, aus der man dann den Sinn herausheben kann. Was also kann man hier herausheben? Im vorliegenden Fall haben wir es zunächst mit einem Gefühl von Abhängigkeit zu tun sowie der Befürchtung, da etwas nicht packen zu können. Die Träumerin spürt, daß da etwas ist, was sie nicht in den Griff bekommt, und das hat zu tun mit Abhängigkeit und Unabhängigkeit.

Dieser Abschnitt stellt so etwas wie eine kleine Ouvertüre dar: Die sauberen Trennungen von ›frei-unfrei‹, ›Ordnung-Chaos‹ gibt es nicht; die ›Inhalte‹ drehen sich. Der Traum – das wird zu Beginn deutlich gemacht – wird sich nun im weiteren damit beschäftigen, der Träumerin Näheres über ihre Freiheiten und Unfreiheiten mitzuteilen. Aber wir wissen noch nicht, auf welchem Gebiet. Zu »Therapeut« fällt ein, der habe mit Unordnung, aber auch mit Ordnung zu tun. Beim Wärter verhalte es sich genauso, und somit verstärkt sich der Eindruck, bei diesen (Un-)Abhängigkeiten gehe es möglicherweise in Richtung Ordnung bzw. Unordnung. Die Träumerin meint denn auch, der Therapeut stehe wie der Wärter *zwischen* Ordnung und Unordnung, und das sei auch so eine Art Baustelle – hier kommt sie auf den Tagesrest zu sprechen –, wo etwas kaputt und unfertig sei, jedoch ordentlich werden solle.

Der Traum beschäftigt sich also zunächst mit dem Problem, wie weit man frei und inwieweit man fest sei –, bei genauerer Betrachtung geht es um Festlegungen von Ordnung und Unordnung. Und Sie merken vielleicht bereits an dieser Stelle, was damit über Produktionen ausgesagt wird: Die seelischen Produktionen sind nie etwas ganz Fertiges, sondern immer etwas, was sich zwi-

Bête«, und damit haben wir gewissermaßen auch schon das Kunstprodukt vor Augen, das aus solchen Aneignungsproblemen heraustritt. »Die Schöne und das Biest« ist nicht nur eine DISNEY-Produktion, sondern geht zurück auf ein deutsches Märchen, »Das singende und springende Löweneckerchen«. Im Titel dieses Märchens ist von einer Lerche (= Löweneckerchen) die Rede, und der Traum veranschaulicht hier in einem Fragment eine Wirkungsqualität, die sich in diesem Märchen von der Schönen und dem Biest als ein Grundzug und gleichzeitig als etwas, was ausdifferenziert werden muß, verfolgen läßt.

Die Probleme, die der Träumerin in weiteren Einfällen spürbar werden, beschäftigen sich mit den unangenehmen Seiten der Aneignung. Im Film war es unangenehm für sie, daß dieses Tier wieder Mensch wurde, und dann fällt ihr »Menstruationsblut« ein und daß dieses Menstruationsblut von ihr wieder aufgenommen bzw. aufgegessen werden muß. Also das, was man von sich gegeben hat, muß auch wieder aufgenommen werden. Hier wirkt etwas, das die Träumerin in diesem Moment noch gar nicht richtig ausdrücken kann, was sich jedoch im nächsten Einfall spezifiziert. In den weiteren Einfällen geht es nämlich darum, daß dieser komische Mensch, der zugleich ein Löwe ist, sie liebevoll anfaßt; es folgt ein Hin und Her von Mensch und Tier, und auf der Erde lagen verweste Kadaver.

»Lieb anfassen« – hier fragt die Träumerin sich, ob das auf einmal Verschlingen bedeutet. Sie merken, wenn man einmal als Thema bestimmt hat, dieser Traum beschäftigt sich mit Problemen der Aneignung, kann man sofort verstehen, daß sich das jetzt steigert: Die Zuspitzung von Aneignung ist Verschlingen und Verschlungen-Werden. Die Träumerin spricht selbst von »anfassen und krallen« – das sei wie Rosen. Auch das sind wieder typische Züge einer Produktionsdarstellung im Traum: Der Traum häuft – wiederum wie die Kunst – eine Fülle von Bildern an, in denen ein Prozeß verdeutlicht wird. Es ist gewissermaßen so, als ob der Traum uns fragt, inwieweit wir das verstehen: Es geht um Liebe – das ist eine Form der Aneignung –, aber das kann umkippen in Verschlungen-Werden. Auch beim Küssen passiert das, das ist Anfassen, das ist aber ebenfalls wie Krallen. Und sollten wir es dann immer noch nicht verstanden haben, bietet uns der Traum ein weiteres Bild: Das ist wie mit den Rosen – zugleich schön, aber das sticht auch.

Der Träumerin fällt nun ein: »Schmerz tut gut, zum Beispiel beim Kratzen oder bei Tätowierungen.« Es folgt etwas Unklares, und sie stellt fest, daß sich ihr Gefühl im Traum wandelte. Hier zeigt sich die Wirkungsqualität, die ihr zu verstehen gibt, daß sie immer noch nicht so weit sei, daß immer noch nicht deutlich wäre, was alles in diesem Aneignungsprozeß steckt. Und nun fällt ihr ein »Kadaver«, »Abtreibung« – eine Abtreibung, die sie vor einiger Zeit gehabt hatte – und ein großer Schmerz darüber. Bei Menschen mit Locken und fülligen Haaren denkt sie darüber nach, ob ihr Kind möglicherweise so geworden wäre. Die Träumerin überkommt jetzt eine ungeheure Angst.

Es ist nun nicht so, als würde der Traum das ›Trauma‹ der Abtreibung darstellen. Sondern: Auch die Abtreibung ist nur ein, wenngleich sehr gesteigertes Bild für das, was passiert, wenn man mit dieser Polarität der Aneignung fertig werden muß. Mit der Polarität nämlich, daß man sich etwas aneignen will und zugleich in diesem Prozeß angeeignet wird. Sie tun etwas, Sie meinen, Sie haben es in der Hand, und merken auf einmal, die Sache fängt an, Sie zu verschlingen. Die Abtreibung ist nun eine Form, um darzustellen, wie das umkippen kann. Denn dabei handelt es sich um eine sehr schnelle Angelegenheit, bei der ein Prozeß nicht ausgetragen, sondern schlagartig beendet wird. Und genau das ist es, was ihr nun einfällt: So etwas geht schlagartig vor sich, man kriegt es überhaupt nicht mit und merkt erst im nachhinein, was alles passiert ist – und dann kann man es nicht mehr aufhalten.

Die Träumerin ist nun völlig in diese Polarität – Was bedeutet es, sich auf etwas einzulassen? – verwickelt. Und sie merkt, was immer sie auch tut, sie hält es nicht aus. Wenn Sie an der einen Seite anfängt, endet sie bei der anderen Seite. Aus diesem Grund wechselt sie schlagartig, sie hat so immer noch das Gefühl, daß sie es bestimmen kann. Jetzt verstehen wir auch, weshalb sie fliehen bzw. ausbrechen will. Das sind alles Versuche, Entwicklungsprozesse nicht auszutragen. Dieses Kindchen, das etwas geworden wäre, steht für Entwicklung – und der Traum macht nun deutlich, daß die Spannungen, die mit Zwischenschritten, Entwicklungen verbunden sind, vermieden werden, indem sie von einem Pol zum anderen und dann wieder zurück springt.

Das geht nun weiter, durch den ganzen Traum hindurch, und Sie ahnen vielleicht, daß ich Ihnen an dieser Stelle den Traum unter Einbeziehung aller Einfälle gar nicht zu Ende erzählen könnte. Ich hoffe jedoch, Ihnen zeigen zu können, daß man ausgehend vom Manifesten in eine Bewegung hineingeraten kann, indem man den Betreffenden auffordert, alles zu sagen, was ihm zu diesen Bildern einfällt. Dann treten diese Qualitäten heraus, und das entscheidende ist nun – und deshalb braucht man eine Traumtheorie bzw. eine psychologische Theorie –, daß es nicht damit getan ist, zu jemandem ein nettes Verhältnis herzustellen und ihn aufzufordern, sich etwas einfallen zu lassen. Mit den Einfällen kommt man nicht zu Rande, solange man nicht weiß, worauf man zu achten hat.

Wenn man also merkt, da geht es um Fragen, wie weit man gebunden ist und wie weit man sich bewegen kann, oder darum, was passiert, wenn man sich auf eine Sache stürzt, wenn man bei etwas mitmacht – dann nämlich ist man nicht mehr Herr seiner eigenen Entschlüsse, sondern die Sache gewinnt ihrerseits Macht, die nicht mehr von einem selbst gebremst werden kann. Das ist eine Polarität, die in jedem Aneignungsprozeß steckt. Zwischen diesen Polen gibt es Entwicklungen, aber – und die Abtreibung veranschaulicht das – man kann diesen Prozeß auch abzukürzen versuchen, indem man von einem Pol zum anderen springt und Entwicklungen ausläßt, um zu vermeiden, auf einen Pol festgelegt zu werden. Das wird dann aber zu einem Problem.

So weit sind wir nun bis jetzt gekommen, und wir haben noch nicht die Hälfte des Traumes verfolgt. Ich will aber jetzt keine Nacht-Vorlesung machen, sondern versuchen, Ihnen in aller Kürze im Rahmen einer psychologischen Analyse, die die entscheidenden Züge hervorhebt, zu skizzieren, wie der Traum weitergeht:

Wir haben zunächst etwas gehört über seelische Prozesse und darüber, daß diese Prozesse Polaritäten sind, d.h. daß sie immer zwei Seiten haben und daß diese beiden Seiten zusammenhängen. Das wird besonders deutlich bei Einverleibungsprozessen, bei Prozessen, wo wir etwas in Besitz nehmen, eine Sache verfolgen, uns auf etwas einlassen. Das kann umkippen, die Seiten können schlagartig gewechselt werden; dabei kann es sich aber auch um eine lange Entwicklung handeln, die jedoch viel schwerer auszuhalten ist. Aber: Das wäre der Weg, der eben dazu führen würde, mit dieser Polarität fertig zu werden.

Im nächsten Schritt des Traumes – die anderen Räume, das Pinkeln – geht es darum, daß diese Polarität als Produktionsprozeß aus der Eigenart des Seelischen heraus zu verstehen gesucht wird. Jede Polarität ist zugleich eine Gestalt, aber auch eine Zerstörung anderer Gestalten. Wenn Sie sich an jemanden binden, müssen Sie andere Bindungen aufgeben, sind gleichzeitig aber auch selber gefesselt. Wenn Sie die Bindung auflösen – etwa indem Sie abtreiben –, sind Sie zwar in einem anderen Zustand, der aber gleichfalls seine Gesetze hat. Auch dann haben Sie eine Gestalt, aber zugleich – die Abtreibung macht das sehr deutlich – geht das mit einer Zerstörung einher.

Im weiteren werden noch andere Züge herausgestellt. Die Polarität ist etwas, was Dinge auseinanderhält, zugleich aber auch Dinge aufeinander zugehen läßt. Die Träumerin träumt von ihrer gegenwärtigen Beziehung, sie träumt diese Beziehung aber als einen Käfig mit Stangen. D.h. es bewegt sich nichts, alles wird auf Abstand gehalten, auf diese Weise kommt der andere ihr jedoch auch nicht zu nah. Das ist wieder ein Traumbild, das uns einen Produktionsprozeß deutlich macht. Die Produktion läuft darauf hinaus, einen Zustand zu haben, wo nichts näher kommen kann. Aber, man selbst kann dann auch nicht näher kommen. Das wäre auch so ein immanentes Gesetz, das mit der Polarität verbunden ist.

Und schließlich kommt es zu dieser Episode, wo sie pinkeln muß und in eine Toilette gerät, die aber recht komisch ist und nur ganz dünne Trennwände hat. Wenn diese Trennwände nicht da wären, würden wir uns alle bei den intimsten Verrichtungen beobachten können. Das ist für die Träumerin nun das, womit sie nicht fertig wird: Daß das Geheimnis und die dünnen Wände so nahe beieinander liegen, daß das eine gewissermaßen in das andere übergehen kann. Das bringt sie auf Stichworte wie ›Ich habe Verwirrungen im Kopf, aber es gibt auch Rechte des Bauches‹, und von hier aus entwickelt sich dann zum Schluß eine recht seltsame Situation, die darin besteht, daß sie ein Kind sein möchte, zugleich aber auch die Mutter, die das Kind an der Hand hält. Es geht einerseits darum, die Entwicklung zu verstehen, andererseits möchte sie eine Entwicklung haben, die so total ist, wie es gar nicht möglich wäre. Und das wird ihr dann auch deutlich: Was sie will, ist etwas Unmögliches; sie verspürt das Hin und Her dabei und kommt schließlich selber auf den Einfall »Alles geht nicht!«

Soweit zusammengefaßt die Entwicklungen des Traumes. Ich hoffe, Ihnen wird deutlich, daß wir mittels einer solchen Analyse mit dem Traum weiterkommen. Aber der Sinn dieses Traumes stellt sich nicht von selber ein, sondern wir müssen uns Schritt für Schritt auf ganz bestimmte Dinge beziehen. Damit sind wir wieder bei der Traum-Psychologie, wie wir sie von der Morphologie her verstehen können. Wir müssen an den Traum als einen Produktions- oder Herstellungsprozeß herangehen, der sich selber darstellt. Wir können in dem, was sich manifest zeigt, Wirkungsqualitäten aufdecken. Manifest spielte eine Rolle, daß es hier um Mischungen und Käfige ging, um Menschen, die Tiere waren, es ging um Kadaver, verschiedene Räume, um einen Druck, ein Bedürfnis zu verrichten und dabei beobachtet zu werden, es ging um Ausstoßen und Einsaugen von Urin. Als Wirkungsqualitäten habe ich herausgehoben: Etwas Abhängiges und Unabhängiges, etwas Unfertiges und etwas Geschlossenes. Dann zentrierte es sich zunehmend um Einverleiben und Einverleibt-Werden, das wiederum hing zusammen mit Näher-Kommen und Nicht-näher-Kommen, mit Hin und Her, Rein und Raus – und da sind wir zu Polaritäten gelangt: Was wirkt hier ›eigentlich‹?

All das sind Dinge, die uns etwas darüber sagen, was sich im Seelischen tatsächlich abspielt. Eine derartige Selbstdarstellung der Produktion macht deutlich, daß wir psycho-

Blick rückt, das in Bildern dargestellt werden kann. Bilder werden durch analoge Bilder ergänzt, gewissermaßen ›dreimal gesagt‹, und indem die Bilder verändert werden, spüren wir, daß da ein Prozeß am Werke ist, der zunächst harmlos anfängt und der sich dann aber bis zu dem Märchen von ›der Schönen

logisch nicht viel über unsere Unternehmen und ihre Kategorien aussagen, wenn von Gefühlen, Willen, Denken oder Vorstellungen die Rede ist. Das sind zurechtgemachte Denkeinheiten unserer Kultur bzw. einer europäischen Kultur seit der Aufklärung. Der Traum veranschaulicht, daß man das auch ganz anders sehen kann. Interessant ist vor allem, daß damit ein Funktionieren in den

und dem Biest‹, bis zur Abtreibung und ganz intimen Vorgängen steigert. Immer geht es dabei um die Frage der Aneignung, fressende Tiere spielen eine Rolle, es geht um Verschlingen, Annäherungen, Distanz – und wir merken, daß hier ein ganz bestimmtes Unternehmen in Gang gekommen ist. Und wenn wir das im Traum verfolgen, erfahren wir etwas von der Dramatik solcher Unternehmungen, von den Drehpunkten und Problemen, in die wir geraten; wir erfahren etwas über die Paradoxien, mit denen wir nicht fertig werden, von notwendigen Ergänzungen, um mit dieser Wirklichkeit, so wie sie ist, zurecht zu kommen.

Um solche Gesichtspunkte herausheben und einen Traum deuten zu können, brauchen wir ganz bestimmte Hilfen und Unterstützungen. Die Traumdeutung, wie ich sie Ihnen heute abend in Umrissen vorgestellt habe, orientiert sich an einigen Leitlinien, die nur mit den Eigentümlichkeiten des Traumes zusammenhängen können. Und diese Eigentümlichkeiten des Traumes möchte ich Ihnen abschließend anhand von fünf Zügen noch einmal skizzieren.

Der erste Zug, der uns helfen kann, einen Traum zu deuten und seinen Sinn zu analysieren, betont, daß wir uns stets daran erinnern müssen, daß der Traum *anders bewegt* ist. Hier spielen sich Vorgänge ab, die wir mit unseren Tagesmustern nicht erfassen können. Das bedeutet nicht – im Freud'schen Sinne –, daß das immer Unanständigkeiten sein müssen, es meint auch nicht, daß es sich hierbei um verdrängte Wünsche handelt, sondern es geht darum, daß die Wirklichkeit viel reicher ist und viel mehr an Möglichkeiten, aber auch an Problemen bietet, als wir am Tag ahnen und zulassen.

»Anders-bewegt« heißt, wir müssen auf Wirkungsqualitäten eingehen, die durch all die Kategorien, die wir uns tagsüber zurecht gemacht haben, hindurch gehen. Und nebenbei, wir merken beim Traum dann auch einmal, wie der Tag vereinfacht hat, wie er uns die Dinge nur in einer Richtung sehen läßt, wie der Tag uns gewissermaßen eine Brille aufsetzt, die vieles von dem, was bei seelischen Produktionen eine Rolle spielt, ausblendet. All das ist durch das Stichwort »Anders-bewegt« gefaßt. Wenn wir einen Traum analysieren, rückt eine andere Bewegtheit des Seelischen in den Blick.

Das zweite Moment hängt damit zusammen, daß im Traum *umgepolt* wird. Wenn wir uns im Alltag bewegen, achten wir auf die Geschichten, die uns andere Leute erzählen. Wir sind ja ständig dabei, Geschichten zu erzählen, manchmal wissen wir, daß wir dabei lügen oder schwindeln, manchmal ist es uns völlig unbewußt, daß wir uns da etwas zurechtmachen. Am Tag sind wir auch immer bei den Dingen, und wir meinen, wenn wir die Dinge benennen können, die Kleidung, die Stühle usw., dann wüßten wir viel von der Welt. Aber der Traum sagt, daß wir das alles umpolen müssen. All diese Dinge, die wir benennen und herausheben können, die scheinbar fest sind und auf die wir uns beziehen können, stehen im Dienst von Grundverhältnissen der Wirklichkeit überhaupt. Alles lebt nur in Doppeltem und im Verrücken. Wir brauchen Stühle, Kleider, eine Haltung, Notizbücher, um bestimmte Aneignungsprozesse in der Welt durchzusetzen und um zu verhindern, daß wir von anderen Aneignungsprozessen verschlungen werden.

Solche Grundverhältnisse sind es – man kann sie als universale Verhältnisse bezeichnen –, die uns bewegen und die sich von den Märchen her überschaubar machen lassen. Entscheidend ist eben, daß es eine überschaubare Anzahl von Verhältnissen gibt, in die wir in dieser Wirklichkeit geraten können. So komplex die Wirklichkeit auch sein mag, und so oft wir auch meinen, daß man es nicht vorhersehen kann, daß es immer wieder anders kommen mag und sich alles mögliche entwickeln kann – zugleich ist da eine Wiederholung dieser Grundverhältnisse am Werk, und im Traum werden diese Verhältnisse herausgeholt. Hier wird umgepolt, aus der Vielfalt sehen wir einige Grundkategorien besonders deutlich herausgehoben.

Ein dritter Zug unterstützt das angesichts dessen, was wir an Vielfalt beobachten und was uns im ›Wald‹ der Einfälle zunächst fehlen mag: Das Seelische drängt immer darauf, ein Werk zu werden, einen kompletten Zusammenhang herzustellen und alle Einzelheiten an einer bestimmten Stelle dieses Werkes unterzubringen. Man kann daher sagen, daß der Traum ein *Such-Werk* ist, er ist auf der Suche nach den Werken, in denen wir die Wirklichkeit organisieren. Und auch dabei handelt es sich natürlich um einen Vorgang, in dem sich unsere Produktionen in Bildern spiegeln und an dem wir merken können, daß der Unterschied zwischen Tag und Traum kein Unterschied ist zwischen etwas, was wir als Tagesseite bzw. Nachtseite bezeichnen könnten. Vielmehr geht es immer um Unternehmungen, die man allerdings einmal so und einmal anders gestalten kann. Das wird an diesen Such-Werken deutlich.

Eine weitere Hilfe bei der Analyse des Traumes und *ein weiterer Zug* der Traumverfassung ist schließlich, daß es sich immer um *Übergangs-Bilder* handelt. Der Traum gestaltet seelische Zusammenhänge so, wie Bilder sich weitergestalten. Im Bild des Käfigs merken wir etwas von der Gefangenschaft, die uns widerfahren kann, wenn wir in das Maul eines Löwen geraten. Indem wir in diesem Zusammenhang stecken, erfahren wir jedoch, daß auch ein Löwe einmal alt und von anderen gefressen wird. Die Bilder bringen uns weiter, sie tragen das Verständnis und führen uns, indem sie aufeinander folgen, vor Augen, was im Seelischen ineinander übergehen kann, was sich stört oder was noch präzisiert werden muß. An den Bildern erfahren wir unsere Produktionsmechanismen.

Von hier aus kommen wir dann zu *einem letzten Zug* der Traumverfassung: Der Traum sagt uns etwas über die Paradoxien von Verwandlung. Wir versuchen immer Gebilde herzustellen, was aber nur möglich ist, indem wir uns auf Prozesse einlassen. Und wir können diese Gebilde nur erhalten, indem wir das, was wir denken und in der Welt voneinander abtrennen, immer wieder in Prozesse auflösen. Diese Paradoxien des Traumes und der Verwandlung sind es, die uns auch im Alltag bewegen. Von da aus kann man sagen, daß der Traum gewissermaßen der Hintergrund auch der Ereignisse am Tage ist; und das Interessante ist, daß wir an dieser Stelle schließlich auch auf seelische Inhalte stoßen. Der Traum zeigt uns seelischen ›Inhalt‹, indem er verfolgt, wohin sich etwas verwandeln kann. In welche Richtung kann sich eine Situation verwandeln, wenn wir jemanden lieben? Wohin kann es sich verwandeln, wenn man sich von einem anderen anfassen läßt? Was geschieht, wenn man Kind sein will? In welche Richtung kann sich eine Situation verwandeln, wenn man zugleich Kind und Mutter sein will? All das erfahren Sie im Traum als ein ganzes Unternehmen, das der Traum in seiner (immanenten) Dramatik darstellt.

Und von da aus kann man fragen, was denn der Sinn des Traumes im Rahmen einer solchen Theorie ist. Der Traum vergewissert uns unserer Lebendigkeit; wir sind, wenn wir schlafen, nicht ›tot‹, wir sind nicht einfach weg, sondern das seelische Leben geht weiter. Indem uns im Traum Dinge spürbar gemacht werden, die wir am Tage übersehen, indem der Traum zeigt, woraus der Tag geworden ist und wohin er sich wieder entwickeln kann. Das meint ›Lebendigkeit‹, und indem wir diese Lebendigkeit verspüren, hat der Traum auch einen Sinn in der Beziehung zum Tag. Es geht immer darum, das Seelische in dieser Wirklichkeit als ein eigenes Unternehmen zu erhalten und zu entwickeln, um uns auf diese Weise Wirklichkeit näherzubringen. Der Traum zeigt uns, wie etwas weitergehen kann, und daß wir nicht nur in Verwandlungen leben, sondern diese Verwandlungen auch mitbestimmen wollen.

Der Traum schlägt uns keine Lösungen vor, er sagt nicht: ›So mußt Du es machen!‹ Der Traum ist weder eine Botschaft noch gibt er uns Ratschläge, sondern er zeigt uns, wie die Wirklichkeit, in der wir leben, beschaffen ist. Und er zeigt ferner, daß es über das hinaus geht, was wir am Tage realisiert haben; er zeigt uns, in welchen Unternehmungen mit welchen Ecken und Kanten wir drin stecken. Aber wie wir uns entscheiden sollen, ob man es weiter treiben soll – das sagt der Traum nicht. Und in der nächsten Nacht geht es weiter, der folgende Traum ›kaut‹ diese ganze Produktion dann wieder durch. Sie müssen dann am Tag entscheiden, was Sie geschichtlich damit anstellen. Der Traum ist in dieser Hinsicht ungeschichtlich, die geschichtlichen Entscheidungen fallen am Tage, obwohl der Tag – gemessen am Traum – weit eingegrenzt ist.

Der Traum führt uns seelische Lebendigkeit vor Augen, und von da her können wir letztlich auch verstehen, was im Traum vor sich geht: eine tolle Geschichte, eine verrückte Malerei. Das ist kein Produkt eines Degenerations-Zustandes oder einer Desensibilisierung, sondern im Grunde eine phantastische Selbstdarstellung seelischer Produktionen. Und damit bin ich auch mit meiner Produktion am Ende.

(Das ganze könnte man noch einmal zusammenfassen, indem man der Frage nachginge, was denn die Figuration von Aneignung kennzeichnet. Hier würde man sogar zeigen können, daß der Traum uns psychologische Entdeckungen nahebringt, daß er uns das, was wir am Tage nur mit Mühe psychologisch rekonstruieren können, in seinen Bildern und Unternehmungen vor Augen führt. Man kann den Traum als Psychologe hinzuziehen, um sich seelische Probleme zu verdeutlichen, und auch, um Lösungen zu finden!)

Es wäre natürlich jetzt sehr schön – das wäre aber ein weiterer Vortrag –, wenn ich Ihnen zeigen könnte, wie dieser Traum mit dem Märchen vom ›singenden und springenden Löweneckerchen‹ zusammenhängt. Dann würde man nämlich merken, daß das Märchen all diese Züge in einer Kunstform ausführlicher, aber auch in einer ähnlichen Problematik wie der Traum zeigt. Interessant dabei ist, daß der Traum uns Fragmente von Märchen vorstellt, und von den Märchen her kann man auch die Analogien zum Traum verfolgen. Die Märchen wären dann für Psychologen die Formen, in denen wir Wirklichkeit fassen können bzw. in denen – wie auch der Traum dies tut – etwas über die Wirklichkeit und ihre Unternehmen, ihre Probleme, Chancen und Begrenzungen gesagt wird. Traum und Märchen stehen in enger Beziehung zueinander, und von hier aus könnte man zu einer künftigen Gelegenheit auch einmal eine traumhafte Morphologie von Märchen vorstellen.

Literatur

FREUD, S. (1900): Die Traumdeutung. Wien
SALBER, W. (1997): Traum und Tag. Bonn
– (1999): Sigmund und Anna Freud. Hamburg
– (1999²): Märchenanalyse. Bonn

Die Seele, wenn sie träumt, ist Theater, Schauspieler und Publikum.

Joseph ADDISON

»Das Heikle an der Sache ist, daß der Traum nahezu ausschließlich von dem Träumenden handelt, und zwar auf eine schamlose und rücksichtslose Weise und in Abwesenheit der moralischen Instanz. Seine Erzählweise überschreitet die Kategorien unserer Wahrnehmung, unsere alltägliche Logik, unsere Annahmen von Ursache und Wirkung und unseren soliden Umgang mit Zeit und Raum. Das nur funktionale Koordinatensystem, das zum Überleben in einer Gesellschaftsformation gebraucht wird, die vor allem anderen Anpassung an Produktionsprozesse verlangt, wird außer Kraft gesetzt.«

Heinar KIPPHARDT

Uwe Naumann

Der Reiz des Unfertigen

Über Heinar Kipphardt und seine »Traumprotokolle«

»Die aufklärerische Schreibweise, zu der ich mich bekenne, hat viele, viele technische Möglichkeiten«, betonte Heinar Kipphardt in einem Gespräch und rechnete ausdrücklich seine Traumprotokolle dazu.[1] Aber der Entschluß, eine so subjektive Prosa zu veröffentlichen, ist ihm nicht leicht gefallen. Noch in Briefen an Freunde und Kollegen, denen Kipphardt das Buch ankündigte, ist etwas von der Unsicherheit zu spüren: Ein »merkwürdiges Buch« nennt der Schriftsteller sein Werk, die Traumgeschichten seien »natürlich auch heikel«, in einem anderen Brief spricht er von einem »ulkigen Buch«, es stehe in seinen Vorbemerkungen, »wohin das zielt, aber der Autor muß das ja nicht immer wissen.«[2] Das ist eine beinah kokettierende Distanz zur eigenen Arbeit, ganz ungewöhnlich bei diesem Schriftsteller – so ungewöhnlich es eben anmutet, daß ein für seine dokumentarischen Texte und eine nüchterne, lakonische Sprache bekannter Autor sich bereit fand, die überbordenden Phantasien und Bilder seiner persönlichen Träume der Öffentlichkeit preiszugeben.

»War wie ein Hund befähigt, das eigene Genitale zu lecken. Steckte den Penis von großer Länge bis an die Wurzel in den eigenen Mund und empfand das als angenehm.«

An zwei Theaterkollegen schrieb Kipphardt, er wolle gelegentlich mit ihnen besprechen, ob nicht in den Traumprotokollen »ein ungewöhnliches Stück steckt, ein ziemlich viel mit unserer Zeit zu tun habendes neues Traumspiel. Ich bin da aber noch ganz unsicher und habe auch darüber nicht genügend nachgedacht« (an Roberto CIULLI und Helmut SCHÄFER, 30. September 1981). Durch eine andere Theaterarbeit, das 1980 veröffentlichte Schauspiel »März, ein Künstlerleben«, hatte Kipphardt den Anstoß bekommen, seine Träume zu protokollieren. Ihn interessierte die Nähe des halluzinatorischen Denkens im Traum und im Psychotischen. Aus dem eigenen Traumerleben erhoffte er sich gewisse Hilfen, um im ›März‹- Stück die Gedanken und Empfindungen der von der Psychiatrie verwahrten Menschen authentisch beschreiben zu können. Eine Publikation des bei Nacht festgehaltenen Materials war zunächst nicht geplant.

»März, ein Künstlerleben« handelt von der Lage der Psychiatrie in der BRD, von der klinischen Karriere zweier Patienten und von deren Ausbruchsversuch. Kipphardt gelang ein Schauspiel, in dem der Erkrankte positiv als ein anderer Entwurf von Menschlichkeit gesehen wird. Die Hauptfiguren, Alexander und Hanna, erzählen mehrfach aus ihren Träumen; und ihre wahnhaften Vorstellungen bei Tag erweisen sich als verschwimmende, oft schwer verständliche, bisweilen verblüffend scharfsinnige Vexierbilder von gesellschaftlicher Realität. Insofern ähneln die Bild-Welten der psychisch Kranken den Träumen der sogenannten Normalen. In einer zentralen Szene des Schauspiels vergleicht sich Alexander mit einer Weihnachtsgans, deren Schicksal er als Kind zu Hause erlebte: »Die Gans war das Rohmaterial, in das man stopft und stopft, was sie nicht will. – Lange vor unserer Geburt haben die Eltern beschlossen, wer wir sein sollen. Ich werde bis heute gestopft.«[3] Kipphardt war selbst ein in der Fachrichtung Psychiatrie ausgebildeter Mediziner und wußte, wovon er schrieb. Bei den Wahrnehmungen der Psychotiker vermischen sich Erfahrungen und Phantasien zu Bildern, die – genau besehen – oft groteske Spiegelungen der Wirklichkeit sind; darin liegt die frappierende Nähe zu den Einbildungen eines gesunden Träumenden.

Schon in einem früheren Bühnenstück hatte Kipphardt mit Traummaterial gearbeitet, allerdings mit erfundenem. »Die Nacht, in der der Chef geschlachtet wurde« heißt eine 1966 entstandene Komödie. In die Darstellung des Lebens einer kleinbürgerlichen Familie hinein schnitt Kipphardt Traumsequenzen: Der subalterne Bankangestellte Oskar Bucksch avanciert im Schlaf zum Staatsbankdirektor, zum Geheimdienstchef, zum Sanatoriumsleiter, er unterwirft und tötet Menschen nach Belieben. Der Autor wollte mit diesen Traumszenen das wirkliche Leben der Kleinbürger beschreiben: »... ihre schlafenden Autoritätsgefühle, ihre schlafenden Aggressionen, ihre Endpunkte von Fehlurteilen oder Fehlhaltungen, die man nicht bemerkt.«[4] Die Träume des Oskar Bucksch sind kunstvoll arrangiert; Figuren und Szenerien fließen ineinander über, der Supermarkt kann unversehens zur Kirche werden und im nächsten Moment zur Krankenanstalt. Und doch wirken diese nächtlichen

Phantasien sehr von außen beschrieben; kühl und ein bißchen mitleidlos nannte der Autor selbst seine Komödie.[5] Kipphardt ging es beim ›Nacht‹-Stück nicht um Authentizität, sondern um Bloßstellung, in einer eher satirischen Absicht.

Bei den »Traumprotokollen« dagegen, anderthalb Jahrzehnte später veröffentlicht, ging er von den Aufzeichnungen seiner tatsächlichen Träume aus. Die nächtlichen Notizen wurden später in einem wachen Zustand ausformuliert. Geändert hat Kipphardt einige Datierungen, um die Prosastücke freier anordnen zu können. »Die Reihenfolge habe ich ziemlich chronologisch gemacht, aber die Chronologie habe ich mir am Anfang und am Ende etwas passend gemacht, auch im Band mal was hin- und hergeschoben (an Gerd FUCHS, 25. Juli 1981). Ansonsten beschränkte er sich auf eine sprachliche Bearbeitung, gemäß seiner – in anderem Zusammenhang geäußerten – schriftstellerischen Maxime, sich an Sinntreue gegenüber dem benutzten Material gebunden zu fühlen, nicht aber an Worttreue.[7] Einen kleinen, wichtigen Kunstgriff wandte er an, indem er den üblichen Gestus, mit dem wir Träume berichten, nämlich die Vergangenheitsform (»Ich fuhr links...«), meist umformte in die Gegenwart: »Ich fahre ...«, »Ich bin in einen Mordprozeß verwickelt ...« Dies rückt die Texte näher an den Leser heran.

Die Protokolle zeigen die ganze Vielfalt und atemberaubende Verknüpfung von Wahrnehmungen, die der realen Traumarbeit eigen sind. Erlebtes und Ersehntes, Privates und Öffentliches, Gefürchtetes und Vergangenes, Komisches und Grauenhaftes, Lüste und Ängste, Reales und Mögliches vermischen sich, konterkarieren einander, stehen oft scheinbar zufällig nebeneinander. Jeder Versuch, die Traum-Welt dieses Autors auf eine einzige Linie hin auszudeuten, auf die utopische Dimension etwa oder die paranoide, wäre zum Scheitern verurteilt.

»Ich angle mit anderen an einem großen offenen See. Ein Boot kommt von ferne schnell auf uns zu, ein Mann verlangt meine Angelerlaubnis. Ich drehe die verschiedenen Angeln ein, als Köder sind Stofftiere, Kinderspielzeuge an den Drillingshaken befestigt, ein Stoffelefant, ein Teddybär zum Beweise, daß es sich nicht um wirkliches Fischen, sondern um ein Kinderspiel mit Franz und Moritz handele. An einem Drilling allerdings ist auch ein lebender Barsch. Ich bin jetzt mit einem Schiff auf Haifischjagd, auf Eisenplatten liegen blutige Fleischstücke, die auf Fleischerhaken gezogen werden. Es scheint, ich bin auf der Flucht. Eine schwarzhaarige Frau mit scharfem Gesicht, die ich nicht kenne, und die ich nicht mag, macht mir deswegen Vorwürfe. Jemand sagt: ›Da müßt ihr euch eben trennen.‹ Die Frau nimmt den Vorschlag auf. Ich antworte: ›Trennen, das ist leicht gesagt, wenn man nicht verbunden ist.‹ Ich denke aber an Franz und Moritz. Die Sache ist gegen mich vielleicht nur eingefädelt, um mich hier politisch loszuwerden, denke ich.«

Die Literaturgeschichte kennt eine lange Tradition von Traum-Motiven und -Szenen. Besonders die Surrealisten haben dazu beigetragen. Der Traum sei seinem Wesen nach Poesie, bemerkt der französische Schriftsteller Michel LEIRIS, der selbst seine nächtlichen Gedanken und Bilder veröffentlichte.[8] Viele Künstler jedoch haben sich darauf beschränkt, »so wie im Traum« zu erzählen.

Kipphardts Protokolle dagegen sind direkt aus dem authentischen Material geschöpft dadurch realistischer und zugleich sprunghafter als andere literarische Traum-Publikationen.

»Der Reiz des Zerrissenen, Unfertigen, nur Angeregten«, notierte Kipphardt auf einen Zettel, den er bei Lesungen aus der Traumprosa benutzte. An anderer Stelle hielt er fest: »Der Reiz des Traumes liegt auch im Zerfall, im Absurden, das Bedeutungen oft mehr ahnen läßt als behauptet. Angemessenheit der zerfallenden, relativierenden Formen.« Einer literarischen Montage ähnlich sind die Traum-Protokolle zusammengestellt, zu lesen vielleicht wie eine Lyriksammlung. (Einige Zeit hatte der Schriftsteller den Plan verfolgt, seine Träume in einem Band gemeinsam mit Gedichten zu veröffentlichen.) Kipphardt verlangte stets von seinen Lesern, daß sie Zusammenhänge selbst herstellen und über Widersprüche und Analogien im literarischen Material mit nachdenken; er nahm sein Publikum ernst.

Auch innerhalb der einzelnen Träume werden Teile im Stil einer Montage verknüpft. Was Kipphardt besonders faszinierte, war die im Traum übliche Verbindung einer eigentümlichen »Kahlheit« des Erzählens, unter rigorosen Vereinfachungen und in verknappter Sprache, mit zugleich schier unbegrenzten Möglichkeiten, über Personen, Zeiten und Handlungen zu verfügen.

Das kleinmaschige Denken über die direkte Abfolge von Ursache und Wirkung wird im Traum ad absurdum geführt, und gerade darin läßt sich eine zutiefst poetische Qualität ausmachen. Im Traum zum Beispiel kann es Kipphardt einfallen, den von ihm geschätzten Kollegen Alexander KLUGE sich an einem Gedicht aus gefährlicher Lage abseilen zu lassen.

»Ich habe Alexander Kluge ins Krankenhaus gebracht, er war zwei Tage ohne Bewußtsein, konnte gerettet werden bzw. sich selber retten, indem er sich von einem hohen Außensims an einem Backsteingebäude (Krankenhaus) durch ein Gedicht herunterließ. Ich war etwas besorgt, ob er das schaffen würde, denn ich kannte kein Gedicht von ihm, er tat das aber durch eine lockere Prosa, die ihn aushielt. Auch ich, der ich seine Rettung veranlaßt hatte, mußte jetzt von einem ziemlich hohen Sims springen, ließ mich ebenfalls an einem Gedicht herunter, das eine zurechtgerückte Prosa war. Es war dadurch ein langsames Herunterspringen. Die Gedichte konnte man nicht behalten, waren formal und auch inhaltlich wohl nicht von sehr großem Wert. Kluge überließ mir für eine Anthologie zwei Texte, die sehr gut waren. Sie müßten sich nach seinen Worten allerdings ›noch setzen‹, wie sich aufgeschüttete Erde setzt. Ich weiß nicht, was in den Texten stand.«

Solche wunderbare, eindrückliche Bildersprache des Traummaterials war es, die Kipphardt bewogen hat, entgegen aller Scheu seine Protokolle zu publizieren. Der Traumarbeiter, hat Martin WALSER einmal festgestellt, ist ein wahrer Riese an Ausdruckskraft.[9]

»Tragik-Grotesken der Nacht« nannte ein anderer Schriftsteller, Wieland HERZFELDE, sein Buch mit Träumen, das erstmals 1920 im Malik-Verlag erschien. Der Titel war treffend gewählt, denn mit dem Grotesken sind unsere Träume nah verwandt. Zum Grotesken gehört wie zum Traum das Komische, und zugleich ist es entpflichtet von den Gesetzen der Wahrscheinlichkeit, geht ins Phantastische, manchmal Widersinnige über. Das Lachen im Traum wie bei der Groteske ist selten ein befreites und heiteres, oft mischt sich ein Gefühl des Grauens hinein: über unheimliche, bedrohliche Seiten der je dargestellten Realität.

Den Titel seines Buches hat Kipphardt einem Kollegen entlehnt; Wolfgang BÄCHLER hatte 1972 seine »Traumprotokolle« erscheinen lassen, mit dem Untertitel »Ein Nachtbuch«. Darin sind Träume vorwiegend aus den Jahren 1954 und 1955 gesammelt, die ursprünglich aus therapeutischen Gründen aufgezeichnet wurden. Martin WALSER nannte BÄCHLERS Buch »ein Auskunftsbuch«. Vor allem über den Literaturbetrieb und über die Gesellschaft, in welcher der Träumende lebt.[10] In diesem Sinne sind auch die Traumprotokolle Heinar Kipphardts ein amüsantes, »verrücktes«, kritisches Auskunftsbuch. Kipphardts Träume werden zu einem subversiven Spiegel des Literatur- und Theaterlebens ebenso wie der Politik. Verwoben damit sind stets sehr persönliche Erfahrungen des Autors; traum-gemäß überlagern sich Personen und Ereignisse, der Vater geht in die Figur des Bundeskanzlers über und dann in die eines Lehrers. Auch in solcher Erzählweise sind Auskünfte verborgen.

»Ich öffne zwei an mich retournierte Holzkisten. In einer ist der alte Marx als Prometheus stilisiert, aber in Turnhosen mit Fackel und Feuerblick. Die kyrillische Schrift auf dem Sockel verheißt eine immer gesunde Leber, wie lange die Raben auch hacken mögen. Die zweite und wesentlich größere Kiste zeigt einen in viele Bildscheiben zerlegten Marx-Kopf, die, für sich betrachtet, chinesischen Rollbildern ähneln, symbolischen Landschaftsdarstellungen. Einem Beischreiben entnehme ich, das die Kisten nur von geprüften Marx-Forschern identifiziert werden dürften. Vor revolutionären Tagungen empfehle sich deutsche Musik.«

Der Traum gehe mit Zeiten und Personen so kühn um wie kaum je ein Schriftsteller, betonte Kipphardt in einem Fernsehinterview. »Auf kurzem Raum kann er sehr viel Stoff bewegen, auf eine sonst in der Literatur kaum anzutreffende Weise.« Und Kipphardt berichtete einen Traum, den er nach dem Erscheinen des Buches »Traumprotokolle« hatte; darin waren seine Eltern in einem Konzentrationslager der Nazizeit gefangen, viele Details des Traumes aber entstammten der politischen Gegenwart der Bundesrepublik Deutschland. Kipphardt: »... was ich im Leben ja nicht machen würde, so einfach eine Analogie zu bilden von der Gestapo zum Überwachungsstaat heute – das wäre nicht legitim, das ist nicht dasselbe; aber das Tendenzielle steckt darin, unser Instrumentarium von Überwachungsstaat heute harrt ja quasi des Mißbrauchers.«[12]

In dem Beispiel findet sich ein Schlüssel für die literarische Arbeit, mit der Kipphardt nach dem Abschluß der Traumprotokolle begann: sein Schauspiel »Bruder Eichmann«. Darin rekonstruierte er die Geschichte des Administrators der Judenvernichtung, Adolf EICHMANN. Und er schnitt Analogie-Szenen in die Handlung hinein, mit denen auf aktuelle Varianten der EICHMANN-Haltung hingewiesen wird – bei der Zerstörung Nagasakis etwa, im Vietnam-Krieg und im Libanon, bei Atomkriegsvorbereitern und Gen-Technologen. EICHMANN war für Kipphardt der Prototyp des funktionalen Menschen, der sich im

Rahmen einer gegebenen Ordnung als bloßes Rädchen im Getriebe versteht und jede Verantwortung für sein Handeln ablehnt. Dieses in der Konsequenz monströse Selbstverständnis ist nach des Autors Diagnose keinesfalls Vergangenheit, sondern zur gewöhnlichen Haltung in unserer heutigen Welt geworden.

Offenkundig hat sich Kipphardt durch die kühnen Assoziationstechniken seiner Träume ermutigen lassen, die Analogiekomplexe in »Bruder Eichmann« in der gewählten Montage-Form einzubauen.

Zugleich lassen sich die »Traumprotokolle« als ein literarischer Gegenentwurf zum funktionalen Prinzip lesen, für das die Figur EICHMANNS steht. »Ich empfehle den Leuten, für die Arbeit herauszufinden, was von ihnen erwartet wird, um der Erwartung nicht zu entsprechen«, notierte Kipphardt in seinem Traum unter dem 8. Juli 1981. Seine nächtlichen Aufzeichnungen sind ein ungeschminktes Medium für die Abweichung und die Ausschweifung, für das Spielerische, Witzige und Aberwitzige, für die Subversion und den Widerstand.

Viele der Träume Kipphardts handeln von Situationen des Verfolgt-Seins und von Schuldgefühlen. Die Übergänge zwischen persönlicher Bedrängnis und kollektiven, politischen Zuständen der Verfolgung sind fließend. Und die moralischen Bewertungen von Personen und Vorgängen können träumend anders ausfallen als beim Wachen. Kipphardt selbst, der mit seinen Werken stets zur literarischen Aufklärung über die Nazi-Gewalttaten beigetragen hat, sieht sich im Traum angeklagt: als ein Verfolger, durch dessen Handeln anderen Menschen die Vergasung droht. In seinen Arbeitsnotaten hielt er fest: »Die Person, die wir umarmen, kann unter der Umarmung eine andere werden, oder tot sein, oder wir selber sein.«

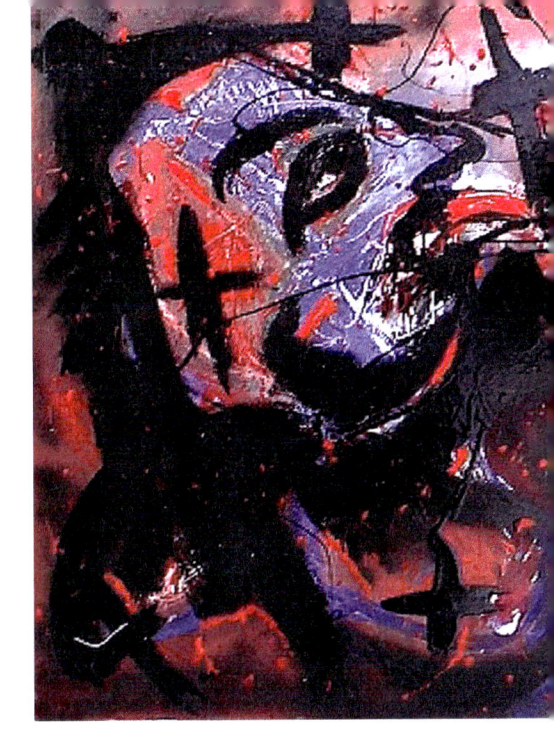

Anmerkungen

[1] Gespräch mit Paul KERSTEN. Fernsehsendung »Bücherjournal«, Norddeutscher Rundfunk (3. Programm), 12. November 1981.

[2] Briefe an Jesaja WEINBERG (30. Juni 1981), Franz Josef KAMPMANN (19. September 1981), Anna Maria JOKL (12. August 1982). Brief-Durchschläge im Nachlaß Heinar Kipphardts, Deutsches Literaturarchiv Marbach. Zitate im vorliegenden Aufsatz, wenn nicht anders nachgewiesen oder aus dem Text der »Traumprotokolle«, stammen aus diesem Nachlaß.

[3] Heinar KIPPHARDT: Theaterstücke. Band 2. Köln 1981, S. 305

[4] Heinar KIPPHARDT im Gespräch mit Hellmuth KARASEK. In: »Volksbühnenspiegel«, Juni 1967.

[5] Ebenda

[6] Die Erstausgabe der »Traumprotokolle« erschien im Herbst 1981 im Verlag AutorenEdition, München/Königstein. KIPPHARDT war – zusammen mit Gerd FUCHS und Uwe TIMM – Herausgeber der AutorenEdition.

[7] Heinar KIPPHARDT, Nachbemerkung zu: In der Sache J. Robert Oppenheimer. Abgedruckt in: KIPPHARDT, In der Sache J. Robert Oppenheimer, Theaterstücke, Reinbek 1982 (rororo Bd.5043) S. 391f

[8] Michel LEIRIS: Lichte Nächte und mancher dunkle Tag. Frankfurt/M, 1981 Bibliothek Suhrkamp Bd. 716.

[9] Martin WALSER: Über Traumprosa. In: Wolfgang BÄCHLER, Traumprotokolle. Ein Nachtbuch. München 1971, S. 125

[10] WALSER, a.a.O., S. 125

[11] »Bücherjournal«, Norddeutscher Rundfunk, 12. November 1981

Träume führen uns oft in Umstände und Begebenheiten hinein, in die wir wachend nicht leicht hätten können verwickelt werden, oder lassen uns Unbequemlichkeiten fühlen, welche wir vielleicht als klein in der Ferne verachtet hätten und eben dadurch mit der Zeit in dieselben verwickelt worden wären. Ein Traum ändert daher oft unsern Entschluß, sichert unseren moralischen Fond besser als alle Lehren, die durch einen Umweg durchs Herz gehen.

Georg Christoph L<small>ICHTENBERG</small>

Wolfram Domke

Der Tag als Albtraum

»Und täglich grüßt das Murmeltier«

Die psychologische Traumdeutung weiß seit S. FREUD, daß es unmöglich ist, Träume zu verstehen, ohne den vorausgegangenen Tag zu berücksichtigen. Und die psychologischen Behandlungen seit FREUD – und im Sinne FREUDs – wissen, daß es nur schwer möglich ist, die Tageswerke von Fällen zu verstehen, ohne ihre nächtlichen Träume mit einzubeziehen. Der Übergang von Traum und Tag kennzeichnet aber nicht nur das psychologische Verstehen und Behandeln, es kennzeichnet genauso die psychologische Wirkung von Filmen: Kaum ein anderes modernes Medium vermag uns das strukturelle Ineinander beider Figurationen lebendiger, anschaulicher und eindringlicher nahezubringen als eben die bewegten und bewegenden Bilder des Films. Die Synchronizität von ›100 Jahre psychologische Traumdeutung‹ und ›100 Jahre Film‹ sind sicher kein Zufall.

Besonders durch die Technik der Bildmontage gelingt es dem Film fast spielerisch, die so andersartigen Wirklichkeiten des Traumes und des Tages in einen dramatischen Übergang zu bringen. Das gelingt auch einer versierten psychologischen Traumdeutung, aber sie muß – so hat man den Eindruck – schwerer dafür arbeiten. Vielleicht rührt dieser Eindruck der Schwere daher, daß die fließende Bildsprache in Worte übersetzt werden muß, die unbewußte Sinnrichtungen überhaupt erst verfügbar machen, die sie aber immer auch irgendwie verfehlen. Nach einem bewegenden Kinobesuch machen sich diese unübersetzbaren Reste zuweilen bemerkbar in der Gereiztheit gegen allzu wortreiche Interpretationsversuche. Die fesselnden Bilder haben eine ›vielsagende‹ Schweigezone, die sich gegen vorschnelle Vereindeutigungen und vernünftige Auflösungen wehrt; sie verteidigen ihren ›dunklen Sinn‹. Zugleich drängen die befremdlichen Bilder selbst mit Macht darauf, verstanden zu werden und ans ›Licht des Lebens‹ zu kommen. So arbeiten bei näherer Betrachtung beide – sowohl die Traumdeutung als auch das Filmerleben – an der Einheitsbildung des Seelischen: Seine kunstvoll getrennten ›Licht- und Schattenseiten‹ wieder mehr zu verbinden und zirkulieren zu lassen, daran hatte und hat die Kultur dieses ausgehenden Jahrhunderts offenbar ein starkes Interesse.

Von psychologischen Behandlungen wissen wir, daß die Arbeit an der Einheitsbildung des Seelischen sich besonders an den störungsanfälligen Übergangsstellen von ›hell und dunkel‹ als fruchtbar erweist. Die Filme scheinen das auch zu ›wissen‹, denn für den Erfolg an den Kinokassen suchen sie genau diese Übergangsstellen mit Vorliebe auf. Die Hollywoodproduktion »Und täglich grüßt das Murmeltier« ist ein gutes Beispiel dafür, obwohl das ein Film ist, in dem strenggenommen überhaupt kein Traum vorkommt. Dafür konfrontiert er uns – und darin besteht hier das Bemerkenswerte – mit einer ›Überdosis Tag‹. Nach dem eingangs Gesagten verwundert die Behauptung nun vielleicht nicht mehr so sehr, daß man auch damit ganz nahe an den Traum herankommt. Allerdings an eine besondere Spielart des Traumes: den Alptraum.

Der »Groundhog Day« ist der Tag, um den sich alles in diesem Film dreht, obwohl der Tag selbst sich eben nicht ›dreht‹: Wie jedes Jahr muß der ›TV-Wetterfrosch‹ Phil (gespielt von Bill MURRAY) hinausreisen in die tiefste Provinz, ins unaussprechliche Punxsutawney, um von Murmeltieren als den ersten Frühlingsboten zu berichten. Er hat das schon so oft gemacht, daß er aus dem Überdruß an diesem Routinejob keinen Hehl macht: Anreise mit dem gewohnten Kameramann am Vorabend, neu dabei ist allerdings die junge Produzentin Rita (Andie MACDO-WELL). Einquartieren im üblichen Hotel, kurz zur Bar, unter die Dusche und dann ins Bett. Pünktlich um 6 Uhr geht der Radiowecker mit einem Schlager an; Phil steht auf, wäscht sich, geht frühstücken, fährt mit seinem Team zu der Murmeltierfeier, spult seinen lustlosen Bericht herunter. Was er auch macht und wer ihm auch begegnet, nichts scheint ihn hier noch zu interessieren. Einzig sein ausgeprägter Berufszynismus scheint ihm eine Hilfe zu sein, diesen immer gleichen Tag irgendwie durchzustehen. Ein Schneesturm verhindert die ungeduldig erwartete Rückreise in die Großstadt. Das auf der Ausfahrtstraße feststeckende Team muß zum Hotel zurückkehren und in der Hoffnung auf Wetterbesserung ein weiteres Mal dort übernachten. Phil geht zur Bar, dann unter die Dusche und schließlich legt er sich schlafen. Pünktlich um 6 Uhr geht der Radiowecker an ...

Soweit der Anfang dieser unscheinbaren Filmgeschichte, die bis hierhin wahrlich nichts Aufregendes beinhaltet. Das Filmerleben gerät hier schnell in das Wirkungsverhältnis von Erhalten und Verändern. Wie das Wetter, so bringt auch jeder neue Tag einen Wechsel der seelischen ›Fronten‹, ›Hoch- und Tiefdruckzonen‹. Diese Veränderungen sind wir gewohnt, wir rechnen wie selbstverständlich mit ihnen. Doch nun kommt es zu einer überraschenden Wende. Sie deutet sich schon darin an, daß im Radiowecker genau das gleiche Lied wie am Vortag erklingt. Nehmen wir das noch als Zufall hin, so häufen sich doch bald andere, sonderbaren Zufälle: Phil begegnet nicht nur denselben Personen des Vortages, sondern sie machen und sagen auch genau dasselbe wie am Vortag! Diese deckungsgleiche Wiederkehr des bereits Durchlebten, wo wir mit Phil ganz selbstverständlich irgendwelche Abwandlungen erwarteten, wirkt zunächst leicht irritierend, dann erleichternd komisch. Bald stellt sich nämlich heraus, daß die Wiederholung dieses Ablaufes keine einmalige Sache war, sondern sich nun immer wieder ereignet.

Was hat das mit dem Traum zu tun? Das ist das Irritierende und auch das Komische in diesem Filmerleben: Gerade die ständige Wiederkehr dieses einen besonderen Murmeltiertages läßt uns das ganze zunehmend als Traum erscheinen. Als Traum zunächst deshalb, weil hier die verrücktesten Sachen passieren können – ohne, daß etwas passiert: Üble Streiche, grober Unsinn, Frechheiten, Flegeleien, Liebeserklärungen, Entführungen und Verführungen – in all das werden wir mit Phil verwickelt, aber es hat überhaupt keine Konsequenzen. Am nächsten Tag ist alles wieder wie ausradiert und weggewischt. So als hätten wir nur schlecht geträumt, ist die Welt immer noch so wie sie vorher war.

Zunächst finden wir mit Phil sogar Gefallen an diesem traumartigen Sich-Auflösen von erlebten Geschichten, denn es eröffnet uns einen unerwarteten Freiraum für tolle und ungenierte Ausbreitungen: Wir können unseren Ruf auf Übelste ruinieren und wachen am nächsten Morgen dennoch wieder mit ›weißer Weste‹ auf. Als ich diesen Film 1992 zum ersten Mal sah, geschah das im restlos ausverkauften, größten Kinosaal des CINEDOMS. Anfangs lachte das Publikum laut auf, als der Radiowecker immer wieder auf 6 Uhr sprang und dabei immer wieder dieselbe Schlagermelodie erklang. Aber mit zunehmender Filmdauer erstarb die Belustigung und es ging an dieser Stelle ein immer schmerzlicher werdendes Aufstöhnen durch den Saal.

Wir kommen hier in einen Wiederholungsprozeß hinein, der mit wachsender Beklemmung spürbar macht, was ein Alptraum ist. Ausgerechnet diese eigentlich nette und harmlose Story hilft also deutlich zu machen:

Nicht die Bedrohung durch irgendwelche Monster oder Gespenster ist das Entscheidende am Alptraum, sondern das Endlos-Wiederkehrende selbst. Wir erleben dieses Endlos-Wiederkehrende als Alptraum, weil es uns mit etwas Unverwandelbarem konfrontiert. Immer wieder führt uns der Film an die entscheidende Übergangsstelle zwischen Erhalten und Verändern: das morgendliche Aufwachen. Entgegen unserer grundlegenden Alltagserfahrung trennen Tag- und Nachtströmung sich hier nicht, sie bleiben seltsam ungesondert, verschwimmen irgendwie. Mit zunehmender Filmdauer wissen wir nicht mehr, ob wir wachen oder träumen. Es ist, als laufe das ganze seelische Getriebe auf Hochtouren und käme trotzdem nicht von der Stelle. Rita, die neu hinzugekommene Produzentin des Fernsehteams, spricht diesen verstörenden Zustand mit einem Gedicht von Sir Walter SCOTT treffend an:

»*Ein Unseliger, der nur kreist um sich selbst,*
Dem Leben noch wird er dem Rufe nach-
sehen und doppelt sterbend untergehen
Im gemeinen Staub, von wo er entsprungen
Unbeweint, ungeehrt und unbesudelt.«

Das Gedicht ist eine liebevolle, diagnostische Warnung an Phil – und an die Zuschauer. Denn längst ist das Filmerleben mit hineingezogen in dieses ›unselige, um sich selbst kreisende‹ Leerlaufgetriebe. So sieht es also aus, wenn die Figuration des beweglichen, aber konsequenzlosen Traumes und die Figuration des entschieden festgelegten Tagewerkes nicht mehr ineinander greifen, austauschbar werden. Der Tag erwacht zwar immer wieder aufs Neue zum Leben, erregt, und erhitzt sich, und doch entstehen dabei keine neuen Werke. Der Tag kommt über einen unverrückbaren Punkt einfach nicht hinaus, er ist nur eine Neu-Auflage. Daher wirken alle hektischen Unternehmungen kalt, unbewegt und irgendwie tot. So vermittelt der Film uns eine Ahnung von der Alptraumerfahrung, nicht leben und nicht sterben zu können. Aus diesem unerträglichen Zustand wollen wir nun möglichst schnell heraus – und sei es mit Gewalt. Genau das versucht Phil auch: Verzweifelt stürzt er sich mit dem Auto in eine Schlucht, wirft sich den Toaster in die Badewanne, springt vom Kirchturm, schmeißt sich vor einen heranrasenden Lkw – immer stirbt er dabei und ist am nächsten Tag ohne jede Schramme lebendig.

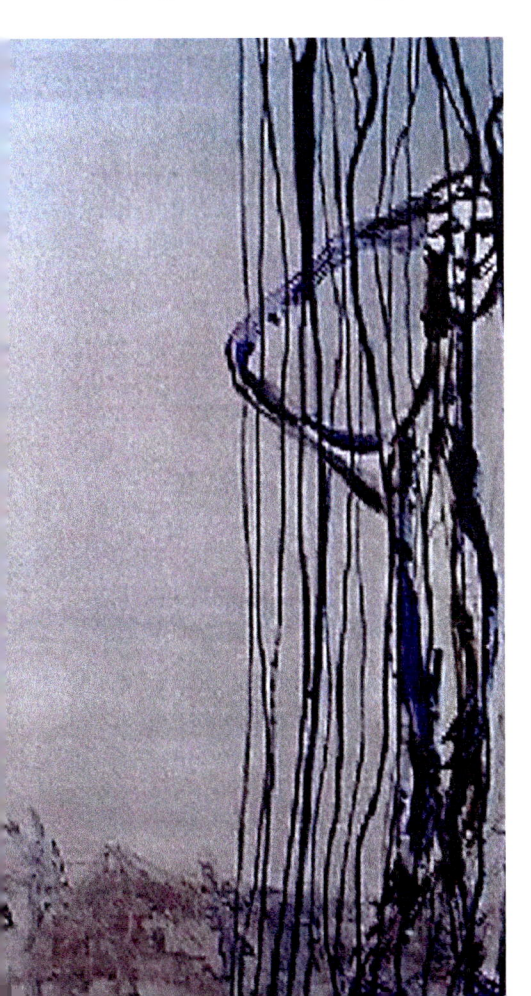

In anderen Zusammenhängen mögen Unverwundbarkeit und Unsterblichkeit zuweilen wie ein schöner Traum erscheinen, hier wirken dieselben Ideale nur noch als Alptraum, der nicht enden will. Im Märchen »Das Gespensterschiff« von Wilhelm HAUFF wird ein ähnliches Motiv beschrieben: An Bord eines Seeräuberschiffes kommt es zu einer Meuterei. Es entbrennt ein blutrünstiger Kampf, bei dem sich letztlich alle gegenseitig umbringen. Tagsüber treibt das Totenschiff richtungslos in der See; nachts aber erwacht es zu neuem, altem Leben: Es macht Fahrt mit vollen Segeln, die Mannschaft ist wieder lebendig und die Meuterei nimmt ihren üblichen, mörderischen Verlauf, bis der Kapitän an den Mast genagelt ist und alle Männer schließlich tot sind. Dieses Stück wiederholt sich Tag für Tag, Nacht für Nacht.

Auch für das Märchen gilt: Das Gespenstische ist nicht irgendein Seeungeheuer, sondern die ›untote Entwicklung‹, die ›festgenagelte Verwandlung‹, die sich selbst nicht zu erlösen weiß.

Zurück zum Film: Auch hier sehnen wir uns immer dringlicher nach einer Erlösung aus der alptraumartigen Ungeschiedenheit von Traum und Tag. Mit dem Protagonisten würden wir etwas darum geben, endlich wieder einen ›normalen‹ Stellenwechsel zwischen beiden Figurationen hinzubekommen. Aber es gelingt nicht. Der Traum braucht die Festlegungen des Tages, um die Probleme des Ganzen konsequenzenlos weiterbehandeln zu können. Der Tag braucht umgekehrt die Reste dieses nächtlichen Probehandelns, um das unfaßbare Ganze in entschiedenen Werken zu behandeln. Aber wenn es eine unverrückbare Geheimstelle im Gesamtgetriebe gibt, die zäh verteidigt wird, dann fließen Tag und Traum, Drehung und Stillstand ineinander und die Behandlung des Ganzen läuft irgendwie ins Leere: Es gibt keine Weiterentwicklung mehr. Und das ist nicht mehr sehr komisch. Phil schwankt zwischen Depression und Raserei. Wie kann man einen solchen Alptraum behandeln?

Natürlich: Am Schluß des Films ›kriegen‹ sich Phil und Rita. Aber das ist kein billiges, weil aufgesetztes Happy-End. Die Wende zu einer ›glücklicheren‹ Entwicklung ereignet sich ein Stück weit früher. Nämlich da, wo Phil – mit Ritas Hilfe – anfängt, an der Wirklichkeit dieses für ihn so ›unbesonderen‹ Tages nicht mehr ›cool‹ und zynisch vorbeizudrehen. Erst als bereit ist, tatsächlich in diesen Tag einzutreten, sich von ihm packen zu lassen, in ihm zu leiden, zu lieben und tätig zu werden, erst da kommt Bewegung in das Unverrückbar-Gehaltene. In dem Maße, wie Phil sich traut, in diesem Tag ›da‹ zu sein und nicht ›woanders‹, in dem Maße verliert der Wiederholungszwang zusehends an Macht. Mit Phil spüren wir, daß wir auch die kleinen Angebote des Tages brauchen, um uns ›groß‹ zu verändern, und daß der All-Tag auch uns ein wenig braucht, um sich seinerseits weiterzuentwickeln.

Mit dem Dämmern dieser banalen und doch tiefgreifenden ›Einsicht‹, mit ihrer tätigen Umsetzung in Alltagswerke beginnen sich die Wirklichkeiten von Traum und Tag wieder auf die ›normale‹ Weise zu sondern – und wieder ›produktiv‹ zusammenzuwirken. Über den Wiedergewinn dieser verlorengeglaubten Sonderung, Produktivität und Liebe in unseren Alltagsfigurationen sind wir am Ende des Films ziemlich gerührt. Im Märchen »Das Gespensterschiff« besteht die ›Erlösung‹ übrigens darin, daß die richtungslose Beweglichkeit und die festgenagelte Verwandlung des Totenschiffes ›an Land‹ gebracht werden muß. Erst dort zerfallen die ewig verschwimmenden Übergänge von Leben und Tod – die ›Untoten‹ – endlich zu ›gemeinem Staub‹. Der Spuk ist vorbei.

Zum Schluß noch eine kleine kulturpsychologische Anmerkung zu diesem Film, der wie gesagt Anfang der 90er Jahre mit großem Erfolg in den Kinos lief und im Fernsehen noch vor kurzem – zum wiederholten Male! – zu sehen war. Was die morphologischen Kulturanalysen mit »Auskuppeln« bezeichnen, das macht dieser Film auf tragikomische Weise erfahrbar: Die grundlegenden Figurationen des Seelenbetriebes greifen nicht mehr produktiv ineinander, sondern drehen sich konsequenzenlos aneinander vorbei. Auch in unserem Alltag verschwimmen richtungslose Beweglichkeit und festgenagelte Verwandlung; von der ›Liebe zur Entwicklung‹ kann nur noch zynisch gesprochen werden – wenn überhaupt. Dieses Auskuppeln ist – wenn man so will – das ›Gespensterschiff‹ oder der ›Alptraum‹ unserer gegenwärtigen

Kultur. Der Film behandelt ihn so, daß wir über seine Schrecken auch lachen können. Das ist gute Filmunterhaltung und im Ansatz auch gute psychologische Behandlung. Eine letzte, ganz persönliche Schlußbemerkung als Beleg: Ich sah diesen Film damals mit meiner Familie zur Feier eines ganz besonderen Tages. Es war einer jener Tage, wo man manchmal schon versucht war zu denken: »So ein Tag, so wunderschön wie heute, der dürfte nie vergehen!« Nach dem Filmbesuch war ich von derlei Anwandlungen doch einigermaßen kuriert.

Unsere Träume können wir erst dann verwirklichen, wenn wir uns entschließen, einmal daraus zu erwachen.

Josephine BAKER

Andreas M. Marlovits

Tag – Sport –
Traum

Kunstvoll einfach bewegt

Der Sport bzw. das sportliche Sich-Bewegen zählt zu den beeindruckenden Wirkungsphänomenen unserer Zeit. Einige Zahlen können die Faszination, die mit dem Sport in unserer Gegenwarts-Kultur verbunden ist, belegen: Die Fußball Weltmeisterschaft in Frankreich, 1998, erzielte eine Reichweite von 23,49 Millionen Zuschauern allein in Deutschland, was einen Marktanteil von 70% entspricht. Herausragende Sportereignisse wie ein Fußballweltmeisterschafts-Endspiel vereinen mehr als zwei Milliarden Zuschauer vor dem Bildschirm. Im Schnitt verfolgen regelmäßig zwischen 10 und 12 Millionen Menschen in Deutschland per TV ein Formel 1-Rennen. Aber auch exotischer anmutende Bewegungsformen sind offenbar für das Seelenleben von Interesse. So erreichte die Weltmeisterschaft der Amateure in den latein-amerikanischen Tänzen 1,6 Millionen Zuschauer, immerhin etwas mehr als das French Open Tennis-Finale (1998) zwischen MOJA und CORRETJA (1,59 Millionen) und weniger als der Curling-Wettkampf zwischen Kanada und Dänemark bei den Olympischen Spielen 1998.[1]

Betrachtet man die ›äußere‹ Form der einzelnen Sportarten einmal aus einem distanzierteren Blickwinkel, fällt zunächst der häufig doch recht banale Grundcharakter des Geschehens in den Blick: im Fußballspiel trachten 22 Männer danach, ›ein Rund in ein Eckiges‹ zu befördern.[2] Dabei darf das Rund lediglich mit den Beinen getreten werden. Im Handball ist es genau umgekehrt. Ein Treten des Balles mit dem Fuß gilt als Regelwidrigkeit.

Zudem ist im Handball alles etwas kleiner: der Ball, das Tor, das Spielfeld. Dennoch ist es auch hier erklärtes Ziel, den Ball ins Eckige zu bekommen. Basketball zentriert sich um die Schwierigkeit, das Rund zu versenken. Der Rahmen ist hier ein runder Kreis, in den gerade einmal der Ball hinein paßt, mit dem gespielt wird.

In allen drei Sportarten geht es darum, einen runden Spielball vor dem Hintergrund spezifischer Reglementierungen in einen erwünschten und durch Rahmung gekennzeichneten Raum zu befördern. Auch andere Sportarten entpuppen sich unter dem Blickwinkel einer einfachen Betrachtung als banale Tätigkeiten. Im Abfahrtslauf auf Skiern geht es um ein schnelles ›downhill‹; beim Slalom erschweren Stöcke als Hindernisse den Weg ins Tal. In der Formel 1 fahren Autos so schnell wie möglich auf kreisförmig oder oval angelegten Parcours: Es geht also um die ›an sich‹ einfache Form des Im-Kreis-Fahrens.

Und doch spielt sich in diesen simplen Figuren etwas ab, das uns bannen kann. Außerdem erschöpft sich unser Interesse nicht im Zusehen. Ganz im Gegenteil. Das aktive Betreiben von sportart-spezifischen Bewegungsformen fasziniert ebenso. Fußball sei eine Leidenschaft, hat Günter NETZER einmal behauptet. Offenbar steckt mehr im Sport als die banalen Bewegungsformen erraten lassen. Ob beim Zusehen oder aktiven Sporttreiben – die banal-kunstvollen Figuren des Sports bewegen unser Seelenleben.

Sport und Traum

Was hat der Sport nun aber mit dem Traum zu tun? Ein kleiner Umweg soll zur Antwort führen. Nach Auffassung der Morphologischen Psychologie geraten wir in verschiedene seelische Verfassungen, wenn wir Wirklichkeit behandeln. Zwei Grundtypen lassen sich herausheben:

Neben einer Tages-Verfassung des Verhaltens und Erlebens findet sich eine Art Traum-Verfassung, in der seelischer Zusammenhang befremdlich anders sortiert wird. Wenn FREUD den Traum als psychologisch relevantes Phänomen einschätzt, weist er genau darauf hin. FREUDS Entwicklungen der Psychologie aufgreifend, charakterisiert SALBER diesen Sachverhalt folgendermaßen: »Das Besondere der Traum-Verfassung ist die Verwunderung – wir werden gebannt durch Verwandlung. Diese Traumverfassung erhält sich, indem sie bestimmte Widerlager aufgibt. Keine Gewißheit, keine Entschiedenheit, kein Verfügen über eine vereinheitlichende Sinnbildung, kein Einwirken, das Wirkungsräume handgreiflich verändert« (1997, 78).

So betrachtet, erscheint der Sport wie das Gegenstück zum Traum. Im Sport, so meinen wir, regieren ja Entschiedenheit, Verfügung, Einwirken, welches verändert und bestimmt. Das Unentschiedene und Unverfügbare sind dem Sportler ›ein Graus‹. Das entschiedene Tun läßt sich am Spitzensportler und Trainer sehr gut beobachten. Die Grenzen des Unverfügbaren werden mit allen zur Verfügung stehenden Mitteln erweitert, selbst mit den Beschwörungsritualen von sogenannten Motivationstrainern.

Nach den bisherigen Ausführungen mag es also überraschen, wenn wir nun folgende Hypothese aufstellen: Sportliche Bewegung kann in eine seelische Verfassung führen, die derjenigen des Traumes verwandt ist – trotz aller Differenzen. Gemeinsamkeiten und Unterschiede sollen im folgenden näher beschrieben und analysiert werden, denn davon versprechen wir uns ein vertieftes Verständnis für die eigentümliche Verfassung, in welche wir durch sportliche Betätigung versetzt werden können.

Anhand von zwei Beispielen soll deutlich gemacht werden, was mit der Sport-Verfassung gemeint ist, in welchen Merkmalen sie sich beschreiben läßt und worin das Spezifische ihres Aufbaus als einer Form der Alltagsverfassung zu sehen ist. Als erstes wird eine verdichtete, idealtypische Beschreibung einer Untersuchung zur Tiefschneefahrt im Pulverschnee angeführt (vgl. MARLOVITS 2000). Im zweiten Beispiel geht es um das Thema ›Dauerlaufen‹. Hier wird der Weg der Einzelfallanalyse beschritten, indem eine längere Sequenz aus einem Interview über Ereignis und Erlebnis eines Waldlaufs beschrieben wird. In weiterer Folge dienen beide Beschreibungen als grundlegendes Material, von dem aus die Bestimmungen der Sport-Verfassung im Verhältnis zum Traum in mehreren Schritten herausgearbeitet werden.

Die Tiefschneefahrt

Am Anfang steht man vor dem steilen, weiß glitzernden Tiefschneehang. Vollkommen »unberührt‹ und »jungfräulich« erscheint er einem, wartet nur darauf, befahren und »genommen« zu werden. Eine leichte Aufregung macht sich bemerkbar. Mit aufmerksamem Blick gleitet man über die glatte, glitzernde Fläche, versucht den Weg der ersten Schwünge vorwegzunehmen, ebenso wie ein Blick bis zum Ende des weißen Hanges die ungefähre Richtung der Talfahrt wie ein inneres Bild festhalten möchte. Anhaltspunkte wie Felsen, Latschen oder Kuppen werden gesucht, machen den Hang etwas bekannter und ermöglichen ein Einteilen und Orientieren.

Ruckartig werden aus dem Stehen heraus die Ski gen Tal gewendet und zum Fahren gebracht. Die ersten zwei, drei Meter werden mit einem vorsichtigen, durch die Beine tastenden Befühlen des Untergrunds gefahren. Zart drückt man die Ski in guter Mittellage in den weichen Boden, der gibt nach, und man wartet augenblicklich auf die federnde Resonanz des Tiefschnees. Daran erneut einschätzend, wie naß oder pulvrig, schwer oder leicht der Schnee zu befahren ist, beginnt sich ein innerliches »Jetzt und Hopp« in Form eines ersten, immer noch vorsichtigen Schwunges Ausdruck zu verschaffen, indem ein kurzes Druckgeben ein leichter werdendes Erheben aus dem tiefen Schnee ermöglicht. Schon senken sich die kurz aus dem Schnee ragenden Skier wieder gegen den Boden, diesmal auf der anderen Seite, drücken nun bereits kraftvoll und entschieden in den weichen Glitzer, der die ersten leichten Pulverflocken gegen den Oberkörper wirft. Der nächste Schwung wird bereits gesetzt, nun entschieden und sicher, der Tragfähigkeit des Tiefschneeuntergrunds fast zur Gänze vertrauend. Der fängt die druckvolle Eintauchbewegung sanft und zeitverzögert ab, läßt genau erspüren, wo der Schnee nicht weiter zu durchdringen ist, ab wo er Halt gibt und eröffnet leicht federnd den Weg zurück in die Höhe.

Das ständig an Sicherheit gewinnende Schwingen verändert die anfängliche Zögerlichkeit in ein vorwärtsdringendes Dahin und Hinab. Samtweiches und Glitzerndes hüllen ein und umfangen. Mit jedem Auf und Ab, Hin und Her eines jeden Schwunges ergreift eine schwebende Leichtigkeit das Gemüt. Diese breitet sich mehr und mehr aus und nimmt alles für sich ein. Nur noch der eine Schwung zählt und dann der nächste. Mit jedem Schwung steigert sich der Rhythmus des Tuns, und man beginnt sich mehr und mehr dem Rhythmus zu überlassen. Man erlebt sich jetzt und hier, ganz gegenwärtig. Und plötzlich, ohne zu wissen, woher und wie, steigert sich das Schwebende und Leichte in das Gefühl einer beglückenden Freiheit, die mit einem Kribbeln den ganzen Leib erfaßt. »Nicht ich fahre, sondern ich werde gefahren, obwohl ich aktiv einen Schwung nach dem anderen setze.« Man ist ganz Hin und Her und Auf und Ab, getragen vom Rhythmus des Schwingens, durchwoben von einem Empfinden beglückender Freiheit. Den Moment möchte man festhalten, was aber nicht gelingt.

Mit dem letzten Schwung, der weich im Tiefschnee sein Ende findet, bahnt sich oftmals, jede noble Zurückhaltung aufgebend, ein überschwenglicher Glücksschrei den Weg ins Freie. Mit einem einzigen Blick auf die gefahrene Spur und ihren gleichmäßigen Rhythmus taucht man aus dem voll und ganz Involviert-Sein in der Bewegung auf und betrachtet den somit sichtbaren Rhythmus als »meine Spur« mit Stolz von außen.[5]

Dauerlauf

Eine Frau von 28 Jahren, die viermal in der Woche läuft (3x90 Min., 1x120 Min.), berichtet vom typischen Verhalten und Erleben vor, während und nach einem Lauf: Voll geladen mit dem Ballast ihres Arbeitsalltags sucht sie zuerst einmal durch das Einschalten des Fernsehers »abzuschalten«. Dies scheint aber kein probates Mittel zu sein, denn »meistens dreht es sich dann halt weiter im Kopf«. Die Entscheidung zu laufen und vor allem das Wechseln der Kleidung, bringt eine entscheidende Wende. Aus den Alltagsklamotten raus, »jetzt kommen die Laufsachen, die schönen, bequemen Laufsachen«.

Der Lauf beginnt. Es geht raus aus dem Haus, kurz durch Straßenschluchten. Dann taucht sie ein in den als Befreiung erlebten Wald. In der Begegnung mit anderen Läufern versteht sich etwas von selbst. So grüßt man sich durch ein unauffälliges Nicken, manchmal auch durch ein unverbindliches Hallo. Den anderen Läufern fühlt sie sich wie in einer »Gemeinschaft« verbunden. Darin bestehen fast keine Unterschiede, Berufe spielen keine Rolle, weil alle »im Prinzip in demselben Zustand sind« wie sie selbst. »Man ist eben ein bißchen auf der gleichen Ebene mit denen.«

Anfangs läuft sie meist aufgrund des geladenen inneren Zustands zu schnell los. Das Außer-Atemsein zwingt schnell zum langsamer Laufen. Sich selbst zurücknehmend konzentriert sie sich nochmals auf sich selbst, ihre Atmung und die Schritte. »Am Anfang ist es meist schwierig, weil man mit dem Kopf noch woanders ist.« Mit dem Weiterlaufen verändern sich die Verhältnisse. Die Distanz zum Alltagsballast wird größer. »Und in dem Moment, wo man merkt, daß der Rhythmus gefunden ist, daß man ein bestimmtes Tempo jetzt läuft, was einem gut tut und die Atmung selber kommt und man anfängt zu schwitzen, dann kommt irgendwann der Punkt, wo man so ein bißchen mehr die Natur wahrnimmt und weniger die eigenen Gedanken. Dann kommt irgendwann der Punkt, wo man auch über andere Sachen auf einmal nachdenken kann: über vergangene Läufe oder Kindheitserinnerungen, die kommen auf einmal; oder Zukunftspläne oder Situationen, wo man auch vielleicht in der Natur war, wo es auch schön war. Und dann läuft man so und läuft man.«

Gedankenversunken läuft sie die meiste Zeit dahin. Aus diesem Zustand wird sie lediglich kurz durch andere Läufer, die Beobachtung, daß sie müde wird oder andere körperliche Sensationen, herausgeführt. Dies hat aber nicht zur Folge, daß sie bei diesen Ablenkungen verweilt. Vielmehr führen sie diese kurzen Eindrücke zu neuen Themen, die »dann wieder durch den Kopf ziehen« und bis zur nächsten Ablenkung das Laufen bestimmen.

Das ungerichtete Durchströmt-Werden steigert sich manchmal zum Erleben eines glücklichen Augenblicks. »Dann versuche ich auch irgendwann so einen Punkt zu kriegen, wo ich sage: Bin jetzt hier und nicht mehr bei der Arbeit. Die ist jetzt Vergangenheit und dann bin ich wirklich nur noch in diesem Moment. Und wenn man das wirklich so richtig erreicht hat, dann ist es schon so eine Art Glücksgefühl, wenn man es wirklich schafft, nur in dem Moment zu sein, in der Gegenwart. Der größte Moment kommt dann, wenn man wirklich nichts mehr denkt. Wenn es nur drei Sekunden ist. Das ist wirklich das Allerbeste.«

Nach dem Erleben dieses glücklichen Moments kann es in verschiedene Erlebensrichtungen weitergehen. Manchmal kommen ihr wieder Gedanken von zuvor in den Sinn, allerdings mit dem kleinen Unterschied, daß sie nun »etwas mehr Distanz« zum Bedrückenden gewonnen hat. »Je nachdem, wenn ich extrem Streß gehabt habe, brauche ich mindestens zwei Stunden Lauf, bis es richtig weg ist. Und sonst anderthalb Stunden.« Den Abschluß bestimmt ein »rundes«, zufriedenes Nachhause-Laufen. Mit Freude auf die Dusche und Stolz, daß sie die Laufdistanz geschafft hat, ist sie »platt, kaputt, schwitzt schön und fühlt sich nur gut«.

Das Unmittelbare

An diesen beiden Beispielen – sogar in der wörtlichen Rede der Läuferin – wird gut sichtbar, daß und wie sich im Verlauf des sportlichen Tuns die seelische Verfassung ändert. Zum Teil schnell, auf jeden Fall grundsätzlich. In der Tiefschneefahrt wie im Laufen kann sich eine seelische Bewegung entfalten, steigern und ihren Höhepunkt in einem glücklichen Moment finden. Vergangenheit und Zukunft sind mit dem gegenwärtigen Hier und Jetzt vermittelt (Momentanisierung). Das Besorgt-Sein verschwindet für Augenblicke sogar gänzlich: »Wenn es nur drei Sekunden ist, das ist wirklich das

Allerbeste.« Das ›Widerlager‹, die Mächte des Arbeitstages, die unser Handeln ausrichten, einschränken, unter Druck setzen, verlieren ihre Wirksamkeit. Sie werden aufgehoben – so wie die Läuferin selbst – in körperlich spürbarer Abgestimmtheit einer Gesamtbewegung.

Die akademische Sportpsychologie sucht Antworten auf die Frage nach der Wirkung der sportlichen Betätigung[6] im Seelischen zumeist durch Rückgriff auf psychophysiologische Zusammenhänge (›Endorphin-Hypothese‹) oder persönlichkeitspsychologische Erklärungskonstrukte. Unbeachtet bleibt dabei die Verwandlung der aktuellen Verhaltens- und Erlebensverfassung. So bleibt aber im Dunkeln, wie es einer einfachen Bewegungsweise wie zum Beispiel dem längeren, monotonen Laufen gelingt, maßgeblich auf die Komplexität einer seelischen Verfassung Einfluß zu nehmen.

Wir fahren fort mit der Beschreibung der Phänomene: Alles wird einfacher, sogar die Bewegung (Schwingen, Laufen). Zudem vereindeutigt und zentriert sich das Geschehen über das Ausführen einer Bewegung auf einen Zusammenhang. Widerstrebende Tendenzen werden – wenn es gut läuft oder sich gut fährt – kurzzeitig aufgehoben. Man fühlt sich in einer Art Mitbewegung unmittelbar mit der Welt verbunden. »Sie rückt an einen ran, ich selbst komme ihr näher.« Distinkte Grenzen zur Welt verlieren an Klarheit.

›Unmittelbar‹ meint die Umgestaltung des Erlebens in Richtung Differenzreduktion (Vereindeutigung, Momentanisierung). ›Ich‹ und ›Welt‹ rücken näher zusammen. Zum Sich-Bewegen gesellt sich ein empfindendes Erfahren und Begreifen der Welt. Feststellendes Denken und Wahrnehmen werden Schritt um Schritt aus dieser Verfassungswelt des Unmittelbaren ausgeschlossen. Erst durch die Auflockerung des Fest-gestellten kann sich eine andere Qualität (Fließendes) in der seelischen Verfassung ausbilden. Gelingt das Vereindeutigen und das Reduzieren der Differenz von ›Ich‹ und ›Welt‹ nahezu perfekt, dann sind die Sekunden des Gelingens mithin »das Allerbeste«. Sie machen glücklich.

Temporäre Auflösung des Widerständigen

In einer zweiten Version kann nun verstärkt auf die strukturelle Ordnung und Verhältnismäßigkeit der Sport-Verfassung eingegangen werden. In der Tiefschneefahrt stehen sich Skifahrer und Tiefschneehang gegenüber. Der Fahrer führt sich die ›Gegen-überständlichkeit‹ des Hanges sogar deutlich vor Augen, indem orientierende Markierungen (Latschen, Kuppen, Felsen) als Festsetzung wahrgenommen werden. Auch der prüfende Charakter der ersten Schwünge basiert auf der Gegenübergestelltheit des tiefen Schnees und seiner Materialqualitäten (weich, fest, naß, trocken). Im Laufen sind es etwa der rasende Atem, die als Ballast erlebte Arbeit, müde Beine, andere Läufer oder Eindrücke aus der Umgebung, die als widerständig, als etwas, das sich einer »Richtungsgemeinschaft« (STRAUS) entgegenstellt, erlebt werden können. SALBER charakterisiert die Tages-Werke mit ihrem »Widerlager« (1997, 73), das unser Verfügen stabilisieren soll. Wenn sie uns allerdings stärker belasten als stabilisieren, dann stören sie uns. Wir wollen sie weghaben, indem wir kurzzeitig weglaufen oder wegfahren. Das Widerlagerartige an unseren Alltags-Werken läßt sich nicht auf Dauer ausräumen. Es ist auch notwendig, da es zugleich Bedingung der Möglichkeit darstellt, sich überhaupt in etwas Neues verwandeln zu können. Erst die Widerlager geben dem Seelenbetrieb die Chance zu verspüren, wo er sich gerade befindet, wie es

um ihn bestellt ist, was ihn gerade umtreibt.

Mit dem Sich-Bewegen wird nun gegen das Widerständige des Gegenübergestellten angegangen. Davon berichtet zumindest unsere Läuferin. Beim Laufen stemmt sich das Widerständige anfänglich mit all seiner Macht gegen diesen Angang. Deshalb fällt der Anfang auch manchmal schwer. Die an dieser Stelle verspürte Lustlosigkeit resultiert womöglich aus der Tatsache, im Falle einer Entscheidung für das Laufen das Gewohnte des Widerständigen und damit haltgebende Orientierungen aufgeben zu müssen. Aus dem Alltag bekannt ist auch ein unentschiedenes Hin und Her zwischen Lust und Unlust zu laufen. Was hier durch einen Entschluß, nun zu laufen, also vorerst aufgegeben werden müßte, ist die Standortbestimmung und Orientierung, die durch das Widerlager der Tages-Werke gegeben ist.

Wie unsere Läuferin aus dem Fallbeispiel im Interview berichtet, gestaltet sich der Anfang des Laufes meist sehr mühselig. Doch mit dem Weiterlaufen verwandelt sich die Mühsal langsam zu etwas Anderem. Mit jedem Schritt vergrößert sich der Abstand zum Alltagsballast. Mit jedem Schritt erläuft man sich ein Stück des Gegenübergestellten und führt es in einen Übergang zum Mitgegebenen. Dieser Entwicklungsgang wird primär an körperlichen Momenten festgemacht. Die Atmung darf nicht mehr als widerständig erlebt werden, sie »kommt von selbst«. Man fängt an zu schwitzen. Man läuft ein gleichmäßiges Tempo und findet darüber seinen Rhythmus.

Die rhythmisierende Bewegung hat ihren eigenen Anteil an der Herstellung der Verfassung des Unmittelbaren. Sie wird zum Mittel, das in die Einheit von Empfinden und Bewegen (MARLOVITS 2001) oder in eine »Verfassung des Jenseits-von-Subjekt-und-Objekt« (HEUBACH 1986, 165) hineinführt. Dies läßt sich auch in der Tiefschneefahrt beobachten. Stehen sich am Beginn noch Fahrer und Tiefschneehang gegenüber, werden sie über das rhythmische Schwingen zusammengeführt. SALBER nennt das »Mitbewegung«. Die Welt verliert ihre widerständige Gegenübergestelltheit. Das zeigt sich daran, daß im Abfahren die anfangs gesetzten Markierungen des Tiefschneehanges für die Orientierung nicht mehr wichtig sind. Damit verliert sich andererseits auf der Seite des als ›Ich‹ wahrgenommenen Subjekts seine Profiliertheit. Am deutlichsten wird dieses Indem im Erleben des Wechsels vom Tun zum Getan-Werden. »Nicht ich fahre, sondern es fährt mich« – ganz wie im Traum.

Für unsere Läuferin ist der stärkste Moment dann gegeben, wenn sie nicht mehr ›denkt‹. Wenn also das Denken als Erkennen, als Form des Festhaltens, Bestimmens und Einordnens (STRAUS 1956) in seiner funktionalen Wirkung reduziert bzw. temporär nicht mehr wirksam vorhanden ist. Paradoxerweise ›tut‹ man auch hier im Laufen und wird doch ›getan‹. Mit einem solchen Wechsel ändert sich das gesamte Verhältnis von ›Ich‹ und ›Welt‹. Nach STRAUS geht es dabei um einen Übergang vom gnostischen zu einem pathischen Modus.

Im Moduswandel zum Pathischen hin wird dem Gegenständlichen das ›Gegen‹ geraubt und ein ›Mit‹ gegeben. Am deutlichsten wird dies im Laufbeispiel etwa an den »schönen, bequemen Laufsachen«. Aufgrund ihrer Materialbedingungen laden sie bereits zu einer bestimmten Verfassungsentwicklung ein. Drücken die Laufschuhe an der einen oder anderen Stelle noch am Beginn des Laufes, so schmiegen sie sich in weiterer Folge wie eine zweite Haut an den Fuß an und verlieren den Charakter des Fremden und Anderen. Sofern sie es zulassen, werden sie in die Erlebensentwicklung einbezogen bzw. wird die Verfassungsänderung am Grad ihrer Widerständigkeit festgemacht. Die Bedingung der Möglichkeit zur Wandlung und Modulation der seelischen Verfassung ist dabei die seelische Beweglichkeit selbst. Seelisches ist eben Bewegung (SALBER 1983).

Seelen-Stretching –
Bewegung als Mittel zum Unmittelbaren

Im sportlichen Sich-Bewegen gewinnt das Seelische ein Mittel, sich selbst zu verwandeln. Ist man vor dem Sport noch »schlecht drauf«, erdrückt vom »Ballast des Alltags«, so wandelt sich die seelische Befindlichkeit mit der Durchführung der sportlichen Tätigkeit in eine neue Qualität. »Nach dem Laufen fühle ich mich immer gut.« Die Komplettmodulation und Manipulation (Handanlegen) des Seelischen ist ein Versprechen, das aber erst aus der Enge und Eckigkeit des als unleidlich erlebten Alltags heraus als Verlockung erlebt wird. Zwischen Anfang und Ende der sportlichen Bewegung erstreckt sich eine eigensinnige Stundenwelt. Eine Welt mit einem eigenen Sinn aber auch eine Welt, in der man sich – durchaus eigensinnig – mit sich beschäftigt. »Für mein Laufen nehme ich mir Zeit, egal was kommt oder ansteht.« Die Tiefschneefahrt wird zum Moment des großartigen Erlebens einer Mitbewegung von ›Ich‹ und ›Welt‹. Ähnlich wie im Tagtraum kommt es zu einer außerordentlichen Abgestimmtheit vieler Einzelmomente. Man könnte ›abheben‹, so gut paßt alles zueinander.

Davon berichten auch die Beschreibungen zur Tiefschneefahrt und vom Laufen.[7] Die Welt, das Andere, das zuvor noch als gegenübergestellt erlebt wurde, wird über die rhythmisierende Perpetuierung der Körperbewegung in eine gemeinsame Ordnung, ein

Mit-Sein gebracht. In der Tiefschneefahrt überläßt man sich ganz und gar dem Schwingen, das mit dem Tiefschneehang zu einem Teil einer übergreifenden Wirkungseinheit wird. Im Laufen entfaltet sich über den eigenen Wirkungskreis hinaus ein größerer Raum, in dem sogar die entgegenkommende Welt in Form anderer Läufer als »Gemeinschaft« erlebt werden kann. Die Gegenübergestelltheit der Welt wird gleichsam zerlaufen. ›Ich‹ und ›Welt‹ fallen über das Sich-Bewegen in eins zusammen, ohne daß dabei das Eigene vollkommen aufgelöst wird. Die Verfassung des Unmittelbaren besteht hier durch ein Zugleich von Eigenem und Anderem, aber eben in der Form, daß das Andere in einer Art guter Geschwisterlichkeit erlebt wird.

Die Wiederholung der immer gleichen Bewegung (Rhythmisierung) stellt zudem der Begrenztheit und dem Partiellen unserer endlichen Stundenwelten die Qualität des endlosen Augenblicks gegenüber. Dieser Zusammenhang macht vielleicht die Besessenheit etwas verstehbarer, in die manche mit ihrem Sport hineingeraten.

Verfügen-Können und Verfügt-Werden

Damit wären wir in einer letzten Version angekommen. Hier stellt sich die Frage, über welche Formen es zum Erwirken dieser glücklichen Momente kommen kann. Es wurde an mehreren Stellen bereits deutlich, daß wir es bei der Verfassung des Unmittelbaren mit einem Hergestellten, einer Produktion zu tun haben. In den Beispielen zum Tiefschneefahren und zum Laufen wird sichtbar, daß etwas vorhanden sein muß, worin das Seelische eine Rahmung des Geschehens vornehmen kann.

Dabei kommt dem Verfügen-Können eine besondere Bedeutung zu. In der Tiefschneefahrt entsteht die Rahmung durch das Verfügen-Können über die Bewegungsform des Schwingens im tiefen Schnee (nur gute Skifahrer wagen sich in den Tiefschnee). Beim Laufen rahmt sich die Stundenwelt durch das Wissen um den Verlauf der Strecken, die einem zum Laufen zur Verfügung stehen. »Auf meiner Strecke kenne ich jede Wurzel.« In der Simplizität der Laufbewegung ist das Verfügen-Können automatisch gegeben. Entscheidend ist in beiden Fällen die Rahmung des Geschehens, die der seelischen Verfaßtheit nun einen Freiraum zur Ausbreitung bietet. Das geschieht nun auch über das perpetuierende Tun. Es hilft dabei, den Übergang in eine andere Verfassung zu gestalten. Im Tiefschneebeispiel wird dies dort klar, wo aus dem prüfenden Befahren ein sicheres ›Dahin‹ wird; beim Laufen dort, wo man im eigenen Rhythmus läuft und unterschiedliche Bilder das Gemüt durchströmen.

Über die Steigerung des Verfügen-Könnens, des Schwingens und Laufens stellt sich ein Wechsel in der Modalität ein, was paradoxerweise in ein Verfügt-Werden kippt. Die Unruhe der Verwandlungswirklichkeit erfährt durch das sportliche Tun eine Art Behandlung. Durch Steigerung und Extremisierung der Verfügbarkeit eines Könnens eröffnet sich eine neue Verhaltens- und Erlebensfigur, die primär aus einer Vereinfachung bzw. Rückführung in eine einfachere Verfassungsordnung besteht. Sie läßt sich als partielle, temporäre Regression bzw. als eine »Re-Totalisierung des Psychischen« verstehen (HEUBACH 1986). Auch BLOTHNER (1993, 89) weist auf eine solche Verstehensfigur in seiner Analyse des ›glücklichen Augenblicks‹ hin, wenn er diesen als einen besonderen »Übergang ins Ganze« herausstellt. Im Sport geschieht dies merkwürdigerweise eben durch eine Steigerung dessen, was das sportliche Tun im Wesenskern auszeichnet – das Verfügen-Können.

Vielleicht wird an dieser Stelle auch der sogenannte ›innere Schweinehund‹ etwas besser verstehbar, der immer dann ins Feld geführt wird, wenn es um den Ausdruck der eigenen Lust- und Motivationslosigkeit geht. Etwa gegenüber dem Vorhaben, laufen zu wollen. Auf den ersten Blick sieht es so aus, als wollte man nur Anstrengung und Quälerei vermeiden und etwa morgens lieber im Bett liegenbleiben. Ein zweiter Blick entdeckt allerdings einen anderen Zusammenhang: Der Läufer scheut sich, die kultivierte Alltagsverfassung zugunsten einer ›regressiven‹ Form der Unmittelbarkeit preiszugeben. Was man zu vermeiden sucht, ist weniger die Mühsal des Laufens selbst, als der de-kultivierende Aufwand, der zur Modulation der seelischen Verfassung in Richtung Unmittelbares betrieben werden muß. In seiner biologischen Bi-Polarität wacht der ›innere Schweinehund‹ witzigerweise über den errungenen Kultivierungsgrad.

Tag-Sport-Traum und Freud

Wir kommen zum Schluß zurück auf die Frage nach dem Zusammenspiel von Tag-Sport-Traum. Für FREUD ist der Traum ein vollgültiger seelischer Akt, dem ein eigener Sinn zuzuschreiben ist. Das Seelenleben steht niemals still. Sogar im Schlaf ist es mit sich selbst beschäftigt. Das Material unserer Träume besteht aus Unerledigtem, Resten des Alltags und infantilen Wünschen, den ›Dauerbrennern‹ unseres Seelenlebens. FREUD (1900) entwickelt daraus die These von der Wunscherfüllungstendenz des Traumes. Infantile Wünsche werden vom Traum so dargestellt, als seien sie erfüllt. Durch die Weiterbearbeitung von unerledigten Tagesresten stellt der Traum so etwas wie eine Recyclinganstalt des seelischen Totals dar.

Nun kann man der sportlichen Tätigkeit und seiner Wirkung auf das Seelenleben ähnliche Qualitäten zuschreiben. Zumindest berichten viele Sportler von einem psychischen Wohlbefinden, das sich manchmal schon während der sportlichen Aktivität, spätestens aber danach einstellen würde. Obwohl man körperlich erschöpft ist, fühlt man sich sehr wohl. Nach einem längeren Lauf etwa ist unsere Läuferin »platt, kaputt«, man »schwitzt schön« und »fühlt sich nur gut«. In der sportlichen Tätigkeit kann sich eine ähnliche Wirkung entfalten wie im Traum, allerdings unter anderen Verfassungsbedingungen. Im Traum bemerken wir die Re-Totalisierung nicht. Ohne Analyse bleibt uns der tiefere Sinn meist verborgen. Im Laufen geschieht dies in einer unmittelbar auf Körperliches verlagerten Empfindensqualität. Im Beispiel der Läuferin zeigt sich, daß Tagesreste (Ballast, Beruf) weitergeführt und behandelt werden. Dies geschieht nun wiederum nicht in einer der Alltags-Verfassung analogen Art und Weise des Zupackens, Festhaltens, Durchsetzen-Wollens, sondern durch Züge wie Loslassen, Aufhören, Zulassen – also Züge, die wiederum dem Traum bzw. dem Tagtraum näher stehen.

Darüber hinaus könnte man in manchen Verhaltensweisen von Sportlern durchaus etwas von einer Tendenz erkennen, infantile Wünsche wie Allmacht, Beseitigung, Geschwisterrivalität erfüllen zu wollen. Im Gegensatz zum Traum stellt der Sport dies allerdings nicht in Form von imaginierten, sondern von konkreten Bildern dar. Anstelle einer sekundären Bearbeitung, die zu Offensichtliches im Traum nochmals nachbearbeitet, setzt der Sport Regeln ein, an die sich alle zu halten haben. Sie regeln Infantiles in einer Art und Weise, daß eine partielle Erfüllung unter kultivierten Vorzeichen möglich wird. Zugleich leisten sie aber auch ein Stück ›Entstellung‹ – sie stellen das sportliche Treiben so dar, daß darin auf den ersten Blick (fast) nichts Anrüchiges zu bemerken ist. Betrachtet man etwa die körperlichen Ausdrucksformen von Fußballspielern beim Bejubeln eines Torschützen, dann kann man darin durchaus ein mono- oder homothematisches Verhalten entdecken, welches man sonst an andere Schauplätze verlegen würde. Ähnliches könnte man in manch sportlicher Leidenschaft entdecken, mit der sich gequält oder ›ins Zeug‹ geworfen wird. Wie der Traum auch, ermöglicht die Herstellung der Verfassung des Unmittelbaren eine partielle Regression.

Damit wären wir bei weiteren Bearbeitungsformen des Traums (Traumarbeit). Dazu gehören für FREUD neben der bereits erwähnten sekundären Bearbeitung vor allem die Prozesse der Verdichtung und Verschiebung, sowie die Darstellung in Bildern. Allesamt unbewußte Bearbeitungsformen vorbewußter Gedankengänge. Wie die Analyse des Tiefschneefahrens und des Laufens zeigt, könnte man in der Bearbeitung des Gegenübergestellten durch die rhythmisierende Bewegung eine Art Verschiebung (auf den Rhythmus) und Verdichtung (alles in einer Bewegung unterbringen) erkennen. Die gesamte seelische Verwandlungswirklichkeit wird auf eine rhythmisierende Bewegung verschoben und darin verdichtet. Darüber entsteht für das Seelenleben ein Gestaltungsfreiraum, in dem sich ein glücklicher Moment oder Bilder ausbreiten können, die – etwa beim Laufen oder im Traum – kommen und wieder vergehen. Witzigerweise wird der halluzinatorische Freiraum des Seelischen hier über Bewegung hergestellt. Im Traum geschieht dies bekanntermaßen durch die Stillegung der Motorik.

Das Unmittelbare als Übergangsverfassung

Betrachtet man die sportliche Bewegung unter dem Aspekt der Formung des Verhaltens und Erlebens, so zeigen sich Eigentümlichkeiten einer Übergangsverfassung. Im Schritt um Schritt des Laufens gestaltet sich ein Übergang von hier nach dort. Damit erst entsteht ein Dazwischen (den Schritten), ein Über-Gang.

Nicht nur der Traum, sondern auch das sportliche Tun muß als eigenständige Verfassung mit einem eigenen Sinn verstanden werden. So wie im Traum sind wir auch im Sport in eine eigenständige (aber nicht gegenständige) Welt gerückt. Gemeinsam ist Traum- und Sportverfassung das Momenthaft-Gegenwärtige des Erlebens. So wie man sich im Traum unmittelbar erlebt, so unmittelbar und direkt erlebt man sich auch im sportlichen Tun (Vergegenwärtigung, Momentarisierung).

Wie die Analyse der beiden untersuchten Bewegungsformen zeigt, vollzieht sich im Seelenleben eine Steigerung des Erlebens.

Über die Steigerung extremisiert und vereinfacht es sich selbst. Von einer solchen Steigerungslogik spricht auch SALBER im Zusammenhang mit der Charakterisierung der Traumvorgänge: »Der Traum gestaltet die Unruhe der Verwandlungswirklichkeit durch eine Steigerung ihrer bewegenden Bilder. Steigerung ist Extremisierung und Vereinfachung...« (1997, 73). Und an anderer Stelle: »Die Traum-Verfassung begünstigt die Steigerungstendenzen des Seelischen« (a.a.O., 74). Vereindeutigung und Entdifferenzierung als Formen der Vereinfachung wurden in einem ersten Angang als Bestimmungszüge der Verfassung des Unmittelbaren gekennzeichnet. Die Verfaßtheit nimmt im Berauscht-Sein oder im glücklichen Moment extreme Qualitäten an. Man könnte geradezu von einem »Triumph des Unbewußten« sprechen (vgl. SCHULTE 2001, 98).

Eine weitere Gemeinsamkeit zwischen Traum- und Sport-Verfassung läßt sich am Wesenszug der Auflösung von Widerständigem festmachen. Wie wir herausgestellt haben, ermöglicht das Mittel der Bewegung ein Unmittelbar-Werden. Das ehemals Widerständige löst sich über die (rhythmisierende) Bewegung auf, wandelt sich zu einem Mit-Sein. Die Qualität des Gegenüber wird von SALBER explizit als konstitutiv für den Traum festgemacht. Wie bereits erwähnt, schreibt er Tages-Werken den Charakter von Widerlagern zu. Die Traum-Verfassung zeichnet sich darüber aus, »daß viele der am Tag vertrauten Widerlager außer Betrieb gesetzt werden. ... Sobald wir uns stärker auf Widerlager stützen und die Steigerungen anders behandeln, kann sich die Traum-Verfassung nicht mehr halten und geht in andere (Tages-)Verfassungen über« (a.a.O., 78). Die Grundkonstruktion zwischen Traum- und Sport-Verfassung ist ähnlich, der Weg dahin unterschiedlich. Im Traum richtet sie sich ein durch die Stillegung der Motorik. Im Sport geschieht dies durch eine Rhythmisierung der Bewegung.

Der Traum bringt das Seelische in eine Verfassung, über die es nicht verfügen kann; »kein fester Sinn, keine Entschiedenheit, kein Gewiß, keine mit Händen zu greifende Veränderung der Situation« (SALBER a.a.O., 74) stehen dem Träumer zur Verfügung. Die Tages-Verfassung besticht gerade durch das Gegenteil: Verfügen, Zupacken, Verändern können, Gewißheit haben oder sich holen, klare Sinneinheiten. Deshalb erscheint der Traum aus Sicht der Tages-Verfassung wie ein »wunderliches Ding« (a.a.O.).

Das Kunststück der im sportlichen Treiben sich einstellenden Verfassung des Unmittelbaren besteht paradoxerweise darin, in der Tages-Verfassung Verhältnisse herzustellen, wie sie ansonsten im Traum bestimmend sind. Und um die Seltsamkeit der Konstruktion noch deutlicher herauszuheben, wird dies durch die Steigerung jenes Mediums bewerkstelligt, welches üblicherweise als die sicherste Form des Verfügen-Könnens angesehen wird, nämlich durch das sportartspezifische Tun. Vielleicht erklären sich damit die zahlreichen Berichte von Läufern über tagtraumähnliche Zustände während langer Läufe.

Mit dieser Konstruktion werden wir auf eine weitere psychologische Funktion der sportlichen Bewegung aufmerksam. Durch die Modulation des Seelischen in Richtung tagtraum-analoger Verfaßtheit unterstützt sie das Seelenleben bei der Bewältigung seiner Übergangsprobleme. Jeden Abend steht es vor der Aufgabe, seine Strategien des Verfügens aufzugeben, um schlafen zu können. Der sportlichen Bewegung gelingt dieses Kunststück bereits im Rahmen der Tages-Verfassung und zwar paradoxerweise durch eine Steigerung des Verfügen-Könnens.

Anmerkungen

[1] Sämtliche Daten beziehen sich auf Zuseher in Deutschland Gesamt. Datenquelle: UFA (1998) und MARLOVITS / MAI (1998).

[2] So auch der Titel des neuen Buches von SCHÜMANN (2001) zur Geschichte des Bundesliga in Deutschland "Das Runde muß ins Eckige".

[3] Empirische Basis: 12 Tiefeninterviews, 12 Erlebensbeschreibungen (MARLOVITS 2000).

[4] "..." Apostrophiertes stellt – so nicht anders belegt – Originalzitate aus den Interviews dar.

[5] Der Ergänzung halber sei gesagt, daß die Gesprächspartner in den Interviews nicht allein vom Tiefschneefahren berichteten. Sie betteten es vielmehr ein in Erzählungen vom Winterurlaub und nahmen Abgrenzungen vor gegenüber dem Skifahren auf der Piste. Wichtig ist dies insofern, als die Tiefschneefahrt als End- und Höhepunkt einer Alltagsrhythmik erlebt wird, die sich bereits im Aufbau der Wirkungseinheit ›Winterurlaub‹ einzupendeln pflegt und sich am besten in der temporären Aufweichung des Wissens um die zeitliche Ordnung zeigt ("Welchen Tag haben wir heute?") (MARLOVITS 2000, 81ff).

[6] Vgl. dazu den Übersichtsartikel zum aktuellen Forschungsstand beim Ausdauersport von STOLL.

[7] Vgl. auch die Beschreibungen zum Einwirken sportlicher Bewegung auf die seelische Zuständlichkeit in der Literatur bei ALLMER (1995), AUFMUTH (1986), CATH, KAHN & COBB (1980), CSIKSZENTMIHALY (1985; 1995), SCHÖNHAMMER (1991), SEMLER (1994), VON WEIZSÄCKER (1968).

Literatur

ALLMER, H. (1995): "no risk - no fun". Zur psychologischen Erklärung von Extrem- und Risikosport. Brennpunkte der Sportwissenschaft (9)1/2. Sankt Augustin (S. 60-90)

AUFMUTH, U. (1986): Risikosport und Identitätsproblematik. Überlegungen am Beispiel des Extrem-Alpinismus. In: HORTLEDER, G./ GEBAUER, G. (Hg): Sport-Eros-Tod. Frankfurt (S.188-215)

BLOTHNER, D. (1993): Der glückliche Augenblick. Eine tiefenpsychologische Erkundung. Bonn

CATH H./KAHN, A./COBB, N. (1980): Frust und Freud beim Tennis. Psychologische Studien der Spielertypen und Verhaltensweisen. Niederhausen

CSIKSZENTMIHALYI, M. (1985): Das flow-Erlebnis. Jenseits von Angst und Langeweile: im Tun aufgehen. Stuttgart
– (1995): flow und seine Bedeutung für die Psychologie. In: CSIKSZENTMIHALYI, M. u. I.S. (Hg): Die außergewöhnliche Erfahrung im Alltag. Die Psychologie des flow-Erlebnisses. Stuttgart (S. 28-49)

FREUD, S. (1900): Die Traumdeutung. Studienausgabe, Bd. 2. Frankfurt/M 1989

HEUBACH, F.W. (1986): Das bedingte Leben. Theorie der psycho-logischen Gegenständlichkeit der Dinge. München

MARLOVITS, A.M. (2000): Das Unmittelbare im Sport. Psychologische Explorationen zur Wirkung des Sports. Wiesbaden
– (2001): Über die Einheit von Empfinden und Sich-Bewegen. Eine Einführung in die phänomenologische Bewegungstheorie von Erwin Straus. Hamburg
– /MAI, K. (1998):Formel 1 - Wenn Seelisches auf Touren kommt. Zwischenschritte (18)2 (S. 48-57)

SALBER, W. (1983): Psychologie in Bildern. Bonn
– (1997): Traum und Tag. Bonn

SCHÖNHAMMER, R. (1991): In Bewegung. Zur Psychologie der Fortbewegung. München

SCHÜMANN, H. (2001): Das Runde muß ins Eckige. Fest (o.Oa.)

SCHULTE, A. (2001): Anmerkungen zur Beschreibung von Morphologischen Tiefeninterviews. kamm-Materialien (3.1)

SEMLER, G. (1994): Die Lust an der Angst - Warum Menschen sich freiwillig extremen Risiken aussetzen. München

STOLL, O. (2000): Ausdauersport und psychologische Aspekte im Freizeit- und Breitensport. In: ZIEMAINZ, H. et al (Hg): Psychologie in Ausdauersportarten. Butzbach-Griedel (S. 8-36)

STRAUS, E. (1956): Vom Sinn der Sinne. Ein Beitrag zur Grundlegung der Psychologie. Berlin

UFA Sports (1999): Sport im Fernsehen. Sportarten und Zielgruppen. Hamburg

WEIZSÄCKER, V.v. (1968): Der Gestaltkreis. Stuttgart

Der Traum,
Urheber von Vorstellungen,
pflegt auf seinem in Windeshöhn
aufgeschlagenen Theater Schatten
mit schöner Gestalt zu bekleiden.

LUIS DE GONGORA

Gloria Dahl

Traum und Märchen

Bildhafte Konstruktionen

In einer Darlegung von Berührungspunkten und Divergenzen zwischen Psychoanalyse und Analytischer Intensivbehandlung als eine Form tiefenpsychologischer Kurztherapie sollen im folgenden Parallelen zwischen Märchen- und Traumanalyse in der therapeutischen Praxis aufgezeigt werden. Es wird darum gehen, anhand eines Fallbeispiels zu vermitteln, inwiefern sich der morphologische Ansatz, Träume zu verstehen, von FREUDS Vorgehensweise unterscheidet. Da hier nicht der Raum ist, FREUDS Traumdeutung[1] in der nötigen Breite wiederzugeben, muß eine komprimierte Fassung genügen und darüber hinaus auf die Lektüre des Originaltextes sowie auf SALBERS eingehende kritische Darstellung von FREUDS Gegenstandsbildung[2] verwiesen werden.

Die Deutung des manifesten Trauminhalts beschreitet methodisch den Weg zurück zu den latenten Traumgedanken, den die Traumarbeit in umgekehrter Richtung genommen hat, indem sie diese dermaßen entstellte, daß sie einen nunmehr befremdenden und unverständlichen Inhalt erinnern lassen. Um der Gefahr einer Störung des Schlafes entgegenzuwirken, wurde dabei ein entstellter Wunsch geformt, welcher einer unbewußten Regung im Material der vorbewußten unerledigten Tagesreste Ausdruck verleiht. Mittels Regression auf eine halluzinatorische Art der Befriedigung wird dieser Wunsch als erfüllt wahrgenommen, ohne daß es zu einer motorischen Abfuhr kommt (s. Handlungskreis-Modell). Diese meist unkenntlich gemachte Erfüllung eines stets infantilen Wunsches, welche der Schließungstendenz im Seelischen Rechnung trägt, gilt es ebenso zu rekonstruieren wie den Traumbildungsprozeß im ganzen.[3] Verdichtung und Verschiebung der Intensitäten sind Mittel der Verfremdungsarbeit, die aus Überdetermination und Umwertung bzw. Umzentrierung zu schließen sind. Besondere (psychästhetische) Darstellungsmittel tragen ebenfalls zur Umwandlung der Traumgedanken bei, indem, anderen als vernunftmäßigen Gesetzen folgend, logische Zusammenhänge als Gleichzeitigkeit, Verursachung als Nacheinander, Gegensätze als Einheit sowie Entweder-Oder als Aneinanderreihung von Gleichberechtigtem wiedergegeben werden. Außerdem drük-ken sich in der Sprache des Traumes Ähnlichkeit (als Identifizierung), Übereinstimmung (als Mischbildung) und Gemeinsamkeit als zusammengezogene Einheit, Häufigkeit als Häufung, zeitliche Relationen als räumliche Beziehungen aus. Schließlich unterliegt das Traummaterial noch der sekundären Bearbeitung, die gewissermaßen einen ›letzten Schliff‹ anlegt, das Material im Sinne des Wachdenkens ordnend. Aufgrund seiner andersartigen Logik hat dieses Bestreben, das Material in verständlicher Weise umzugruppieren, jedoch den entgegengesetzten Effekt, nämlich eine weitere ›Verfälschung‹ und Verrätselung zur Folge.

FREUD faszinierte am Traum, daß darin prototypisch das spannungsreiche Zusammenspiel zweier Systeme zu beobachten ist und daß der Traum als »Königsweg zum Unbewußten« an strukturelle Züge heranführt, die sich bei allen Formenbildungen zeigen können. Auf dieser Universalität der den Traum tragenden Kategorien basiert die Berechtigung, anhand von Traum, Märchen, Übertragung, Lebensgeschichte, Alltagsbeschreibung sowie Widerstandsphänomenen gleichermaßen Zugang zu den bewegenden Prinzipien der Konstruktion eines Falls zu suchen. FREUD reihte den Traum ein in den Zusammenhang anderer seelischer Verfassungen, indem er Analogien zu narzißtischen Formen (Trauer, Verliebtheit, Psychose) sah, bei denen die Realitätsprüfung ebenso herabgesetzt ist. Auch im Märchen sind die gewohnten Kriterien, mit deren Hilfe beurteilt wird, ob etwas kausal konsequent und realiter möglich sei, außer Kraft gesetzt.

SALBER problematisiert das dualistische Modell von FREUD (Gegenüberstellung von zwei Instanzen, die kompromißhaft den Traum bilden), da dieses das komplizierte Gefüge von Produktionsprozessen zumindest zeitweise aus dem Blick verliert. Eine derartige Vereinfachung führt angesichts der Komplexität der seelischen Phänomene notwendigerweise in Erklärungsklemmen, beispielsweise indem der Zensor als gesondertes System behandelt wird, statt von einer Abwehr jeder Verfassung selbst auszugehen, welche die sich ausformende Gestalt gegen Störungen abzuschirmen sucht.

Über FREUD hinausgehend, betont eine morphologische Auffassungsweise, daß die Fülle der Bildersprache dadurch, daß der Traum in keine Handlung mündet, nicht in Richtung Entschiedenheit begrenzt wird, so daß sich das widerspruchsvolle Indem paradoxer seelischer Grundzüge ungehinderter beobachten läßt. Im Traum erfährt das Seelische sich als eine sich entwickelnde Produktion und experimentiert mit dem Rahmen, den die für den einzelnen Fall typische Verwandlungssorte setzt. Dabei erhalten Nebenbilder eine Chance, die möglicherweise bei einem Verkehrt-Halten im Alltag nicht mehr als Korrektiv zum Zuge kommen. Die Behandlung macht es sich zunutze, daß sich Haupt- und Nebenfiguration im Traum zu einem Übergang herausfordern und Zirkulation wieder in Gang bringen können. Dies wird auch darin spürbar, daß bei fortschreitender Behandlung häufig mehr Träume erinnert werden, so daß Konstruktionszüge und Bewerkstelligungsformen im Traum wie am Märchenbild in der Therapie thematisiert werden und sich beides auf diese Weise gegenseitig vertiefen und abstützt.

Märchen und Traum ist gemeinsam, daß sie der Deutung bedürfen und ausschließlich über den Austausch mit Fallmaterial bzw. mit Einfällen zu verstehen sind. Es erscheint notwendig, diese Selbstverständlichkeit zu erwähnen, um davor zu warnen, anhand von ›Symbol-Katalogen‹ eine direkte Auslegung zu versuchen. Selbst FREUDS oder JUNGS' Ausführungen zu (arche)typischen Traum-Bildern sollten als Hinweis zwar im Hinterkopf gehalten werden, sie ersparen jedoch niemals den mühsameren Weg über Assoziationen des Träumers, denn sogar vermeintlich eindeutig zu interpretierende Bilder können einen individuell anderen bzw. weiteren Sinn verbergen. Vorschnelles Einordnen in vertraute Schemata liefe dabei Gefahr, bedeutsame Varianten zu übersehen; so würde beispielsweise eine Leiter im Traum, lediglich als symbolische Darstellung des Geschlechtsaktes aufgefaßt, nicht an Probleme heranführen, die mit dem – in fallspezifisch signifikanter Weise weiblich gemachten – (Abteilungs-)Leiter verbunden sind. Dieser Vorgehensweise liegt ein umfassenderer Symbolbegriff zugrunde, bei dem davon ausgegangen wird, daß Seelisches sich nur in anderem, stets mehrschichtig und verdichtet, zum Ausdruck bringen kann; eine einfache Interpretation oder Eins-zu-Eins-Zuordnung würde eine solche Vielfalt nur unangemessen verkürzt erfassen. Genauso wenig sind wir, wenn wir die Figurationen der Märchen-Konstruktion mit Traum-Bildern zusammensehen, um das Lebensbild des Falles zu behandeln, der Arbeit enthoben, die spezifischen Metamorphosen des Verwandlungsproblems im vorliegenden Fall Schritt für Schritt aufzudecken.

Der Austausch mit dem Märchen-Bild, das aufgrund der dem Traum verwandten Bild-Logik unmittelbarer ansetzen und ebenso bildhaft herausrücken kann, hebt pointiert die bedeutsamen Wendepunkte der Konstruktion hervor; manche Tücken, die naturbedingt darin liegen, zwei Auffassungsweisen mit je unterschiedlicher Logik ineinander zu transformieren, können so umgangen werden. Das erleichtert die therapeutische Arbeit. Eine Traum-Deutung eines Intensivbehandlungs-Falles mit »Frau Holle«-Konstruktion soll zunächst prototypisch veranschaulichen, wie Traum und Märchen sich gegenseitig auslegen, wobei besonders markante Einfälle zur Wahrung der Anonymität weggelassen werden mußten.

Eine Vorbemerkung noch: In der Behandlungsverfassung ist die Traum-Deutung den Regeln des gemeinsamen Werkes unterworfen. Das bedeutet einmal, daß die unendliche Zerdehnung innerhalb der zeitlichen Begrenzung auf endliche 50-Minuten-Werke betrieben werden muß – ein Umstand, der zudem durch den Zeitpunkt, wann der Traum als Material in die Sitzung eingebracht wird, noch enger limitiert sein kann. Des weiteren muß die Deutungsarbeit der Grundregel folgen, darf also nicht zum Selbstzweck werden, worauf schon FREUD (1911, 152) hinwies. Dies bedeutet also, daß anderes Material, das sich aufdrängt und die Kontinuität der Zerlegung der Traumelemente scheinbar unterbricht, nicht abgeschnitten werden darf (es sei denn, diese Entfernung vom Faden des Traums ist als ›widerständiges‹ Abweichen einzuschätzen). Häufig kommt es allerdings vor, daß sich der Kreis auch nach solchen ›Exkursen‹ doch wieder schließt. Die im folgenden dargestellten Traumdeutungen fanden unter diesen Bedingungen statt. Eine Traumauslegung ohne solch eine zuspitzend-zentrierende Beschränkung – die jeder Psychologe übrigens hin und wieder wagen sollte, um mehr über sich und das schillernd-unfaßbare Seelische zu erfahren – mag weiter reichen, doch sie wird ebenfalls, wie FREUD bereits unterstrich, an Abgründe und nicht zu entschlüsselnde Stellen stoßen (»Nabel des Traums«), welche vermutlich aus Schwierigkeiten der bereits geschilderten Übersetzung resultieren.

Bei der Traumdeutung wird der manifeste Traumtext durch Bezug auf Tagesreste und mittels Zerlegung in einzelne Bildteile, zu denen frei assoziiert wird, schrittweise als überdeterminierter Ausdruck eines grundlegenden paradoxen seelischen Problems verstanden, das der Traum in mehreren Versionen beleuchtet. Verschiedene Träume einer Nacht sind gleichfalls konsequent als Drehungen eines Ganzen aufzufassen, worauf FREUD bereits aufmerksam macht, indem er betont, daß sie als Gedankenreihen oder in mehreren Etappen »die nämlichen Regungen in verschiedenem Material zum Ausdruck bringen« (FREUD 1900, 330) und oft im Verhältnis von Bedingung und Ausführung eines Problems zueinander stehen. Wenn FREUD außerdem an anderer Stelle davon spricht, daß ein Ambivalenzkonflikt in zwei Träume aufgeteilt zur Darstellung kommt, wobei jede kontrastierende Regung »bis zum Extrem verfolgt und eingesehen werden kann« (FREUD 1911, 263), kommt dies dem morphologischen Verständnis der Traumproduktion sehr nahe; bezogen auf die Figurationen des Märchens sehen wir solch ein kontradiktorisches Spiel in Fortsetzungen jedoch in jedem Traum als gegeben an. In aufeinanderfolgenden Nächten wird den Träumern die Kontinuität nächtlichen Experimentierens manchmal bewußt, indem sie beim Einschlafen den letzten Traum plötzlich wieder vor Augen haben und nahtlos daran anknüpfen (s.a. »continuied story« [FREUD 1911, 261]). An den Tagesresten, nach denen in der Regel zunächst gefragt wird, läßt sich ablesen, welche den Fall tief bewegenden Dramatisierungen der gelebten Verwandlungsorte im Alltag aufgewühlt worden sind.

Bei einem morphologischen Traumdeutungsprozeß geht es nicht darum, alles auf einen oder mehrere latente Traumgedanken oder gar – im Sinne einer ›Letztheit‹ – auf einen infantilen erfüllten Wunsch zurückzuführen, sondern es wird versucht, das wendungsreiche Spiel einer komplexen Konstruktion im ganzen explizit zu machen. Diese Arbeit verwandelt zum einen den seltsam anmutenden Trauminhalt in ein sinnvolles, wenn auch nicht restlos verständliches Gebilde und bricht zum anderen die Selbstverständlichkeit der Bilder (›Entwicklung in sich‹) in Richtung eines ausdrücklichen Sich-Verstehens des Seelischen auf. Auf dem Weg zur Synthese ist der Zwischenschritt einer Zergliederung in isolierte Einzelelemente notwendig, um den durch die sekundäre Bearbeitung hergestellten Faden einer erzählbaren Traumgeschichte zu zerreißen. Auf diese Weise wird die Entstellung rückgängig zu machen gesucht, die schon allein durch die Umschrift bewirkt wird, in der Bilder und der Traum-Verfassung eigene Formen der Darstellung in eine Erzähllogik übertragen werden. Analog wird bei der therapeutischen Arbeit mit Märchen-Bildern das Nacheinander der Erzählfassung dergestalt auseinandergenommen, daß die andersartige psychästhetische Gewichtung zutage treten kann. Dabei können beispielsweise Ausgangspunkt und Ende der Geschichte ineinander übergehen oder nebenbei Gesagtes zentrale Bedeutung erlangen.

Um den Blick für typische Züge des Märchenbildes zu schärfen, zunächst eine *kurze* Darstellung der Haupt- und Nebenfiguration von »Frau Holle«:

Schwindelerregende Sprünge im Seelischen, bei denen sich ein Ganzes in sein Gegenteil verkehrt (Inversionsmechanismus), machen Angst und werden zugleich als Kitzel ausgekostet. Diese beängstigende Erfahrung, daß Folgen nicht absehbar sind, führt zu Versuchen, das passiv erlittene Umstülpen selbst in der Hand zu haben. Das äußert sich beispielsweise darin, daß man sich zur ›Pechmarie‹ macht, weil es dann nicht schlimmer, sondern – diesem Kippmechanismus entsprechend – nur noch besser kommen kann; oder man erprobt unentwegt, ob man geliebt wird, auch wenn man böse war. Im Verkehrt-Halten soll das Unberechenbare in seinen Drehungen unbedingt kalkulierbar gemacht werden, wobei sozusagen auf das Wunder gesetzt wird (Glücksspiel mit System). Das dabei betriebene Experimentieren mit Vertausch – mal so, mal so – droht den Wechsel zum Zwang und die Verwirrung total zu machen. Dem wird durch Ausweitung ins große Ganze (Utopien, höhere Gerechtigkeit) zu begegnen gesucht, wobei die Welt von Polaritäten her überschaubar gemacht wird, was Spaltung und Ressentiment erzeugen kann, auch wenn die Zuordnung der Gegensätze flexibel bleibt.

Die Nebenfiguration bringt Stabilität ins Spiel, indem ein Probieren, Rütteln und Schütteln herauszufinden trachtet, was Halt bieten kann. Anverwandlungsversuche dienen dann dazu, sich an anderen Formen, am Blick der anderen auszurichten und seinen Platz zu finden – dies kann sich wiederum in Anpassungsformen extremisieren, die keine eigene Gestalt entstehen lassen. Dem ewigen Wechsel steht die Notwendigkeit von Entschiedenheit und Festlegung gegenüber, worauf der unumgängliche Verrat im Chamäleonhaften drängt (Vertausch/Platzanweisung). Im Alleine-Machen verbinden sich Haupt- und Nebenbild, zuweilen in Metamorphosen eines grollenden Trotzes.

Ein 46jähriger Schriftsteller träumt davon, daß er in einem Wochenendhaus am Meer von mehreren Wellen überrollt wird. Es sind andere Leute da, allerdings sind sie nicht gut zu erkennen. Bei der Sturmflut dringt Wasser durch Ritzen ein. Der Träumer versucht, die Menschen nach hinten abzudrängen. Die Fenster sind mit wasserundurchlässigem Stoff abgedichtet. Eine Riesenwelle bricht über das Haus und schwemmt einen dicken Baumstamm mit, der durchzubrechen droht, es jedoch letztlich nicht tut. Mit einem Stück Draht gesicherte Stahlfenster werden von der Welle plattgewalzt. Der Träumer findet auf einem vom Wasser geebneten Weg zurück. Kindersachen konnten, in Kistchen verpackt, geschützt werden. Im Gegensatz zu vielen früheren alptraumartigen Wellen-Träumen, in denen u.a. das Auto voll Wasser floß und der Träumer qualvoll erstickte, blieb der Raum diesmal trocken, und er konnte ohne Angst auf den Wellen ins Freie gelangen.

In Flutkatastrophenbildern von 30m-Wellen aus der »Tagesschau«, die im Traum weiterwirken, wird eine faszinierend-beunruhigende, alles plattwalzende und in seine Richtung zwingende Bewegung plastisch, die aktuelle Erfahrungen des Überrollt-Werdens versinnlicht. Kann man sich gegen das Drängen der Freundin wehren, gemeinsame Ferien an der Küste zu verbringen, obwohl es so belastend und schwierig miteinander ist? Die Beschreibung eines Gesprächs mit Freunden am Abend des Vortages zerdehnt, wie sich die Stimmung freundschaftlicher Nähe beim Schwelgen in Kindheitserinnerungen von geliebten Eisenbahnspielen durch den Vorwurf einer Bekannten mit einem Schlag verkehrte. Die als persönlicher Angriff empfundene Bemerkung – verspielte Männer seien nicht ernst zu nehmen, sie drückten sich vor der Verantwortung – traf auch, weil sie auf seine Unentschiedenheit in der Bindung zur Freundin gemünzt zu sein schien. Der Träumer erlebte sich dabei als hilflos stumm gemacht, ohne dem etwas entgegensetzen zu können. Im Kopf hatte er schon des öfteren versucht, die alte Eisenbahn, die später an ein Kinderheim verschenkt worden war, wieder Stück für Stück zusammenzusetzen; damals mußte er eisern sparen (von 5,-DM Taschengeld 500,-DM zurücklegen), um sich ein heiß ersehntes neues Teil zulegen zu können, was das Sammeln besonders reizvoll machte. Inzwischen hatten sich die Maß-Verhältnisse verschoben, so daß solch ein notgedrungener Aufschub, bis man sich seinen Kinder-Wunsch erfüllen konnte, heute nicht mehr nötig wäre.

Weitere Einfälle zu Traumdetails leiten von einer kürzlich besuchten Vorhangdesign-Ausstellung zu ungeliebten dunklen und steifspröden Stoffen – auch im übertragenen Sinne. Das hat mit teilweise abgewehrten, teilweise ausgelebten exhibitionistischen Tendenzen zu tun, die mal so, mal so gehandhabt werden – durch einen Strippzug an der Jalousette läßt sich regulieren, ob man Einblick in sein intimes Leben gewährt oder nicht. Hieran fügen sich Bilder, die um Haut und den ausgeprägten Tastsinn des Falls zentriert sind: Werden seine südländischen Umarmungen und Berührungen als grenzüberschreitend aufdringlich erlebt? Er kann das nicht recht einschätzen. Man machte ihn vor kurzem darauf aufmerksam, daß er zwischen einer überheblich wirkenden spröden, zuweilen zynischen Art und altruistisch-einfühlsamen Umgangsformen wechsele. Dies verdichtet sich in einem lebensgeschichtlich bedeutsamen Gegensatz zwischen einer als warmherzig-mediterran und preußisch-streng charakterisierten Lebensart: Geht beides (Distanz und Nähe) zusammen?

Erste, sozusagen vorgestaltliche Hypothesen, um was der Traum sich dreht, kreisen um »Fort-Bewegungs-Mittel« im weitesten Sinne (mit/gegen den Strom), wobei die große Vereinheitlichung (Überrollendes), die keine Gegenrichtung zuläßt und alles in ihren Sog reißt, gleichermaßen verlockend wie bedrohlich erscheint. Von der anderen Seite betrachtet, geht es um Unentschiedenes, das eine gemeinsame Richtung gefährdet (Hin und Her, Fort-Bewegung als Trennungstendenz). Auch gelebte und geliebte Methoden der Spannungssteigerung durch Aufschub deuten sich an. Es wird ansatzweise spürbar, daß dem Versuch, die Dinge selber im Griff zu halten, schmerzvoll erlittene Verkehrungserfahrungen zugrunde liegen, wie sie bereits in anderen Kontexten im Behandlungswerk beschrieben worden waren. Das Getriebe dieser sich abzeichnenden Eckpfeiler der Konstruktion wird dabei im Traum bebildert.

Nun wird anhand von landschaftlichen Gegensätzen die Spaltung in zwei Welten ins Bild gerückt. Bei einem Spaziergang eröffnete ein sonniger und klarer Weg oben am Bahndamm entlang zugleich einen Blick in eine schwindelerregende, diffuse dunkle Tiefe, welche eine besondere Anziehung ausübte. Davon lebt auch das starke archäologische Interesse des Träumers an unter dem Sichtbaren verborgenen und untergegangenen Welten. Vorder- und Hinterraum spielen ebenso bei der Gestaltung der Wohnung eine Rolle, wobei sich beides, je nach Nutzung, ineinander wandeln kann, indem der Schlafraum sich zunehmend zum Abstellraum entwickelt und eine ursprüngliche Rumpelkammer zum Schlafen und Arbeiten dient – ein Wechsel, der wiederum variabel praktiziert wird. Das Abdrängen nach hinten im Traum

verweist auf diesen Kontext und betrifft zugleich eine aktuelle Aufforderung in einem Seminar, doch auch einmal nach hinten zu kommen. Darin wird ein Hinweis auf ›mehr‹ gesehen, das unentdeckt ein Schattendasein fristet. Ist da einiges nach hinten abgeschoben und ungetastet liegengeblieben? Ein weiterer Einfall macht wiederum auf Kehrseiten dieser Tendenz aufmerksam, Zurückliegendes ebenfalls einzubeziehen. Durch das unentwegt gewohnheitsmäßige Schauen in den Rückspiegel beim Autofahren manövrierte der Fall sich unlängst in einen Unfall: Sitzt da immer etwas im Nacken, das man nicht aus den Augen verlieren darf? Es geht auf Kosten von anderem, wenn man sich nach allen Seiten hin absichern will.

Überdetermination bedeutet in diesem Zusammenhang, wie bereits angedeutet, daß der Traum allgemeine seelische Grundprobleme behandelt, die sich sowohl in der Lebensgeschichte des Falls als auch in den aktuellen Umständen, in denen er lebt, sowie in Übertragung auf das Behandlungswerk gespiegelt, zeigen (Was liegt da abgedrängt in der Tiefe? Was ist ungeliebt/geliebt? Geht es um geschützt verpackte Kindersachen? Wie sicher ist alles abgedichtet?). In einem ›Teil‹ wird dies alles mit angesprochen; wir können das Ganze von daher von jeder dieser Ecken her greifen.

Beim Stichwort ›Ausstellung‹ wird das bereits angeschnittene Problem von Exhibition/Ausbreitung auf die schriftstellerische Tätigkeit bezogen. Ängsten, öffentlich zu zeigen, was er geschaffen hat – weil es danebengehen könnte –, stehen Größenphantasien gegenüber, Bilder von grandiosen Ehrungen für sein Oeuvre. Doch wenn er sich statt des erwarteten Goldes nur Schmähungen einhandeln würde? Diese Angst verhindert, daß er sich einem Gemessen-Werden stellt und das, was er schreibt, nicht überwiegend in der Schublade beläßt. Im Dunkeln halten, das Licht der Öffentlichkeit scheuen, bedeutet dann, diese Allmachtsphantasien unangetastet bewahren zu können; damit geht allerdings stets in entsprechendem Maße ein Verzweifeln über die eigene Unzulänglichkeit einher, das keine Ruhe gibt. Im Moment der Fertigstellung eines Buches kulminiert dieses Nebeneinander von Triumph und bedrückendem Gefühl von Mickrigkeit. Zwischendurch stellen sich regelmäßig Arbeitslähmungen ein, die den tätigen Strom (Fortbewegung) unterbrechen und die u.a. in die Behandlung führten. Dann sackt das Hochgefühl plötzlich in sich zusammen, um später wieder zu entstehen und kurzzeitig in gleichsam manischem Schwung Tätigkeit voranzutreiben, bis das übersteigerte Bild von späteren Lorbeeren erneut die Umsetzung im Kleinen hemmt. (In früheren Behandlungsstunden hatte Gelähmt-Sein noch eine andere Note, indem es als sekundärer Krankheitsgewinn beklagtem Leiden zum Trotz die Möglichkeit bot, sich Anforderungen zu entziehen und ohne quälende Gewissensbisse an andere zu delegieren; auf diese Weise konnte Raum für anderes und Eigenes geschaffen werden.)

Im Traummaterial kommt dieser wechselhafte Prozeß im Bild des Wassers zum Ausdruck – einer überflutenden Qualität steht Zähflüssiges von harzartiger Konsistenz (als sexualsymbolischer Einfall beim Durchdringen enger Ritzen sowie zum Baumstamm) gegenüber. Beide Formen haben einen erregenden, rauschartigen Beigeschmack. Es zeichnet sich eine Art Schaukelrhythmus ab, der in der Auf- und Abbewegung des Wellenbilds seinen Ausdruck findet. Später wird weiteres Traummaterial dies noch konkretisieren.

Anhand der polaren Material-Qualitäten, die den beiden Welten zugeschrieben werden, indem Helles von Dunklem, Vorderes von Hintergründigem, Höheres von Tieferem, Klares von Diffusem, Tätiges von gelähmter Passivität, Sprödes von Sich-Anverwandelndem etc. abgegrenzt wird, erfahren wir etwas über immanente Gliederungen der Konstruktion. Diese markieren die geheime ›Moral‹ des Ganzen, wobei sich bei diesem Märchen-Bild mit ausgesprochen beweglicher Ordnung keine irreversiblen Kategorisierungen abzeichnen.

Der Baumstamm im Traum greift das Bild von Fließendem und seinen Verhinderungen auf – es wird ausdrücklich hervorgehoben, daß der Baum die Fensterscheibe zwar ein wenig eindrücken, jedoch nicht eindringen konnte. Offensichtlich wird auch hier auf Sexuelles angespielt, zumal Erinnerungen an eine Holz-Skulptur aufkommen, in die man wie in eine Körperöffnung hineinfassen und sich sogar hineinkauern konnte – Einfälle, die auch Intrauterines anklingen lassen. Seine herausgekehrte Geschicklichkeit im Schnitzen und Bearbeiten von Holz – »damit kann ich umgehen« – wirken wie eine selbstbeschwörerische Formel, daß man auch diesen Bereich beherrsche. Erst im weiteren Verlauf der Traum-Deutung – anhand einer doppeldeutigen Anfrage hinsichtlich der Kontinuität der Behandlungen (»Können Sie so hintereinander?«) – wird sichtbar, daß auf diesem Gebiet akute Selbstzweifel bestehen und er seine männliche Potenz altersbedingten, jedoch lange geleugneten Schwankungen unterworfen sieht.

Daß dies im Traum mit Erleichterung aufgenommen wird, findet seine Entsprechung in Überlegungen beim Stadtbummel, daß all die leichtgeschürzten Frauen, die ihm begegnen, ihn nicht mehr so leicht in Erregung versetzen. Es entlaste auch, daß mit der Freundin nicht mehr potentiell ständig etwas losgehen könne.

Diese Veränderungen kehrten jedoch in ihrer Liebes-Beziehung einiges von oben nach unten. Als sie vor Jahrzehnten zusammen waren – bevor sie sich jahrelang trennten und sich erst vor kurzem wieder vereinten –, spielte eine experimentierfreudige, explosive Sexualität eine große Rolle, die heute nicht mehr in dieser Form zwischen ihnen möglich ist. Der Blick in den Spiegel lasse nun unübersehbar erkennen, daß er nicht mehr der Jüngste sei. Das wird wie ein qualitativer Sprung erlebt, als sei er unvermittelt gealtert. Der Fall merkt, wie er an Urteilen und Spiegelungen anderer zur Zeit verstärkt Anhalt sucht, als gelte es, seinen Standort näher zu bestimmen. Der massive Baumstamm steht dabei zugleich für etwas, das Halt verspricht. Angesichts unvorhersehbarer Verkehrungen der Verhältnisse wird die Frage nach Stabilität und Maß wichtig. Woran kann man sich ausrichten? Was ist möglich, was nicht?

Entwicklungsanforderungen der Mutter, die er, zu ihrer unverhohlenen Enttäuschung, nicht erfüllen konnte, setzen dieses Thema anhand von Einfällen zu »Trockenbleiben« fort. Das Einnässen bis zum 9. Lebensjahr läßt dabei einen Zusammenhang zum als Abgeschoben-Werden erlebten Wechsel in ein Internat nach dem Tod des Vaters erkennen (während die Brüder bei der Mutter wohnen bleiben durften). Das wirkte wie eine ungerechte Bestrafung, auf die er sich vergeblich einen kindlichen Reim zu machen suchte, überzeugt davon, im Vergleich zu den Geschwistern das bravere Kind gewesen zu sein. Ressentiments und eine andere unvergeßliche Verkehrungserfahrung kommen an dieser Stelle auf: Nachdem im Internat sein eingenäßtes Nachthemd zur allgemeinen Belustigung auf einem Besenstiel herumgezeigt worden war, wandelte sich diese bittere Schmach in einen Siegeszug, als der neue Freund der Mutter ihn unverhofft im roten Sportwagen abholte – ein Ereignis, das die Mitschüler, wie er mit Genugtuung wahrnahm, mit Neid erfüllte.

In abschließenden Assoziationen zur Welle verdichten sich einige der bereits angerissenen Züge. Ein lange in Vergessenheit geratenes Bild taucht wieder auf, das in der Kinderzeit über seinem Bett hing. Es zeigte eine überdimensionale Welle, wobei der Punkt des Übergangs, an dem die Welle umschlägt, eingefangen war. Nun geht ihm auf, daß wiederholte – jedoch gescheiterte – Versuche, eine Welle zu malen, auf dieses Ur-Bild zurückgehen. In der Pubertät war dieses Gemälde mit selbstbefriedigenden Handlungen verbunden gewesen: Beim Betrachten dieses Bildes gipfelten Phantasien von einer großen gesichtslosen Frau, in welche man ganz hineinsank, in erregenden Höhepunkten (die ›große Mutter‹ als Bild für das umfassende Ganze). Auch dabei hatte sich ein Rhythmus herausgebildet, bei dem es wichtig war, Entwicklung selbst in der Hand zu haben. Um Erregung kumulativ aufzustauen und schließlich den Zeitpunkt der Entspannung nach Erreichen eines Wellenberges selbst zu bestimmen, erlegte er sich längere Zeit Askese auf.

An dieser Stelle fand der Deutungsprozeß durch das Ende der Sitzung seinen vorläufigen Abschluß. Bereits zu einem frühen Behandlungszeitpunkt zeichnete sich dabei jedoch ein relativ abgerundetes Bild der ›Frau-Holle‹-Konstruktion ab, auf das in den sich anschließenden Therapiestunden Bezug genommen werden konnte. Mit Betroffenheit nahm der Fall einige Sitzungen später wahr, daß der vergitterte Raum aus dem lange nachwirkenden Traum das Abbild eines Kellerraumes war, in dem er als Kind ein dramatisches Näherrücken an die Mutter erlebt hatte. Daß er das nicht sofort gesehen hatte! Dies machte dann u.a. faßbar, an welchem Punkt das Um- und Wegspringen als Methode eingesetzt wurde – verbindliche Nähe mit daraus erwachsenden Konsequenzen sollte gemieden werden, paradoxerweise um frühen Bindungen die Treue zu halten.

Gegen Ende der 20. Sitzung spitzte sich dies zu, als dem Fall fragwürdig wurde, weshalb er die Zeugung eines Kindes bisher strikt ausgeschlossen hatte; das schien eng mit der fast restlos ausgelöschten Erinnerung an den eigenen Vater verlötet zu sein. Ein kompliziertes, an dieser Stelle nicht im einzelnen zu entfaltendes Knäuel begann sich schrittweise zu entwirren. In mehrfachen unverfügbaren Überlagerungen wirkte hier der frühe Tod des Vaters fixierend, den der Fall sich – allmächtig-schuldig – zuschrieb und die dadurch in greifbare Nähe gerückte Thronfolge, die nach wie vor ein Stachel (›Spindelstich‹) war. Der Spielraum schien auf bestimmte Varianten verengt, denen ein Tabu gemeinsam war: Man durfte nicht Vater werden! Statt dessen gab es nur priesterliche Abstinenz bzw. Liebe zu Männern – wie es die Brüder gelöst hatten – oder vor der Mutter geheimgehaltene quälend-unglückliche und/oder nicht dauerhafte Beziehungen zu Frauen (s. ›Gesichtsloses‹).

Um Mißverständnissen vorzubeugen, muß an dieser Stelle betont werden, daß das, was möglicherweise als klassisch psychoanalytische Interpretation im Sinne einer ödipalen Vatertötungs-Verstrickung anmuten mag, im Rahmen einer Analytischen Intensivbehandlung keineswegs als schlüssige Erklärung verstanden wird, sondern wiederum der Auslegung bedarf. Dies geschieht, indem solche unbewußt wirksamen dramatischen Ur-Bilder in den Kontext allgemeiner seelischer

Konfliktlagen (paradoxe Grundverhältnisse) gestellt werden, wie sie das Märchen expliziert.

Bei »Frau Holle« erscheinen dabei einzelne aus dem psychoanalytischen System vertraute Züge wie z.B. Ambivalenz (geliebt/gehaßte Tochter bzw. Mutter), Spaltungsmechanismen (2 Welten), Regression (zweifache Rückkehr zu alten Bindungsformen, auch wenn sie leidvoll waren: von der Stiefmutter zur versorgenden, aber auch fordernden ›Frau Holle‹ in einer paradiesischen Welt und wieder zurück) als Ausgestaltung der für das Märchen typischen Verwandlungssorte, welcher das Grundproblem von Ganzem und der Umkehrung (Inversion) von Ganzem zugrunde liegt.

Der Traumdeutungsprozeß folgt dabei Implikationen dieses spannungsvollen Verhältnisses, aus dem sich erst Neid, Todeswünsche, Allmacht etc. in ihrer Bedeutung und besonderen Gewichtung ableiten lassen. Auf diese Weise wird erkennbar, wie im Wiederholungszwang Altes und Neues als Paradox von Ursprung und Kopie miteinander verquickt sind (der gleiche Weg ist nicht der gleiche). Das Märchen zeichnet eine mehrfach gedrehte Entwicklungslinie von symbiotischen Formen (›Identisches‹) zur Individuation (›Identität‹) nach, bei der etwas abgrenzend dagegengesetzt wird (›Pechmarie‹-Verneinung); Fleiß und Faulheit bzw. Tugend und Laster oder Anpassung und Rebellion erhalten aus diesem Kontext heraus ihren Sinn. Ambivalenz kann als die geschichtlich erste Form von Entzweiung von Ganzem in dauerhafte Spaltungsformen münden, wenn Liebe und Haß nur aufgeteilt gelebt werden können. Es wird sichtbar, welchen Stellenwert später Rivalität und Neid (sich an anderen Formen messen und reiben) bei der Überschreitung von Symbiotischem (Eins-Sein vs. Doppeltes) hat; ohne sie wäre Differenzierung, die als Sonderung des Ganzen Entwicklung vorantreibt, nicht möglich.

Klemmen, in die der Fall geriet, haben u.a. mit dem Versuch zu tun, solch eine Platzanweisung in Konfrontation mit anderem zu umgehen. Verdoppelung und Vervielfältigung (Vertausch) drohen dann in Beliebigkeit zu führen und fordern als Gegengewicht eine einheitliche Ausrichtung heraus. Die Angst vor Nähe erwächst dabei zugleich aus der Tendenz, sich Wirklichkeit soweit anzuverwandeln, daß Gestalten aufgelöst werden (ganz im anderen aufgehen); Verschmelzen wirkt vernichtend, Liebe kippt in Haß. Zum Märchenbild gehört aber auch die ebenso beunruhigende Erfahrung, daß – wie aus heiterem Himmel – glückliche Wendungen eintreten können. Solch ein unverfügbares Umschlagen von Extremen ineinander versucht der Fall, wie bereits ausgeführt, durch allerlei Methoden berechenbar zu machen, was wiederum zu Verfestigungen und Vereindeutigungen führt.

Für den Fall war an diesem Traum zugleich ein Entwicklungsprozeß greifbar geworden: Entlastungsmöglichkeiten von schrecklichem Aufwand und einem überwältigend großen Maß an Angst – der Preis für das Ausblenden von bestimmten Zügen des Märchen-Bildes – konnten verspürt werden. Es war kein Alptraum mehr, und es gab ins Freie führende Auswege aus tödlich erscheinenden Zwickmühlen.

Wie bereits angedeutet, kennzeichnet eine morphologische Traumanalyse, daß sie besonderes Gewicht auf Selbstbehandlungsprozesse legt, die sich im Traum abspielen, indem das Seelische gleichsam einen Diskurs mit sich selbst führt. Davon kann die Analytische Intensivbehandlung insofern profitieren, als sie Unter- und Zwischentöne, die der Traum hörbar macht, explizit aufgreift, so

eva
www.europaeische-verlagsanstalt.de

Ein klares und packendes Bild des inneren Werdegangs von Sigmund und Anna Freud.

Wilhelm Salber
Sigmund und Anna Freud
Broschur
160 Seiten
DM/sFr 28,–/öS 204,–
ISBN 3-434-50205-X

Europäische Verlagsanstalt Hamburg

daß Nebenbilder, die bei entschiedenen Alltagsgestalten zu kurz kommen, wieder regulierend einbezogen werden können. Im gemeinsamen Behandlungswerk schälen sich auf diese Weise andere tragfähige Alternativen heraus, zwischen denen der in die Krise geratene Fall dann wählen kann. Psychotherapeutische Behandlung ist in Selbstbehandlungsprozesse eingebettet und zielt darauf ab, diese wieder ›anzukurbeln‹.

Ich hoffe, auf diesem Wege plausibel gemacht zu haben, wie paradoxe gelebte seelische Bilder mittels Traumdeutung ihre Konstruktion enthüllen können, indem übergreifende Grundprobleme in ihren komplizierten Drehungen herausmodelliert werden. Der fremdartig erscheinende manifeste Trauminhalt gibt im Austausch mit Einfällen und der Märchen-Konstruktion den Blick in montageartig komponierte Bilder frei, welche die für den Fall typische Verwandlungssorte mit ihren Verkehrungsmöglichkeiten herausrücken. Der Traum erscheint dabei ähnlich wie das Märchen als Königweg zu einem kleinen gelebten Universum.

Anmerkungen und Literatur

[1] FREUD, S. (1900): Die Traumdeutung. In: Studienausgabe, Bd. II., Frankfurt/M 1972
- (1911): Die Handhabung der Traumdeutung in der Psychoanalyse. In: Studienausgabe, Ergänzungsband. Frankfurt/M 1975
- (1932/33): Revision der Traumlehre. 29. Vorlesung der Neuen Folge der Vorlesungen zur Einführung in die Psychoanalyse. In: Studienausgabe, Bd. I. Frankfurt/M 1969
- (1932/33): Traum und Okkultismus. 30. Vorlesung. In: Studienausgabe, Bd. I. Frankfurt/M 1969

[2] SALBER, W. (1973-75): Entwicklungen der Psychologie Sigmund Freuds, Bd. I-III. Bonn

[3] Daß dies bei Kinderträumen leichter der Fall sein soll, weil der Wunsch, ohne einer Verdrängung anheimfallen zu müssen, unverhüllter zu erkennen sei, kann ich aus meiner Praxis nicht uneingeschränkt bestätigen. Die durchaus komplexen und keineswegs so simpel gebauten kindlichen Traum-Werke weisen ebenfalls deutliche Spuren der beschriebenen Überformung auf und machen die Rekonstruktion nicht minder interessant.

Begreift man den Traum als Produktion verschiedener Organisationen (Bild- und Erzähllogik), die zusammen- und gegeneinander wirken, nimmt dies nicht wunder, selbst wenn man berücksichtigt, daß die Bildsprache, die in der Kinderwelt zunächst vorherrscht, im Laufe des Heranwachsens durch Kultivierungsprozesse zugunsten einer ›rationalen‹ Grammatik in den Hintergrund gedrängt wird.

Die Untersuchung der Frage, ob die heutige Medien-Bilderflut in Videos, Werbung, Film- und Fernsehlandschaft diesen Prozeß rückgängig zu machen vermag oder die Verwirrung noch steigert, weil entsprechende Verarbeitungsformen ›verlernt‹ wurden, wäre vielleicht ein lohnender Forschungsgegenstand.

[4] JUNG, C.G. (1952): Symbole der Wandlung. In: G.W., Bd. 5. Zürich 1960

[5] GRIMM, W. und J. (1812): Frau Holle. In: Grimms Märchen, Bd. I. Zürich 1986

[6] SALBER, W (1987): Psychologische Märchenanalyse. Bonn, S. 130ff
- (1993): Seelenrevolution. Bonn, S. 54f, S. 65, S. 133

Die Nacht verbirgt, verhüllt; darum ist sie die Mutter alles Schönen, sowie alles Furchtbaren. Aus ihrem Schooße wird des Tages Glanz geboren, worin alle Bildungen sich entfalten.
Und sie ist auch die Mutter:
Des in Dunkel gehüllten Schicksals; der unerbittlichen Parzen Lachesis, Klotho und Atropos; der rächenden Nemesis, die verborgene Vergehungen straft; der Brüder Schlaf und Tod, wovon der eine die Menschen sanft und milde besucht, der andere aber ein eisernes Herz im Busen trägt. Ferner ist sie die Mutter der ganzen Schaar der Träume; der fabelhaften Hesperiden, welche an den entfernten Ufern des Oceans die goldenen Früchte bewahren; des Betruges, der sich in Dunkel hüllt; der hämischen Tadelsucht; des nagenden Kummers; der Mühe, welche das Ende herbei wünscht; des Hungers; des verderblichen Krieges der Dunkelheiten im Reden, und des Meineides.
Alle diese Kinder der Nacht sind dasjenige, was sich entweder dem Blick der Sterblichen entzieht, oder was die Phantasie selbst gern in nächtliches Dunkel hüllt.

Karl Philipp MORITZ

Linde Salber

Traum und Kunst
Überführungen

Traum und Kunst – ein verführerisches Thema, so weit und vage. Alle Wege wären gangbar. Was kann man schon falsch machen, wenn zwei extrem unbestimmte Erlebensformen in ein Verhältnis gesetzt werden? Doch gefährlich ist das auch. Man kann sich ganz und gar verlaufen. Wie ansetzen?

Ich versuche es mit dem ersten Einfall: Traum und Kunst sind Wörter, die aus fünf Buchstaben bestehen; das haben sie, wie jeder weiß, mit der Liebe gemein.

Manchmal fallen wir auf die Wörter herein. Wenn wir vergessen, was wir eigentlich wissen: Daß der Sachverhalt, den wir in einem Wort bündeln, nicht die Abgegrenztheit, Überschaubarkeit und Bestimmtheit hat, die ein Wort nahelegt. Also: Für welche seelischen Zusammenhänge stehen die Wörter ›Traum‹ und ›Kunst‹?

Vielleicht führt die Suche nach Gemeinsamkeiten weiter. Traum und Kunst heben sich beide aus dem Alltag heraus; und sind doch angemessen nur zu verstehen, wenn man ihre Entstehungsbedingungen im Alltag sieht. Was am Tag nicht zum Zuge kommen kann, findet seinen Weg zum Traum oder zur Kunstbildung. FREUD unterstreicht die Bedeutung von Tagesresten für das Zustandekommen des Traumes. Und die Kunst konfrontiert den jeweilig ausgestalteten Alltag mit seinem Spiegelbild und mit seinem Gegenbild, um die stillgelegte Unruhe des Anders-Möglichen sichtbar zu machen und wieder zu beleben.

Eine andere Gemeinsamkeit zeigt sich in dem Drang, Traum wie Kunst ins Erzählbare zu bringen, zu interpretieren, mit einer festen Deutung faßbar zu machen, zu entschärfen und schließlich schachmatt zu setzen.

Der Traum, denke ich manchmal, gehört zu den seelischen Luxusgütern. Und schöner noch: jeder kann ihn haben. Das Vorkommnis des Traumes erinnert an die Bemerkung von BUYTENDIJK, die Vögel würden zu viel singen, jedenfalls mehr als DARWIN erlaubt.

Traum und Kunst ließen sich auch als verwandte Selbstbehandlungsmethoden darstellen ..., – so könnte ich weiter probieren, aber Aneinanderreihungen treffen selten den Kern des Problems.

Ich muß noch einmal von vorn anfangen. Und am besten sage ich es gleich: Es wird im folgenden das Thema nur grob skizziert. Das merken Sie sowieso. James JOYCE wird nicht einmal erwähnt, obwohl er in der Selbstgestaltung des Traumes Darstellungsmethoden am Werk sah, die er im Medium der Sprache zur Geltung brachte; angeregt durch William Butler YEATS, der seine Träume notierte und durch FREUD? Fragment, Auslassung, fehlende Vermittlung, aufgebrochene Satzstruktur, Montage, üppige Bilderwelt, Wiederholung, Vagheit, Vielbedeutsamkeit, um nur etwas zu erwähnen, gehören dazu. Spannend wäre auch die Betrachtung des gleichzeitig aufkommenden neuen Interesses am Alltäglichen des Alltags, das von der Mythologie getragen wird.

Auch KAFKA wird nicht aufgegriffen, obwohl Thomas MANN sagt: »Er war ein Träumer, und seine Dichtungen sind ganz und gar im Charakter des Traumes konzipiert und gestaltet; sie ahmen die alogische und beklommene Narretei der Träume, dieser wunderlichen Schattenspiele des Lebens, zum Lachen genau nach. Bedenkt man aber, daß das Lachen, das Tränen-Lachen aus höheren Gründen, das Beste ist, was wir haben, was uns bleibt, ...«

Der Traum lockert seelischen Zusammenhang.

Der Traum bietet eine ungeheure Mehrung unserer Tagesmöglichkeiten. Wenn Sie nur daran denken, daß sich das Geschehen jenseits der chronologischen Zeit und jenseits der vermessenen Geographie abspielt. Die Wirklichkeit des Traumes überbietet die von Theater, Literatur, Film und Fernsehen. Ohne dieses Jahrtausende lange Traumtraining gäbe es das alles womöglich gar nicht.

Der Traum ist eine Zugabe, die man sich nicht verdienen kann oder muß. Allmorgendlich werden wir mit einer Wirklichkeitserfahrung begabt, die sich von ganz allein gestaltet. In die vertraute Tageswelt kehren wir zurück mit einer neuen Erzählung, und wenn wir es aufschreiben, mit einem neuen Text, der uns trotz (oder wegen?) seiner klaren Bildervielfalt, ein Geheimnis offeriert. Oft auf unterhaltsame Weise. Wenn wir uns das Können des Traumes als unser Traumkönnen zuschreiben, erleben wir eine Erweiterung: Was alles in einem schlummert!

Manchmal schrecken wir auch zusammen.

In jedem Fall belebt der Traum immer neu die präzisen Vagheiten von etwas Unausgelotetem. Er versieht seine Träumer mit einem gewissen Überschuß.

Weshalb sich der Träumer nicht mit einem sanften Nachhall seines Traumes begnügen kann. Man kann wohl sagen, daß der Traum bei manchem erwachten Träumer eine Dynamik entfaltet. Der Traum drängt, wiedergeholt und erzählt zu werden. ›Ich hab' vielleicht 'was Komisches geträumt ...‹, und ob der andere am Frühstückstisch will oder nicht, er weiß, daß er jetzt zuhören muß.

Sigmund FREUD konnte gar nicht mit dem Erzählen aufhören. Er gab erst Ruhe, als er in der Lage war, eine komplette Traumtheorie zu erzählen.

Und wie das so geht, hat er den Traum dabei ganz schön umgeformt. Richtig schön, meine ich, also ästhetisch. Was bei ihm hieß, daß alles und jedes an Ort und Stelle untergebracht war, genau da, wo es hingehörte. Sehr sauber, möglichst ohne Schnörkelei. Bis der

Traum wenigstens den denkenden Menschen nicht mehr irritieren konnte. Denn der Traum, sagt Freud – ich erinnere nur an etwas, das inzwischen alle wissen können –, der Traum verfolgt einen ganz bestimmten Zweck. Der ist gar nicht durcheinander und unverständlich, der tut nur so, und er weiß genau, warum. Nur der Träumer, der will das irgendwarum nicht wahrhaben.

FREUD stellt sich vor als Retter des Traumes. Jedenfalls betont er sehr stark, daß er sich da mit einem mißliebigen Phänomen zu befassen hat, von dem andere gar nichts halten. Die Mediziner seiner Zeit würden den Traum als »unwürdiges Objekt« einschätzen und eine Beschäftigung mit ihm vom »Odium der Unwissenschaftlichkeit« umgeben sehen.

Das war für FREUD etwas ganz Schlimmes, die Verletzung des Wissenschaftsideals der Medizinerkollegen um die Jahrhundertwende. Also geht er in Hab-Acht-Stellung und baut von vornherein vor, besonders gegen den Verdacht »einer persönlichen Hinneigung zum Mystizismus« (FREUD 1917, 81). Nur das nicht! Niemals! FREUD reagiert, als könnte man ihm sein eigenes Gegenbild vorhalten.

An erster Stelle also will er »die Unbestimmtheit des Traumes« (a.a.O., 82) beseitigen. Die Vagheiten, das Ungefähr, das Unfaßbare, das den Träumer am Morgen bewegt, klammert FREUD zunächst einmal ein.

Er bestimmt den Traum, indem er »festsetzt«: »... eben das, was der Träumer erzählt, habe als sein Traum zu gelten« (a.a.O., 82), ob es das Geträumte exakt abbildet oder nicht. Um den Traum in seinem Sinne weitererzählen zu können, präpariert FREUD den Traum derart, daß er ihm als Objekt der Forschung dienen kann. Man könnte auch sagen, er bilde allererst den Gegenstand ›Traum‹ (SALBER 1959).

In der Fassung von FREUDS »Vorlesungen zur Einführung in die Psychoanalyse« figuriert der Traum wie die Fehlleistungen, der Witz, die Neurose als seelisches Gebilde, das nicht zufällig, nicht aus Versehen, nicht unbeholfen und schon gar nicht x-beliebig daherkommt. Er ist ein vollgültiger seelischer Akt, dem ein Sinn – bzw. enger: ein bestimmter Zweck, eine bestimmte Funktion im Gesamthaushalt des Seelischen zukommt. Eben dieses gilt es aufzudecken.

FREUD wird nicht müde immer wieder zu wiederholen, daß der erzählte manifeste Trauminhalt nicht für sich genommen werden dürfe. Er ist bloß »Ersatz«. Dahinter, gleichsam latent, verbirgt sich etwas Eigentliches. »Der Traum als Ganzes ist der entstellte Ersatz für etwas anderes, Unbewußtes...« oder: »Der erinnerte Traum ist ja doch nicht das Eigentliche, sondern ein entstellter Ersatz dafür, der uns verhelfen soll, durch Erweckung von anderen Ersatzbildungen dem Eigentlichen näherzukommen, das Unbewußte des Traumes bewußt zu machen.« (a.a.O., 114)

FREUD unterlegt den Traum mit einem einfachen Muster, dem des Rebus. Im Bilderrätsel geht es darum, aus der Zusammenstellung einzelner Bilder und Zeichen sowie deren Lautwert ein Wort oder einen Satz zu erraten. Auf den Traum bezogen heißt das: aus den manifesten Bruchstücken ist ein latenter Gedanke zu erraten.

Der Traum ist also nicht einschichtig; mindestens zwei Ebenen hat er; und er macht sich auch viel Arbeit. Es muß ihm nämlich, so FREUD, gelingen, einen unbewußten infantilen Wunsch so mit Resten des Erwachsenentages zu verbinden, daß er als erfüllt erlebt werden kann, ohne daß der Träumer alarmiert, d.h. geweckt würde. Denn Aufgabe des Traumes ist die Behütung des Schlafes.

Damit das glückt, kungelt das Ich mit dem unbewußten infantilen Wunsch und stellt sich außerdem noch ein bißchen blind.

»Das [im Schlaf] aller Fesseln entledigte Ich weiß sich auch einig mit allen Ansprüchen des Sexuallebens, solchen, die längst von unserer ästhetischen Erziehung verurteilt worden sind, und solchen, die allen sittlichen Beschränkungsforderungen widersprechen« (a.a.O., 146). »Auch der Haß tobt sich schrankenlos aus. Rache- und Todeswünsche gegen die nächststehenden, im Leben geliebtesten Personen, die Eltern, Geschwister, den Ehepartner, die eigenen Kinder, sind nichts Ungewöhnliches« (a.a.O., 146).

Durch Verschiebung von Akzenten (Traumzensur), durch Auslassungen, Modifikation, Umgruppierung, Verdichtung, Verkehrung ins Gegenteil, durch Symbolisierung, durch bildhafte Darstellung sowie durch sekundäre Bearbeitung wird aus dem Traum, so FREUD, ein Unsinns-Spiel. Wie das im einzelnen und ganzen funktioniert, wird von Freud mit seiner subtilen ›Wat-is-'n-Dampfmaschin'-Didaktik‹ so zwingend entwickelt, daß sich der Leser am Ende gar nicht mehr wundert, wenn FREUD schlicht konstatiert: »Die Traumentstellung ist dasjenige, was uns den Traum fremdartig und unverständlich erscheinen läßt« (a.a.O., 139).

Merke: Das Seelische ist im Grunde zweckmäßig konstruiert, es funktioniert ganz ordentlich, und wenn Du nicht zum Mystizismus hinneigst, kannst Du das auch herausarbeiten.

Es ist immer wieder faszinierend zu lesen, wie dieser psychologische Detektiv auf seine Art den Phänomenen hinter die Schliche kommt. Allerdings hat das auch eine Kehrseite: Das Frühe verliert den Charakter des Elementaren, wenn es auf das Infantile reduziert wird; d.h. der elementare sinnliche Austausch des Seelischen (Psychästhetik) wird herabgestuft zu etwas Primitivem, das in der Erwachsenheit überformt werden muß. Kindheit als eine Ausdrucksform seelischer Verfassungen, die jenseits konzeptualisierter Wirklichkeitserfahrung leben, kann aus psychoanalytischer Perspektive nicht als ›Ursprung‹ qualifiziert werden, solange die Endgestalt kultivierter Erwachsenheit (nach dem Bild der Jahrhundertwende) zum Maß erhoben wird. Das hat Auswirkungen. Taucht im späteren Leben diese frühe Verfassung wieder auf, wird ihr die Qualität des Regressiven untergeschoben, womit etwas in peinlicher Weise Unentwickeltes, eben Infantiles gemeint ist.

FREUDS Interesse, dem Traum, wie dem Seelischen im ganzen seine Unbestimmtheit zu nehmen, zeigt sich auch in seinem Verständnis der Symbole. Sie werden auf Zeichen reduziert, die eins zu eins übersetzbar, d.h. dechiffrierbar sind. So verlieren sie ihre Reichweite. Darauf werde ich später noch einmal zurückkommen.

Zunächst muß ich noch etwas nachtragen. FREUDS Weitererzählen des Traumes erhält seine Gestalt durch einen Spiegelungsvorgang: Wie die Traumarbeit aus den latenten Traumgedanken den manifesten, erzählten Trauminhalt formt, so würde die Deutungsarbeit den manifesten Trauminhalt zurückübersetzen in den eigentlich hinter ihm stehenden, latenten Traumgedanken.

Daß das kompliziert ist und mühsam und nur annäherungsweise aufgeht, gibt FREUD gern zu; aber das rüttelt nicht an dem Modell. FREUD ist ausgezogen, dem Traum seine Befremdlichkeit zu nehmen, und er analysiert ihn dementsprechend. Er macht aus dem Traum eine Rätselaufgabe. Auf seinem Enträtselungsgang macht er immerfort auf Widersprüche aufmerksam und fragt, wie sie sich lösen lassen. Daß sie sich lösen lassen, ist klar, denn Widersprüche und Ungereimtheiten im Rätsel sind nur scheinbar. Rätsel sind so gebaut, daß ein schlauer Kopf sie lösen kann.

Wie aber, wenn der Traum gar kein Rätsel von dieser Art wäre?!

Zurück zum Thema Traum und Kunst: Man kann wohl sagen, daß FREUD in seiner Art, den Traum wissenschaftlich weiterzuerzählen, einem bestimmten Kunst-Vorbild folgt. Mir scheint, es geht eine neo-klassizistische Strömung durch das ganze. Nüchternheit, Rationalität, Formenreinheit sind leitende Prinzipien. Wie in der Architektur des Neoklassizismus bei SCHINKEL oder SCHADOW finden sich einfache Grundrisse, Symmetrie und Rechtwinkligkeit. Das Dekorative ist dem Gebäude nur als Schein vorgebaut. Auch FREUDS Gedankengebäude haben eine gewisse Monumentalität.

Hat der Traum zu Beginn der Erzählung noch als uneinheitliche Einheit imponiert, so erhält er am Schluß durch die ›schöne Gestalt‹ und ›klare Form‹ etwas ganz und gar Konstruiertes. Von der Irritation bleibt nichts übrig. Am Ende wundert sich der Leser allenfalls noch, wie das Seelische das alles so bündig hinkriegt und vergißt beinahe, daß es FREUDS Gegenstandsbildung ist, die das alles so bündig gemacht hat.

Es gibt andere Formen, den Traum weiterzuerzählen, solche, denen wir ihren Kunstcharakter unmittelbarer ansehen. Zum Vergleich will ich zwei Texte heranziehen, die Hugo VON HOFMANNSTHAL etwa zeitgleich mit der Entstehung der Traumdeutung geschrieben hat (1911, 15).

»*Wir sind aus solchem Zeug, wie das zu Träumen,*
Und Träume schlagen so die Augen auf
Wie kleine Kinder unter Kirschenbäumen,

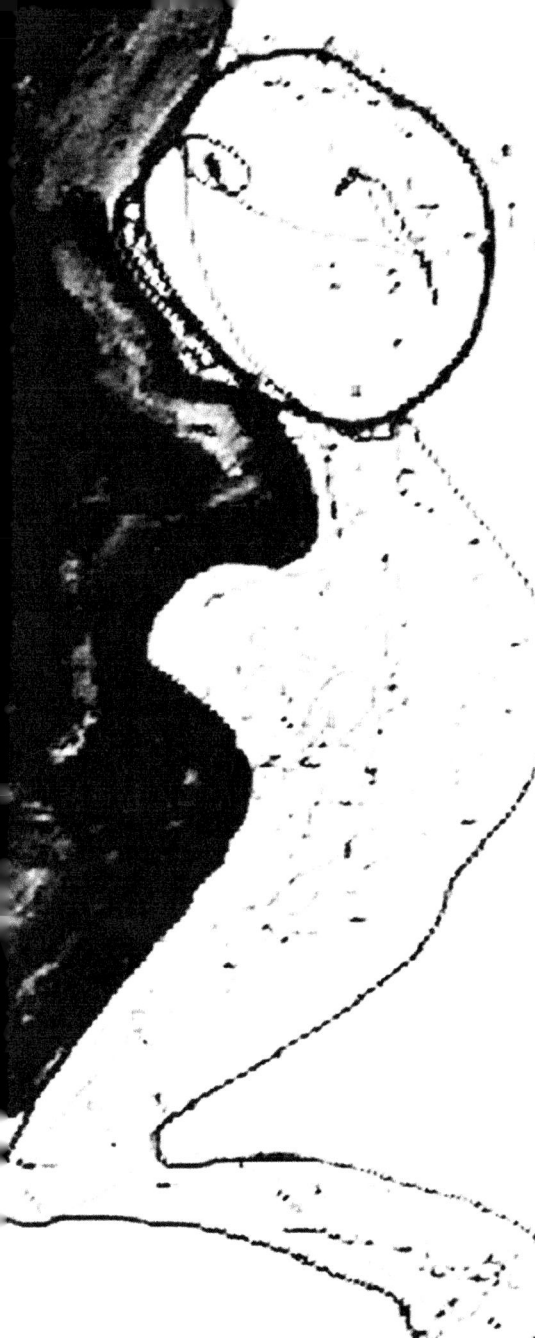

*Aus deren Krone den blaßgoldnen Lauf
Der Vollmond anhebt durch die große Nacht.
... Nicht anders tauchen unsre Träume auf,*

*Sind da und leben wie ein Kind, das lacht,
Nicht minder groß im Auf- und
Niederschweben*

*Als Vollmond, aus Baumkronen aufgewacht.
Das Innerste ist offen ihrem Weben,
Wie Geisterhände in versperrtem Raum*

*Sind sie in uns und haben immer Leben.
Und drei sind Eins: ein Mensch, ein Ding,
ein Traum.«*

Hier steht der Traum ganz anders da. HOFMANNSTHAL interessiert nicht der Traum als Forschungsobjekt, das aufgespießt auf eine Gegenstandsbildung seine Befremdlichkeit verlieren soll. Im Gegenteil. HOFMANNSTHAL ist eher bemüht, den Traum in seiner Befremdlichkeit spürbar und wirksam zu machen: »*Und drei sind Eins: ein Mensch, ein Ding, ein Traum*« – was soll der manirierte Quatsch, mag mancher hilflos fragen, um dann dankbar zurückzugreifen auf FREUDS Terminus der Verdichtung, was soviel hieße, daß das Eigentliche in HOFMANNSTHALS Gedicht erst noch entschlüsselt werden müßte.

Aber hier ist gar keine Verschlüsselung am Werk. HOFMANNSTHAL nimmt den Traum aus einer ganz anderen Perspektive. Sein Text legt dem Leser eher nahe, sich in der Schwebezone des Traumes aufzuhalten. Er macht ihn wieder vertraut mit einer Verfassung, die jenseits eingeübter Sonderungen und Konzepte existiert.

Wird der Traum so weitererzählt, zeigt sich genauer, was FREUD aus dem Kindhaften und aus den Symbolen gemacht hat. Beidem nimmt er die Unschärfenzone. Kindhaftes wird auf das Infantile reduziert. Und das Infantile wird auf das Nicht-Salonfähige der Lusthudelei reduziert. Ohne Polemik formuliert: das weniger Differenzierte und Organisierte figuriert als das nicht hinlänglich Kultivierte, das Seelische ist eben noch nicht so weit.

Anders bei HOFMANNSTHAL. Ihm imponiert der Traum als psychästhetisches Gebilde des Übergangs, als Wirkungsraum der Verwandlung. Er sucht nicht hinter dem Verwandlungsgebilde das Feste oder Eigentliche. Er legt auch nicht nahe, das Verschwinden der Tagesrealität distinkter Objekte als Regression zu niederen Seelentätigkeiten aufzufassen.

Wenn überhaupt Hierarchie, dann würde er allenfalls der wach erwachsenen Gestaltung des Alltags einen niedrigeren Rang zuweisen.

Auch behalten bei HOFMANNSTHAL die Bilder ihre eigene Ausdruckskraft des Symbolischen, das nicht übersetzungsbedürftig oder übersetzbar in Richtung begrifflicher Eindeutigkeit ist.

Wir verstehen und wir verstehen nicht, denn – so HOFMANNSTHAL mit SHAKESPEARE – »Wir sind aus solchem Zeug, wie das zu Träumen«.

Nach GOETHE ist die wahre Symbolik überall dort, »wo das Besondere das Allgemeine repräsentiert (nicht als Traum und Schatten, sondern) als lebendig augenblickliche Offenbarung des Unerforschlichen« (1840, 106). In HOFMANNSTHALS Forterzählung des Traumes geht es um ein elementares Verhältnis zur Wirklichkeit in und um uns.

Und das heißt nun nicht, daß wir stets etwas dämlich regressiv oder müde wären, wenn wir uns nicht mit analytischem Interesse der Wirklichkeit zuwenden. Vermutlich ist es eher eine späte und hochkultivierte Leistung, wenn wir uns, inzwischen reichlich versehen mit Konzepten der Selbstverständlichung, doch wieder mit den Formen von Klang und Rhythmus mitbewegen können.

In der Art, wie HOFMANNSTHAL den Traum fortsetzt, kommt eine um 1900 neue Kunstform zum Zuge. Nicht der klare Grundriß, Symmetrie und Rechtwinkligkeit, sondern Indem und Schräge leiten die Aufmerksamkeit. Man hat diese Fortsetzung des Traumes neuromantisch oder auch symbolistisch genannt, um zu akzentuieren, daß sie sich sowohl vom Neoklassizismus als auch vom Naturalismus abwandte.

Auch in dem folgenden Gedicht, das wiederum von VON HOFMANNSTHAL stammt, erhält sich das Spiel der Bilder, denen der Leser, einverleibt in Reim und Rhythmus, folgen kann (wenn er denn möchte; er muß ja nicht).

»*Ein Traum von großer Magie*«

Viel königlicher als ein Perlenband
Und kühn wie junges Meer im Morgenduft,
So war ein großer Traum – wie ich ihn fand.

Durch offene Glastüren ging die Luft
Ich schlief im Pavillon zu ebner Erde,
Und durch vier offne Türen ging die Luft –

Und früher liefen schon geschirrte Pferde
Hindurch und Hunde eine ganze Schar
An meinem Bett vorbei. Doch die Gebärde

Des Magiers – des Ersten, Großen – war
Auf einmal zwischen mir und einer Wand:
Sein stolzes Nicken, königliches Haar.

Und hinter ihm nicht Mauer: es entstand
Ein weiter Prunk von Abgrund, dunklem Meer
Und grünen Matten hinter seiner Hand.

Er bückte sich und zog das Tiefe her.
Er bückte sich, und seine Finger gingen

In Boden so, als ob es Wasser wär.
Vom dünnen Quellenwasser aber fingen
Sich riesige Opale in den Händen
Und fielen tönend wieder ab in Ringen.

Dann warf er sich mit leichtem Schwung der
Lenden –
Wie nur aus Stolz – der nächsten Klippe zu;
An ihm sah ich die Macht der Schwere enden.

In seinen Augen aber war die Ruh
Von schlafend – doch lebendgen Edelsteinen.
Er setzte sich und sprach ein solches Du

Zu Tagen, die uns ganz vergangen scheinen,
Daß sie herkamen trauervoll und groß:
Das freute ihn zu lachen und zu weinen.

Er fühlte traumhaft aller Menschen Los,
So wie er seine eignen Glieder fühlte.
Ihm war nichts nah und fern, nichts klein und groß.

Und wie tief unten sich die Erde kühlte,
Das Dunkel aus den Tiefen aufwärts drang,
Die Nacht das Laue aus den Wipfeln wühlte,

Genoß er allen Lebens großen Gang
So sehr – daß er in großer Trunkenheit
So wie ein Löwe über Klippen sprang.

Cherub und hoher Herr ist unser Geist –
Wohnt nicht in uns, und in die obern Sterne
Setzt er den Stuhl und läßt uns viel verwaist:

Doch Er ist Feuer uns im tiefsten Kerne
– So ahnte mir, da ich den Traum da fand –
Und redet mit den Feuern jener Ferne
Und lebt in mir wie ich in meiner Hand.«

Wiederum wird eine Wirklichkeit jenseits analytischer Sonderungen belebt, indem Bilder zu klingen beginnen.

Ganz andere Züge des Traumes geraten bei den Dadaisten in den Blick. Dada greift, wie die Träume, auf den Urstoff seelischer Bildungen zurück.

»Da!Da!« ist zunächst einmal der hinweisende Ausdruck der Verwunderung. Entschieden verweigert Dada, sich auf die Organisation der Erfahrung nach Maßgabe von Sprach- und Satzkonstruktion einzulassen.

In seinem Manifest »Das neue Material in der Malerei« (1918) schreibt Raoul HAUSMANN: »Die abgeleitete Konvention stütze, wer es will: zunächst erscheint uns das Leben komplett ein ungeheurer Lärm, Spannung in Zusammenbrüchen nie eindeutig gerichteter Expressionen, ein (wenn auch) belangvolles Anschwellen tiefer Belanglosigkeiten zu Gestalt ohne ethische Saltos auf schmaler Grundlage ... Der Maler malt, wie der Ochs brüllt ...« (RIHA 1977, 7).

In der kindlichen Art, die Dinge mitteilbar zu machen, meint ›dada‹ (in Frankreich) ›Pferd‹. Man sagt, die Dadaisten hätten diese Wendung durch eine gezielte Zufallsaktion gefunden. Sie haben ein französisches Lexikon an x-beliebiger Stelle aufgeschlagen und ohne hinzuschauen auf ein Wort gewiesen. Da war »dada« da.

Mit Hilfe der Zerlegung von vermeintlich selbstverständlichem Zusammenhang in Fragmente oder neutrale Ursprungseinheiten, die dann der Zufallsmanipulation oder -montage ausgesetzt werden, wird augenfällig, daß Sinn und Bedeutung menschlicher Handlungen und anderer Äußerungen eingesperrt sind in einen kleinen Kreis (dem des Konzeptes Gott-Kaiser-Vaterland um 1916). Die Tatsache des Ersten Weltkriegs hat, so Dada, die hoch gehaltenen Konzepte der Ethik, der Ästhetik, der Verstandeskräfte ad absurdum geführt.

Und wer das nicht begreifen wollte, der konnte es ab 1916 in Zürich, dann in Berlin und schließlich sogar in Köln immer wieder hören und sehen.

»Dada ist die Faust aufs Auge und der Tritt in den verlängerten Rücken gerade jener sittsamen Kulturanteilnehmer; die teilweise Unerklärbarkeit des Dadaismus ist erfrischend für uns wie die wirkliche Unerklärbarkeit der Welt – möge man nun die geistige Posaune Tao, Brahm, Om, Gott, Kraft, Geist, Indifferenz oder anders nennen – es sind immer dieselben Backen, die man dabei aufbläst« (HAUSMANN 1982, 167).

Sinn und Bedeutung sind nicht durch irgend etwas Zeitenthobenes verbürgt, weder im Traum noch am hellichten Tag. Entfesselt werden mit unglaublicher Heftigkeit des Ausdrucks Unsinn, Widersinn, Gegensinn. Das macht auch vor Klamauk und Kauderwelsch nicht Halt. Dada geriert sich in Aktionen; en avant DADA! Dem Wortgebrauch in festen Satzkonstruktionen wird mißtraut.

»Und die Kunst in alledem? Achtung, auch sie wird aktiv. Vorbei mit der Ästhetik; ich kenne keine Regeln mehr, weder des ›Wahren‹ noch des ›Schönen‹, ich verfolge eine neue Richtung, die die Ordnung meines Körpers mir vorschreibt. Verpflichtet einem großen Kampf, einem ungeheuren Aufruhr, befreie ich mich von alten Rückständen, ich entgifte mich, aber selbst auf diese Entgiftung, auf diese Freiheit, spucke ich! Ich will ALLES, und folglich will ich NICHTS!« (HAUSMANN, in: RIHA 1977, 5f).

Dada überführt die allnächtlichen Revolten des Traumes in den Tag und zeigt damit, daß die Revolten nicht irgendetwas anderes, eigentliches im Sinne schadloser Befriedigung infantiler Sexualwünsche meinen, sondern wirklich das Verlangen nach Verwandlung.

»Dada übergeht mit Gelächter das freie intelligible Ich und stellt sich wieder primitiv zur Welt, was etwa in der Verwendung von reinen Lauten, Geräuschnachahmungen, im direkten Anwenden gegebenen Materials wie Holz, Eisen, Glas, Stoff, Papier zum Ausdruck kommt« (HAUSMANN, a.a.O., 169).

Der Dadaist »gerät über die wechselnde Bedeutung von Werten in derselben Sekunde nicht in Verzweiflung; er würde sonst bewegungslos und diese dynamische Statik ist ihm das Lebenselement. Dada wertet nicht mehr nuanciert rot gegen grün, es spielt nicht mit der Miene des Erziehers gut gegen böse aus, Dada kennt das Leben prinzipieller und läßt es doppelt, in sich parallel gelten.«

Raoul HAUSMANN nimmt explizit Stellung gegen die vereinnahmend reduzierende psychoanalytische Interpretation von Dada:

»An dieser Stelle nun werden uns die tapferen Schildbürger der Psychobanalyse zu fangen versuchen. Sie werden sanft und überlegen lächelnd erklären: Dada sei infantil; Dada sei psychbanal genug, um von ihnen erklärt und aufgelöst (sic!) zu werden« (HAUSMANN 1982, 170). Dada dürfe man nicht verwechseln mit dem unerfahrenen Kind, das gegen die Bedrückung der Familie oder des Vaters protestiert.

Wie der erwachsene Träumer, mit allen möglichen Konzepten und Konstruktionen gewappnet, dennoch des nachts alle Verhältnisse als anders bewegt und bewegbar erfährt (vgl. SALBER 1999), so intendiert der Dadaist die gleichzeitige Belebung des Anders-Möglichen.

Bei dem Thema Traum und Kunst darf der Surrealismus nicht fehlen. Mit Nachdruck will er die Reichweite des Seelenlebens wie der Kunst ausdehnen. FREUDS Forterzählung des Traumes bringt André BRETON auf die Idee, Techniken der Traumdeutung, wie die freie Assoziation zu benutzen, – nicht um einen Traum zu deuten, sondern um der Kunst ein neues Spielfeld zu öffnen und das Leben dergestalt zu amplifizieren, das bislang Verdrängtes wieder in Umsatz geraten kann.

Man kann sagen, daß BRETON in der Arbeit der Psychoanalyse ein eigenes Kunstvorbild herausdestilliert. Die Kunst ist schon da, sagen die Surrealisten, wenn man nur das volle Seelenleben gewähren läßt. Das heißt, man muß die Demarkationslinien zwischen dem Unbewußten und Bewußten durchlässig machen und dann protokollieren, was das erweiterte Seelenleben zu verlautbaren hat. 1919 machen Soupault und Breton, fasziniert von der Psychoanalyse, ihre Experimente mit dem sogenannten automatischen Schreiben. Es entstehen Texte folgender Art.

»*Das Fenster in unser Fleisch gehöhlt öffnet sich auf unser Herz. Dort sieht man einen ungeheuren See, auf dem sich mittags goldkäferfarbene Libellen niederlassen, die duften wie Pfingstrosen. Was ist das für ein großer Baum, in dem die Tiere sich spiegeln? Seit Jahrhunderten geben wir ihm zu trinken. Seine Kehle ist trockener als Stroh, und Asche hat sich dort in Unmengen angesammelt. Es wird auch gelacht, aber man darf nicht lange ohne Fernrohr hinsehen. Jeder kann durch diesen blutigen Gang gehen, wo unsere Sünden an den Wänden hängen, entzückende Bilder, wo jedoch Grau vorherrscht*« (Breton/Soupault 1990, 19).

Für die Surrealisten sind Traum und Kunst gleich-ursprünglich oder schärfer: der Traum ist ein Kunstproduzent. Er verhüllt und entstellt nicht, sondern er deckt auf. Sichtbarmachen ist nun die Devise. Aus dem Verdrängten machen die Surrealisten, das in jedem Fall zu unrecht Verdrängte.

Überlisten der Zensur, so daß das Verdrängte zur Sprache kommen kann, wird zur Maxime der Gestaltung. Was sich im Traum, kaum greifbar andeutet, soll nun seine Präsenz im Wachleben der Kunst behaupten.

Folgendermaßen definiert Breton 1924 den Surrealismus: »...reiner psychischer Automatismus, durch den man mündlich oder schriftlich oder auf jede andere Weise den wirklichen Ablauf des Denkens auszudrücken sucht. Denk-Diktat ohne jede Kontrolle durch die Vernunft, jenseits jeder ästhetischen oder ethischen Überlegung ...

Der Surrealismus beruht auf dem Glauben an die höhere Wirklichkeit gewisser, bis dahin vernachlässigter Assoziationsformen, an die Allmacht des Traumes, das zweckfreie Spiel des Denkens. Er zielt auf die endgültige Zerstörung aller anderen psychischen Mechanismen und will sich zur Lösung der hauptsächlichen Lebensprobleme an ihre Stelle setzen.«

Für Freud war Kunst – ganz ähnlich wie der Traum – eine KomproMißbildung der wiederstrebenden seelischen Kräfte, sublimiert in einer Art »Naturschutzpark der Phantasie«, gleichsam vor der Handlung verharrend. Demgegenüber setzen die Surrealisten darauf, daß die Gebilde des Traumes, in Kunst überführt, revolutionierende Kräfte entbinden und die vermeintlich vernünftig eingerichtete Erwachsenen- oder Bürgerwelt zu Beginn des zwanzigsten Jahrhunderts aus den Angeln heben.

Man kann wohl sagen, daß die Surrealisten das Gegenbild Freuds, das er selbst mit den Prinzipien des Neoklassizismus in Schach gehalten hat, partout zum lebensleitenden Hauptbild machen wollten. So überrascht es nicht, daß Freud für surrealistische Kunst und Kunstauffassung gar keinen Sinn hatte.

Als es Salvador Dalí nach mehreren Anläufen schließlich durch Vermittlung von Stefan Zweig doch gelang, eine Audienz bei Freud in London zu erhalten, war die Faszination ganz auf Dalís Seite. Wie ein stolzer kleiner Junge präsentierte er sein Gemälde »Die Metamorphose des Narziß«, mit dem der alte Herr nichts rechtes anzufangen wußte. Da halfen auch keine Erläuterungen der von Dalí sogenannten paranoisch-kritischen Methode. Freud war nur beeindruckt von Dalís Ausdruck: fanatisch – ein typischer Spanier eben.

Salvador Dalí hat aus der psychoanalytischen Traumerzählung seine eigenen Schlüsse gezogen. Radikaler als die anderen Surrealisten experimentiert er mit seelischen Verfassungen. Akribisch beobachtet und beschreibt er Verhaltens- und Erlebensverläufe und ist bemüht, in der gelockerten Verfassung des Tagtraumes die wache Tagesverfassung den flüssigen Metamorphosen der Traumbildung anzugleichen. Das nennt er »paranoisch-kritische Methode«.

1939 verfaßt er seine »Unabhängigkeitserklärung der Phantasie und Erklärung der Rechte des Menschen auf seine Verrücktheit«. Darin heißt es: »... verkünden wir folgende Wahrheiten: daß alle Menschen in ihrer Verrücktheit gleich sind, und daß Verrücktheit (Eingeweidekosmos des Unterbewußten) die allgemeine Grundlage des menschlichen Geistes darstellt. Der Mensch hat Anspruch auf das Rätsel und die Wahnbilder, die auf den großen Konstanten des Lebens beruhen: auf dem Geschlechtstrieb, dem Bewußtsein des Todes und der körperlichen, vom ›Zeit-Raum‹ verursachten Melancholie. Die Rechte des Menschen auf seine Verrücktheit werden von falschen ›praktisch-rationalen‹ Hierarchien ununterbrochen bedroht und in einer Weise traktiert, die man ohne Übertreibung ›provinziell‹ nennen darf« (DALÍ 1974, 288f).

Biographien über DALÍ wie auch die Selbstdarstellung »Das geheime Leben des Salvador Dalí« zeigen, daß es dem kleinen Salvador, so heftig die Doppelgänger-Probleme mit dem verstorbenen Brüderchen, das er ersetzen sollte, auch gewesen sind, doch gelungen ist, den Bruch zwischen Kindheit und Erwachsenheit abzupolstern, – mit den Mitteln künstlerischer Ausdrucksbildung. Kindheit ist dem Traumleben verwandt, und zwar als Experimentier-Zeit-Raum jenseits hermetischer Konzepte, Ideologien, Moralen und sonstiger Konstruktionen.

DALÍs hohes Lied auf die sogenannte Verrücktheit mit ihren wahnhaften Bildern hat

---

WILHELM SALBER

Psychästhetik

Verlag der Buchhandlung Walther König, Köln 2001. Format 15,5 x 23 cm. ca. 140 Seiten mit 16 s/w-Abbildungen, Broschur.
DM 38,73 / EURO 19,80
ISBN 3-88375-523-0

Kunstwissenschaftliche Bibliothek Band 17

Psychästhetik beschreibt, wie wir unser Erleben durch „Alltagskunstwerke" strukturieren. Aus solcher Psychästhetik entwickelt Salber in seinem als Pamphlet angelegten Essay den besonderen Fall des Kunstwerks des Künstlers.

Prof. Dr. Wilhelm Salber, geb. 9. März 1928, war dreißig Jahre Direktor des Psychologischen Instituts der Universität zu Köln. Er entwickelte dort das Konzept einer Psychologischen Morphologie, das der Erforschung der Alltagskultur, der Medien und Künste des Seelischen sowie der Geschichte seelischer Selbstbehandlung einen neuen wissenschaftlichen Rahmen bietet.

seinen Ursprung in der Weigerung, die Gebilde des Traumes wie der Kindheit preis zu geben für die Konstruktion des ›Man‹. Was ›man‹ tun oder lassen soll, lenkt weder die Findungen des Traumes, noch die Anwandlungen der Kindheit und schon gar nicht die Gestaltungen des erwachsenen Künstlers.

Die psychästhetische Qualifizierung der Erfahrung geht jeder normierenden Konstruktion voraus und liegt gleichsam quer zu ihr. Keine Frage, daß das besonders die Kunst in der zweiten Hälfte des zwanzigsten Jahrhunderts – Informel, Popart, Neo-Dada, Happening/Fluxus – hat sichtbar, hörbar, fühlbar, anfaßbar, köstlich und ruchbar werden lassen.

Eine Traumpsychologie, die dem Kunstvorbild des Zwanzigsten Jahrhunderts folgt, muß und kann anders ansetzen als die Psychoanalyse. Nicht die Dualismen (Primitives und Kultiviertes, Eros und Thanatos, Ich und Es usf.) und deren Vermittlungsnot bilden das Herzstück der Träume, sondern die immer neu aus Gestaltungen aufbrechenden Paradoxien.

»Paradoxien sind der unruhige Keim menschlicher Werke, den sie mit ihren Erzählungen, Erklärungen, Verhältnissen und Bildern zu behandeln suchen. ... In der Verwandlungswirklichkeit existiert keine Gestalt für sich – Gestalten des Traumes haben ihren Eigen-Sinn und sind zugleich im Übergang zu etwas anderem. Jede Regung, in der eine Verwandlung sich gestaltet und faßt, birgt schon ihr Gegenteil in sich« (SALBER 1997, 58)

Im rund geschliffenen Alltag steckt der Traum wie ein ›Stachel‹, nicht wie ein durch intellektuelle Geschicklichkeit lösbares Rätsel. Der Traum legt dem scheintoten Träumer vielmehr Zeugnis von seiner Lebendigkeit ab, indem er seiner Alltagsgestalt einen Dreh versetzt, der sie unvertraut-anders bewegt. Das Seelische wird nicht, wie in der Psychoanalyse, als Gebilde gesehen, das Spannungsabbau betreibt, um Ruhe herzustellen. Gerade in der Unruhe vergewissert sich der Träumer seiner Lebendigkeit. Wobei Unruhe nicht durch Treibstoff (Libido) oder Triebkraft zustandekommend gedacht wird, sondern als Ausdruck des Übergangscharakters aller Gestaltungen.

Der Alltag hat Neigung, Verwandlung maßzuregeln und in einem überschaubaren Entwicklungskreis zu justieren. Der Traum dagegen macht die endliche (banal-materiale) Unendlichkeit (uneinholbar, unfaßbar) unseres Gestaltens spürbar.

Literatur

BRETON, A. (1977): Die Manifeste des Surrealismus. Reinbek
– /SOUPAULT, Ph. (1990): Die magnetischen Felder. Heidelberg
DALÍ, S. (1974): Unabhängigkeitserklärung und Erklärung der Rechte des Menschen auf seine Verrücktheit. Gesammelte Schriften. München
– (1984): Das geheime Leben des Salvador Dalí. München
FREUD, S. (1917): Vorlesung zur Einführung in die Psychoanalyse. Wien
GIBSON, I. (1998): Salvador Dalí. Die Biographie. Stuttgart
GOETHE, J.W. v. (1840): Maximen und Reflexionen. Frankfurt 1976
HAUSMANN, R. (1982): Bilanz der Feierlichkeit. Texte bis 1933. Bd.1, München
HOFMANNSTHAL, H. v. (1911): Neue Gedichte und kleine Prosa.
RIHA, K. (Hg) (1977): Dada Berlin. Stuttgart
SALBER, W. (1959): Der psychische Gegenstand. Bonn
– (1997): Traum und Tag. Bonn
WAGENBACH, K. (1964): Kafka. Reinbek

Der Traum ist der beste Beweis,
daß wir nicht so fest in unserer Haut eingeschlossen sind,
als es scheint.

Friedrich HEBBEL

Yizhak Ahren

Der Traum in der talmudischen Literatur

Lebenshilfe

Auf den ersten Seiten der ›Traumdeutung‹ skizziert Sigmund FREUD die Geschichte der Auffassungen über den Traum. In den Schriften des ARISTOTELES erkennt er den entscheidenden Wendepunkt: »In den beiden den Traum behandelnden Schriften des ARISTOTELES ist der Traum bereits Objekt der Psychologie geworden. Wir hören, der Traum sei nicht gottgesandt, nicht göttlicher Natur, wohl aber dämonischer, da ja die Natur dämonisch, nicht göttlich ist, d.h. der Traum entstammt keiner übernatürlichen Offenbarung, sondern folgt aus den Gesetzen des allerdings mit der Gottheit verwandten menschlichen Geistes. Der Traum wird definiert als die Seelentätigkeit des Schlafenden, insofern er schläft.

ARISTOTELES kennt einige der Charaktere des Traumlebens, z.B. daß der Traum kleine, während des Schlafes eintretende Reize ins Große umdeutet (›... man glaubt, durch ein Feuer zu gehen und heiß zu werden, wenn nur eine ganz unbedeutende Erwärmung dieses oder jenes Gliedes stattfindet‹), und zieht aus diesem Verhalten den Schluß, daß die Träume sehr wohl die ersten bei Tag nicht bemerkten Anzeichen einer beginnenden Veränderung im Körper dem Arzt verraten könnten.

Die Alten vor ARISTOTELES haben den Traum bekanntlich nicht für ein Erzeugnis der träumenden Seele gehalten, sondern für eine Eingebung von göttlicher Seite, und die beiden gegensätzlichen Strömungen, die wir in der Schätzung des Traumlebens als jederzeit vorhanden auffinden werden, machten sich bereits bei ihnen geltend. Man unterschied wahrhafte und wertvolle Träume, dem Schläfer gesandt, um ihn zu warnen oder ihm die Zukunft zu verkünden, von eiteln, trügerischen und nichtigen, deren Absicht war, ihn in die Irre zu führen oder ins Verderben zu stürzen" (FREUD 1900, 2).

Sandor LORAND hat 1957 darauf aufmerksam gemacht, daß FREUD die ausführliche Behandlung des Traums im Talmud nicht erwähnt (92). Diese Behauptung ist allerdings nur dann richtig, wenn man sie auf die Erstausgabe der ›Traumdeutung‹ bezieht, die übrigens zum Jubiläum 1999 nachgedruckt worden ist. Denn in einer späteren Auflage hat FREUD ausdrücklich auf Ch. LAUERS Arbeit »Das Wesen des Traumes in der Beurteilung der talmudischen und rabbinischen Literatur« hingewiesen, die 1913 in einer von ihm herausgegebenen Zeitschrift erschienen ist (15 und 515). FREUD hat sicher noch mehr Arbeiten über die Traumdeutung im Talmud gekannt, die im erweiterten Literaturverzeichnis seines bahnbrechenden Buches nicht stehen; ich denke an Beiträge von B. COHEN (1932) und Immanuel VELIKOVSKY (1933), die in psychoanalytischen Zeitschriften erschienen sind, die der Begründer der Psychoanalyse zumindest durchgeblättert hat.

Zum uns hier interessierenden Themenkomplex sind im Laufe der Zeit immer wieder Veröffentlichungen erschienen, und zwar in verschiedenen Sprachen und manchmal an entlegenen Orten. Ich stelle hier eine Liste dieser Arbeiten zusammen, die allerdings keinen Anspruch auf Vollständigkeit erhebt. Es ist nicht notwendig, das zu wiederholen, was andere Autoren bereits in der gebotenen Ausführlichkeit gesagt haben. Aber es ist durchaus sinnvoll, auf Abhandlungen und Miszellen hinzuweisen, die sogar dann im hektischen Wissenschaftsbetrieb längst in Vergessenheit geraten sind, wenn sie bei ihrem Erscheinen Beachtung gefunden haben. Mit einigen Bemerkungen zur Sache möchte ich auf Drehpunkte aufmerksam machen und dadurch den Lesern die Orientierung erleichtern.

Ein abgerundetes Bild zu gewinnen, ist deshalb ungemein schwierig, weil man im Talmud, dem Hauptwerk der rabbinischen Literatur, das auf mehr als 5000 Seiten die Gespräche zusammenfaßt, die von 200 bis 500 nach der Zeitrechnung in den Lehrhäusern in Palästina und Babylonien geführt wurden, keine herausgearbeiteten Systeme findet, sondern nur Aussagen von Gelehrten und knapp gehaltene Diskussionsprotokolle. Alexander KRISTIANPOLLER (1923) verdanken wir eine Zusammenstellung von mehr als 200 Passagen, die er ins Deutsche übersetzt und sorgfältig kommentiert hat. Beachtenswert ist, wie KRISTIANPOLLER die Fülle des gesammelten Materials gegliedert hat. Daß auch eine andere Gliederung möglich ist, zeigt uns die Arbeit von Ernst Ludwig EHRLICH (1956).

Talmudische Texte müssen immer interpretiert werden. Daß dies keine leichte Aufgabe ist, soll hier an einem Beispiel verdeutlicht werden. Seinem Buch »Märchen, Mythen, Träume«, das im amerikanischen Original 1951 erschienen ist, hat der Psychologe Erich FROMM eine Behauptung von Rabbi CHISDA als Motto vorangestellt: »Ein ungedeuteter Traum gleicht einem ungelesenen Brief« (Talmud, Berachot 55a). Doch was besagt dieser oft zitierte Satz? FROMM meint: »Die Behauptung formuliert eine Einstellung, wie sie Freud mit ähnlichen Worten fast 2000 Jahre später verkündet hat: daß alle Träume ausnahmslos eine Bedeutung haben, daß sie wichtige Mitteilungen an uns selbst sind und daß wir es uns nicht leisten könnten, ihre Deutung zu unterlaßen« (86). Die Judaistin Brigitte STEMBERGER hat 1976 eine ganz andere Interpretation vorgeschlagen: »Über die Bedeutung dieses Ausspruches herrscht Unklarheit.

A. KRISTIANPOLLER gibt zwei Deutungsmöglichkeiten an: ›Denn erst wenn man den Brief gelesen hat, tritt das Gute oder Böse vor die Augen oder etwa so gemeint, daß das, was in diesem Brief steht, erst dann zu vollbringen sei, nachdem man ihn gelesen hat.‹ A. Steinsalz in seinem Kommentar zum Talmud babhli zur Stelle erklärt: ›Denn alles, was noch nicht gedeutet ist, kann sich nicht erfüllen und die Deutung des Traumes schafft seine Bedeutung (Sinn).‹ Im gleichen Sinn sagt J. Trachtenberg: ›An uninterpreted dream is like an unread letter, having neither good nor evil implication, as though it had never been experienced.‹ In Berachot 55 b findet sich eine zeitgenössische rabbinische Auslegung des Ausspruchs von R. Chisda: ›Rab Huna bar Ammi sagt im Namen R. Pedats im Namen R. Jochanans: Wer sich nach einem Traum besorgt fühlt, soll den Traum vor drei Leuten deuten laßen. Deuten? R. Chisda sagt: ein ungedeuteter Traum ist wie ein ungelesener Brief. So ist es besser zu sagen, zum Guten auslegen laßen vor dreien.‹

Dem ersten Teil dieser Erörterung scheint die Auffassung zugrunde zu liegen, daß man einen Traum, der Unangenehmes beinhalten könnte, besser gar nicht deuten läßt, damit dem Übel keine Wirksamkeit zukommt. Der zweite Teil der Diskussion legt aber eine andere Auffassung dar: Man soll dem Übel zuvorkommen, indem man den Traum gleich zum Guten deuten läßt. Damit verstehen sie R. Chisda dahingehend, daß, wenn ein Brief nicht gelesen und ein Traum nicht gedeutet wird, man den zukünftigen Ereignissen machtlos gegenüber steht. Die Auslegung zum Guten ist die notwendige Gegenmaßnahme bei angekündigtem Unglück... Die zeitgenössische Auffassung von R. Chisdas Ausspruch lässt darauf schließen, daß er besagen sollte, ein ungedeuteter Traum berge eine Gefahr« (STEMBERGER 1976, 27f).

STEMBERGERs Deutung ist gewiß originell; sie erscheint mir jedoch nicht richtig zu sein. Aus der angeführten Stelle Berachot 55 b geht nicht das hervor, was STEMBERGER herausgelesen hat. Problematisch ist ihre Aufteilung der Passage; die Autorin spricht von zwei Teilen der Diskussion, genau betrachtet haben wir drei Teile vor uns: Aussage - Einwand - Revision. STEMBERGER rechnet Rabbi CHISDAS Satz dem letzten Teil zu, in Wirklichkeit ist er ein Teil des Einwandes: Warum soll man den Traum deuten laßen – Rabbi Chisda sagte doch usw.? Im Talmud stehen bekanntlich keine Fragezeichen; setzt man das Fragezeichen an eine falsche Stelle, verkehrt sich der Sinn.

Sowohl EHRLICH (134f) als auch STEMBERGER (6 und 42) stellen fest, daß es in der rabbinische Literatur keine einheitliche Auffassung vom Wesen der Träume gibt (siehe auch Moshe HALEVI SPERO 1980, 100). In der Tat findet man im Talmud Beispiele für die »transzendente Auffassung vom Wesen des Traumes« (ALTMANN 1926, 59); im Traum spricht Gott mit den Propheten (Chagiga 5b, zitiert in der Arbeit von EHRLICH, 142). Daneben stehen Aussagen, die den Traum für eine Produktion der träumenden Seele halten: »Man zeigt dem Menschen im Träume nichts anderes als die Gedanken seines Herzens« (Berachot 55b, zitiert in: EHRLICH, 136).

Aber trotzdem haben unabhängig voneinander Rabbiner ALTMANN (1926), der Psychologe Isaac LEWIN (1980) und der Psychoanalytiker SPERO (1980) eine im Talmud vorherrschende Ansicht herauszuarbeiten gesucht. Obwohl diese Autoren von entgegengesetzten Enden ausgehen – LEWIN und SPERO von der Theorie, der Traum sei eine Produktion des Seelischen, und ALTMANN von der Auffassung, der Traum sei eine von Gott bewirkte Vorstellung der Seele –, so sind ihre ›Systeme‹ am Ende doch nicht so weit voneinander entfernt. Die wegen der unterschiedlichen Ausgangspunkte überraschende Nähe der Resultate kommt daher, daß in jeder Ordnung die widersprechenden Sätze als notwendige Ergänzungen aufgefaßt werden. VELIKOVSKY hat die These aufgestellt, daß einige wesentliche Erkenntnisse der FREUDschen Traumlehre uns im Talmudtraktat Berachot begegnen: »Der Traum als Wunscherfüllung, Wortspiele im Traum, die symbolische Sprache des Traumes, Ödipus-Regungen als häufiger und verschleierter Inhalt des Traumes und die Anwendung freier Einfälle des Träumenden nach dem Erwachen zum Verständnis des Traumes« (66). Auch FROMM hebt Ähnlichkeiten hervor: »Von besonderem Interesse ist die talmudische Deutung von Symbolen. Sie folgt der Methode Freuds, z.B. bei der Deutung eines Traumes, daß jemand einen Ölbaum mit Olivenöl begießt (vgl. Talmud, Berachot 55 b). Die Deutung lautet, der Traum symbolisiere einen Inzest« (87f). Bernice BARBER kam 1979 zu dem Schluss: »While I call them two views of dreams, I think that the main difference between the Talmudic view and the psychoanalytic view is one of emphasis and not one of substance« (20). Man darf jedoch bei einem solchen Vergleich den wichtigen Unterschied nicht übersehen! FREUD ging es in seiner ›Traumdeutung‹ darum, eine Theorie auf dem Gebiet der Allgemeinen Psychologie aufzustellen. Im Talmud geht es nicht um psychologische Theorien, sondern in erste Linie um den praktischen Umgang mit Träumen. Die Halacha (= das jüdische Religionsgesetz) behandelt alle Bereiche des menschlichen Lebens, und in einem solchen Rahmen muß selbstverständlich auch von Träumen die Rede sein.

Am oben angeführten Ausspruch von Rabbi JOCHANAN »Wer sich nach einem Traum besorgt fühlt, soll den Traum vor drei Leuten deuten lassen« kann man die Fragestellung des Talmuds erkennen: Was soll jemand machen, der von seinem Traum in Unruhe versetzt worden ist? Auf diese praktische Frage gibt der Talmud eine differenzierte Antwort (siehe LEWIN, 95f und COHEN, 120); im Extremfall darf ein Jude sich sogar am Schabbat einen Fasttag auferlegen, was unter anderen Umständen verboten ist.

Die Frage, welche Bedeutung man einem bestimmten Traum geben soll, hat schon zahlreiche Halachisten beschäftigt (siehe Yizhak PACHA 1984 und SPERO, 236). Auch in unseren Tage wenden sich Menschen mit ›Traumfragen‹ an Halachisten und bitten um einen Rat. Hier sei nur ein Beispiel angeführt. Eine verheiratete Frau träumte wiederholt, sie sollte sich scheiden laßen. Die Scheidung sollte deshalb erfolgen, weil sie ein Versprechen, das sie ihrem Mann vor der Eheschließung gab, nicht halten könne. Die Träumerin wollte vom Rabbiner wissen: was sei von diesem Traum zu halten? Soll sie ihrem Gatten die ganze Wahrheit erzählen oder lieber schweigen und ihre Träume als irrelevant abtun? Rabbiner Chajim David HALEVI faßte in seinem 1976 veröffentlichten Responsum die Einstellung der rabbinischen Autoritäten wie folgt zusammen: »Es ist nicht klug, einen Traum überhaupt nicht zu beachten, aber es zeugt auch nicht von Weisheit, ihn ganz ernst zu nehmen« (Responsa »Asse Lecha Rav« 1:61). Welchen konkreten Rat Rabbiner HALEVI der besorgten Frau gab, soll an dieser Stelle nicht dargestellt und erläutert werden; es kam mir hier nur darauf an zu zeigen, daß Talmudisten sich mit Fragen der Lebensführung beschäftigen und nicht mit der Konstruktion einer psychologischen Theorie.

Literatur

ALTMANN, A. (1926): Traumwelt und Wirklichkeit in jüdischer Schau. In: ALTMANN, A. (1926): Jüdische Welt - und Lebensperspektiven. Pressburg

BARMER, B. (1979): What Is a Dream? Talmudic and Psychoanalytic Views. In: Intercom

COHEN, B. (1932): Über Traumdeutung in der jüdischen Tradition. In: Imago, Bd XVIII.

EHRLICH, E.L. (1956): Der Traum im Talmud. In: Zeitschrift für die neutestamentliche Wissenschaft, Bd. 47

FREUD, S. (1900): Die Traumdeutung. Gesammelte Werke. 2. und 3. Band, London 1942)

FROMM, E. (1981): Märchen, Mythen, Träume. Reinbek

KRISTIANPOLLER, A. (1923): Traum und Traudeutung. In: Monumenta Talmudica, vierter Band, 2. Teil (Nachdruck: Darmstadt 1972)

LAUER, Ch. (1913): Das Wesen des Traumes in der Beurteilung der talmudischen und rabbinischen Literatur. In: Internationale Zeitschrift für ärztliche Psychoanalyse (1)

LEWIN, I. (1980): The Psychology of Dream (hebr.), Kap. 8. Tel Aviv

LORAND, S. (1957): Dream Interpretation in the Talmud. In: International Journal of Psychoanalysis (38)

PACHA, Y. (1984): Divre Chalomot Bahalacha (hebr.). In: Techumim, Bd. 5

SPERO, M.H. (1980): Dream Psychology in Biblical and Rabbinic Thought. In: SPERO, M.H. (1980): Judaism and Psychology. New York

STEMBERGER, B. (1976): Der Traum in der rabbinischen Literatur. In: Kairos, Neue Folge, Bd. XVIII.

VELIKOVSKY, I. (1933): Psychoanalytische Ahnungen in der Traumdeutungskunst der alten Hebräer nach dem Traktat Brachoth. In: Psychoanalytische Bewegung, Bd. 5

Die Welt wird Traum, der Traum wird Welt.
                                    Novalis

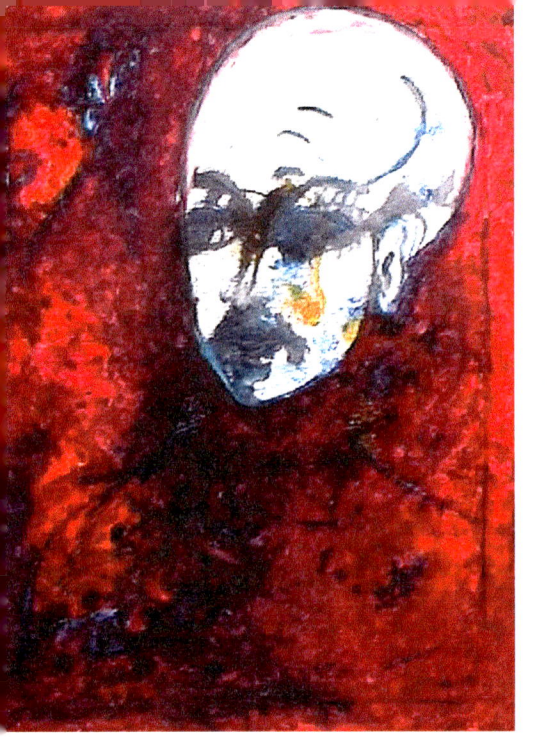

Wilhelm Salber

Anfänge psychologischer Traumdeutung

Exkurs

Im folgenden werden die Anfänge einer (autonomen) psychologischen Traum-Deutung skizziert, aus denen die Morphologische Wirkungs-Analyse des Traumes hervorgegangen ist: »Das Leben des Traumes« von K.A. SCHERNER, »Der Traum und seine Verwertung fürs Leben« von F.W. HILDEBRANDT, »Die Traumdeutung« von S. FREUD.

»Ich will über die Seele forschen und Entdeckungen machen so viel ich kann, und ich wag's! Denn mich reizt ihre schöne Gestalt und noch mehr, was dahinter verborgen liegt; und mich reizt überhaupt, was verborgen ist, und ich habe eine unaussprechliche Sehnsucht danach.« So beginnt SCHERNERS Buch »Das Leben des Traumes« (1861).

In einer »Realforschung« des Traumes sucht Karl Albert SCHERNER »Phänomenologie« und »Construction« zu verbinden. Die Psyche ist für ihn eine Kristallisation in Bewegung – sie schießt aus allen Lebensverhältnissen heraus. Träume haben eine andere »Innenorganisation« als die anderen seelischen Lebensformen.

Ihr nähert sich SCHERNER, indem er den Traum als Universalerscheinung in seiner inneren Organisation und im Reichtum seiner Darstellungstypen erforscht. Die Analyse der Universalerscheinung läßt ein »Traumweltreich« entdecken. In ihm wird das Ich aufgelöst zugunsten der Vielheit des Lebens. Der »formende Stoff der Lebensströmungen« kommt im Traum zum Ausdruck.

Das ist möglich, weil der Traum sich anschmiegt an alle Wünsche, an alle Entwicklungen, an alle Kulturphasen. Doch diese »Bildkraft« haben wir nicht in der Hand – ihr Spiel setzt ungerufen ein. Welche Kategorien dabei ins Spiel und zur Darstellung kommen, weist SCHERNER an den Leibreizen nach, die im Traum wirken. Sie malen gleichsam ihre eigene Architektur, das Bild ihrer Wirkungs-Qualitäten. Der Leib als Haus, die

Lunge als Ofen, die Eingeweide als Schlange. Mit ihrer Hilfe werden im Traum die »Kampfspiele der Bewegungen des Lebens« dargestellt – ihnen liegt der Kampf der traumbildenden Mächte zugrunde.

So wie das Ich sich auflöst, so lösen sich bei der Traumbildung auch die Denkkategorien auf: zugunsten von »Lichtentladungen«, von Traumbildern, die wir uns ähnlich denken müssen wie die Bildungen von Seesternen oder Kakteen. Trotz Auflösung und Dezentrierung, hält der Traum jedoch zusammen durch die innere Verwandtschaft der Bilder (pars pro toto; Gleichräumlichkeit; Gleichzeitigkeit).

Der Traum malt alles wirklich, und diese Traummalerei ist original, vergleichbar der Dramatik oder musikalischen Kompositionen. Die Traummalerei hält sich nicht an die schönen Seiten des Lebens; sie malt auch die Wandlungen des Schönen zum Fratzenhaften und Widerlichen.

Bei der Erforschung der inneren Organisation des Traumlebens geht SCHERNER davon aus, daß sich die bewußtseinsfähigen Formen des Lebens im Traum verwandeln. Es bilde sich eine Verfassung (»Traumsphäros«), abgeschlossen von der Außenwelt und der Motorik. Lebensstoff der Traumverfassung sind Tagesreste, Unerledigtes und Leibplastisches – sie werden in neuen Werken des ›Denkens‹ entfaltet. In diesen Werken befreit sich das Leben der Bilder. Daher kann das Geschlechtliche zum Ausdruck kommen, während das sittliche Gefühl zurücktritt. Die befreiten Bilder lassen Ungeheures, Angstvolles, Religiöses, Tragisches, Komisches, ganz anders als am Tag, hervortreten.

In ihren Verwandlungen versenkt sich die Traum-Bildung in die Lebensbewegung »der ihr zugrunde liegenden, plastisch gewordenen, summarischen Subjektivität« – wobei »Subjektivität« zu SCHERNERS Zeit auf den Produktionsbetrieb hinweist, welcher der Welt der Erscheinungen zugrunde liegt.

Hier verläßt SCHERNER leider die psychologisch-eigenständigen »Constructionen«, die aus seinen Beschreibungen des Traumes erwachsen sind. Er behindert sich selbst, indem er auf die Seelen-Vermögen zurückgreift, die sich in der Geschichte der Philosophie und Psychologie entwickelt haben. Denn nun stellt er die »Phantasie« als das »urtätige« Prinzip des Traumes heraus. SCHERNER glaubt damit das Unangemessene, Ungeheuerliche, Unverhältnismäßige, Unzusammenreimbare des Traumes auf einen Nenner zu bringen. Durch die Phantasie wird das subjektive Leben auch mit dem »Leibplastischen« verbunden.

Wie das vor sich geht, wird dann genauer charakterisiert – dabei setzt sich wieder die Beschreibung durch. Der Traum arbeitet mit symbolischen Darstellungen: Die »Phantasie« wählt immer ein fremdes Bild, wenn sie Lebensströmungen darstellt. Leibesnacktheit wird dargestellt durch glattes Gebäck, Schamhaar durch Gebüsch. Indem andere Bilder dergestalt eingefügt werden, stellt sich das Verhältnis eines Gegenstandes zum »Empfinden der Seele« symbolisch dar. Das entspricht dem Austausch, der an die Wirkungs-Qualitäten und Kategorien der Verwandlungswelt heranführt. Der Leibreiz der Kot-Straße sagt etwas über uns widrige Personen aus.

SCHERNER beobachtet, daß das ganze etwas mit der Verlebendigung eines »innerlichen Bewegungsgewoges« durch Handlungen zu tun hat. Aber dann verrennt er sich in die Aufzählung konstanter Elementar-Symbole: Leib = Haus, Magen = Dorfplatz, Darm = Gasse, Zähne/Schlund = Flur und Kellertreppe, Geschlechtsreiz = Engplatz/Vogel, Schmerz = beißende Tiere. Seiner Aufzählung fügt er noch eine Hypothese an, die erklärt, warum wir Traumbilder für wirklich halten. Weil die Traumverfassung eng und abgeschlossen ist, können die »Innenkräfte« anschaulich und mit großer Kraft als lebendig wirkende Gestalten heraustreten.

Im dritten Teil des »Traum-Lebens« werden die verschiedenen Bildungs-Formen des Traumes aufgeführt. Als verfolge er den Gedanken des Metamorphosierens von J. MÜLLER, stellt K.A. SCHERNER zusammen, was zum psychologischen Stichwort bei den verschiedenen Traum-Bildungen werden kann: unsinnige Tages-Schablonen, Assoziationen, Leib- oder Nervenreize, Sinneserlebnisse, Stimmungen, Affekte, Phantasiebildungen, Willens- oder Denktätigkeiten, Ahnungen. K.A. SCHERNER hat seine »Realforschung« des Traumes mit einem Schwung begonnen, der ihn eine ganze Reihe beschreibungsnaher »Constructions«-Züge des Traumes entdecken ließ. Das führt ihn bis zur Einsicht in die Wirkungs-Qualitäten, die verständlich machen, was eine Symbolik der »fremden Bilder« für die seelische Produktion bedeutet.

Hier geht SCHERNER aber wieder zurück zur vertrauten Einteilung des Seelischen in verschiedene Vermögen. Sie verhindern, daß die Frage nach dem Gesamt-Zusammenhang des Traumprozesses weitergeführt wird. Daran kann man merken, wieso es ein produktiver Zwang ist, wenn man Gestalt und Verwandlung nicht nur als Metaphern, sondern als System versteht – und entsprechend behandelt. Die Psyche von Gestalt und Verwandlung hat ihre eigenen Konsequenzen, und sie läßt keine unpassenden Ergänzungen zu.

Es gibt keine Eins-zu-eins-Zuordnungen von Symbolen. Der Gesamt-Zusammenhang des Traumes muß als eine (dramatische) Gestalt ausdrücklich herausgehoben werden. Es geht darum, alle Einzelheiten von den Entwicklungsmotiven eines konsequent durchgehaltenen Systems her aufzufassen. Nur dann kommt man an das Funktionieren der Traum- und Tages-Verfassungen heran.

Mit der Frage, wie unterscheidet sich die Tätigkeit der Seele im Traum von ihrer Tätigkeit im Wachen, beschäftigt sich die Traumpsychologie von F.W. HILDEBRANDT (1875). Wie verhält sich das eine zu dem anderen? Darauf zielt der Titel »Der Traum und seine Verwertung fürs Leben«.

HILDEBRANDT sieht im Traum die im Schlaf sich fortsetzende Tätigkeit der Seele. Einerseits ist diese Tätigkeit streng abgeschieden vom Tages-Leben, andererseits greift das eine aber ständig in das andere über. Das ist der grundlegende (paradoxe) »Gegensatz«, aus dem sich zwei weitere ableiten lassen. Der Traum stellt uns in eine andere Welt und in ganz andere Lebensgeschichten. Doch ebenso wahr ist das »scheinbare Gegenteil«: Der Traum nimmt sein Material immer aus der Wirklichkeit. Merkwürdigerweise nimmt die Traum-Phantasie ihre Elemente nicht aus den tiefgreifenden Ereignissen des vergangenen Tages, sondern aus seinen nebensächlichen Zugaben. Dazu gehören auch die Leibreize, bei denen der Traum für ein physisch bedingtes Gefühl ein analoges psychisches Bild schafft.

Über die Binnenstruktur des Gegensatzes von Abgeschiedenheit und Hinübergreifen sagt ein zweiter Gegensatz genaueres aus. Die Traumverfassung ist gekennzeichnet durch eine viel »vollere« Freiheit einerseits und eine ungleich größere Gebundenheit andererseits. Die im freien Spiel sich ergehende Lebendigkeit des Traumes verhält sich zu den Tages-Ordnungen wie »das nach urwüchsiger Werdelust frei in die Luft hinaus rankende Bäumchen zu dem in Spalierform gezogenen«. Doch auch das Gegenteil trifft wiederum zu. Die Seele befindet sich träumend in einem viel größeren Zustand der

Gebundenheit und Unfreiheit. Sie hat die Kräfte der Traumbildung nicht in der Hand – sie ist ihr Spielball. Daher sagen wir, »mir hat dies oder das geträumt«.

Dem verwandt ist ein dritter Gegensatz zwischen Traum und Leben. Da ist einerseits eine Steigerung, eine sich zur Virtuosität erhebende Potenzierung – anderseits eine »oft bis unter das Niveau des Menschlichen führende Herabminderung und Schwächung des Seelenlebens«. Der Traum stellt das Erhabene in höchster Majestät, das Furchtbare in grauenvollster Gestalt, das Lächerliche in drastischer Komik vor Augen. Da scheinen wir gescheiter als am Tag zu sein. Anderseits ist der Traum nur eine »Ablagerung von schwächeren Produkten der seelischen Aktion«. Er ist unklar und unbestimmt. Unseren Tätigkeiten fehlt Kraft und Ausdauer. Der Traum wirkt wie eine Gerümpelkammer.

Was kann HILDEBRANDT nun von dieser Analyse aus über das Verhältnis von Traum- und Tages-Verfassung sagen? Der Traum sagt etwas über die Genese des Seelischen – als entfalte sich im Traum eine Stufe ihres früheren Daseins, ihrer Naturtätigkeit – als knüpfe sie hier wieder an das »Gesamtleben« an.

Irgendein Selbstbewußtsein bleibt auch im Traum, wenn auch alternierend, wirksam. Auch wenn wir Namen, Stand, Alter, Lebensverhältnisse im Traum wechseln, irgendwie sind wir dennoch selbst betroffen. Diese Betroffenheit hängt vor allem damit zusammen, daß wir, wie Herkules, am Scheidewege stehen: zwischen Gesetz und Übertretung, Pflicht und Pflichtverletzung. Aus unserem Herzen kommen arge Gedanken – das spricht der Traum aus. Das spinnt er in dramatischer Form aus. Der Traum erfindet nichts, aber er setzt in Szene, was im Seelischen wirkt.

Es läßt sich keine Traumtat denken, deren erstes Motiv nicht irgendwie als Wunsch oder Regung durch die Seele des Wachenden gezogen wäre. Der Traum deutet auf unser unbewußtes Seelenleben: »Wer (ist) denn eigentlich Herr im Hause bei uns?«

Auf keinem Gebiet des Seelischen sind daher auch »leibliche und geistige Funktionen« so verquickt wie im Traum. HILDEBRANDT geht hier auf die Leib- oder Nervenreizträume ein und schließt sich der Auffassung SCHERNERS an, die Seele bilde in diesen Träumen die räumliche Construction der Körperorgane und ihre Funktion symbolisch nach. Hier schließt das Buch von HILDEBRANDT – an einer Stelle, von der aus S. FREUD die Frage nach dem Funktionieren des Traumes entschieden psychologisch aufgreifen wird.

Für HILDEBRANDT gilt der gleiche Kommentar wie für SCHERNER. Es fehlt ein psychologisches System, das erklären kann, war-

diesen Träumen die räumliche Construction der Körperorgane und ihre Funktion symbolisch nach. Hier schließt das Buch von Hildebrandt – an einer Stelle, von der aus S. Freud die Frage nach dem Funktionieren des Traumes entschieden psychologisch aufgreifen wird.

Für Hildebrandt gilt der gleiche Kommentar wie für Scherner. Es fehlt ein psychologisches System, das erklären kann, warum Abgeschiedenheit-Hinübergreifen, Freiheit-Gebundenheit, Potenzierung-Herabminderung einen bestimmten Gesamt-Zusammenhang des Traumes ins Werk setzen (müssen). Dementsprechend fehlt auch eine Methode, die durch den scheinbar sinnlosen manifesten Traum hindurch an den (latenten) Sinn-Zusammenhang des Traumes heranführt.

S. Freuds »Traumdeutung« (1900) entwirft nicht nur eine neue Traum-Psychologie, sondern ein ganzes psychologisches System. Für die Geschichte der Psychologie ist das eine Wende. Sigmund Freud begründet eine komplette Psychologische Psychologie, mit System und Methode. In seiner »Traumdeutung« sucht er ausdrücklich nach einem neuen »Paradigma« für das Funktionieren des seelischen Geschehens. In verschiedenen Versionen, bis zum »Abriß« 1938, hat er die Grundgedanken seines Traum-Konzepts immer wieder aufgegriffen und modifiziert.

Schlaf und Traum sind für Freud normale seelische Realitäten. Daher setzt er auch beim Traum einen Sinnzusammenhang voraus. Wenn er sich am Morgen nicht zeigt, muß dem eine Absicht zugrunde liegen: Was der Traum ›eigentlich‹ bedeutet, wird entstellt, damit es nicht an den Tag kommt. Von der Sache her und für das methodische Vorgehen ist daher zu unterscheiden zwischen einem manifesten Traum-Inhalt und einem latenten Traum-Gedanken. Da uns noch nicht einmal dieses seelische Gefüge bewußt ist, ist zu vermuten, daß hier unbewußte seelische Prozesse am Werk sind.

Eine Traumdeutung hat die Aufgabe, das Latente aufzuspüren und dann den Weg zu verfolgen, der von einem (latenten) Sinn zu seiner scheinbar sinnlosen Entstellung führt. Dazu braucht die Traumanalyse notwendig die ›Einfälle‹ des Träumers zu den (manifesten) Inhalten, die uns am Morgen noch bewußt sind.

Die Einfälle sind nicht die latenten Traumgedanken. Aber sie führen an das ›Eigentliche‹ des Traumprozesses heran: Der Traum stellt infantile Wünsche so dar, als seien sie erfüllt. Wunscherfüllung. Das bleibt uns jedoch am Morgen verborgen, weil die Tages-Verfassungen, in denen sich das Seelische unter dem Druck der Kultur weiterentwickelt hat, solche Wünsche abwehren. Es sind arge Wünsche: Inzest, Vatermord, Beseitigung rivalisierender Geschwister, Allmacht – und das alles auch noch mit Wirkungs-Qualitäten, die uns sonst nur bei Perversionen bekannt sind. In welche Wunsch-erfüllungen uns der Traum hineinführt, können die Leibreize nicht erklären. Sie bieten nur bestimmte Qualitäten, an denen viel umfassendere Geschichten sinnlichen Anhalt finden.

Damit kommen wir an das zentrale und das spannendste Kapitel der Traum-Bildung: die Traumarbeit. Der Traum ist eine Arbeits-Form des Seelischen, wie wir sie sonst nicht finden. Sie unterscheidet die Traum-Verfassung von anderen Verfassungen des seelischen Geschehens.

Eine eigenständige Traumarbeit wird möglich, weil sich im Schlaf das Seelische von der Außenwelt abwendet und weil dabei die Motorik stillgelegt wird. Indem die Traumarbeit die argen infantilen Wünsche entstellt, wird der Traum zum »Hüter« des

Traumarbeit ist »ein Fall von unbewußter Bearbeitung vorbewußter Gedankengänge«. Es sind »Verwandlungen« von Denkvorgängen unter dem Druck einer Triebregung, die der Schöpfer des Traumes ist (Wunsch; Gedanke).

Zur Traumarbeit gehören die Prozesse der Verdichtung und Verschiebung, die Darstellung in Bildern und die sekundäre Bearbeitung nach Schablonen unserer Tages-Geschichten. Die Traumarbeit folgt Regeln, die anders als die Regeln der Logik sind. Entgegengesetztes besteht nebeneinander, ohne daß uns das aufregte, Gegensätze werden behandelt, als seien sie identisch; im manifesten Traum kann jedes Element auch sein Gegenteil bedeuten. Ein ähnlicher Doppelsinn zeigt sich in den Urworten der Sprache (sacer = heilig und verrucht, altus = hoch und tief). Hier hätte FREUD auch die eigentümlichen Kategorien aufführen können, die er mit oral-einverleibend, anal-sadistisch-bemächtigend beschrieben hat.

FREUD entwickelt eine Funktionsformel des Traumes, indem er den Hergang der Traum-Bildung verfolgt. Der Wunsch zu schlafen stellt eine Verfassung her, bei der das Seelische seine Beziehungen zur Außenwelt abbricht – als zöge es sich in den Mutterleib zurück. Dadurch kann der Seelenbetrieb »älteren« oder »archaischen« Arbeitsweisen ein jetzt unschädliches Maß von Freiheit gewähren (Regression). Der Aufwand, unkultivierte Wünsche abzuwehren, wird vermindert. Das gibt den sonst verdrängten Wünschen oder Triebregungen die Chance zu einer »halluzinatorischen« Wunscherfüllung.

Dabei nutzen sie Formkeime der Tages-Verfassung. Allerdings vollzieht sich diese Traumbildung unter der (Zensur-) Bedingung, der eigentliche Wunsch müsse durch die Traumarbeit entstellt werden. Die Traum-Verfassung kommt durch eine Kompromiß-Bildung zustande.

Für FREUD hängen die Träume einer Nacht miteinander zusammen. Daher überrascht es, wenn die ganze Analyse der Traum-Arbeit schließlich zur Suche nach dem »einen Gedanken« führt, der den Wunsch oder die Triebregung repräsentiert, die im Traum erfüllt wird. Denn hier gerät aus dem Blick, daß der ganze Traumprozeß Schritt um Schritt die dramatische Entwicklung eines Sinn-Gebildes sein kann. So etwas hätte schon das Ödipus-Drama nahegelegt. Zugleich wäre damit auch die Symbolik in Bewegung geblieben: Sie qualifiziert das Wirken der Bilder. Sie bewegt sich mit in der Wandlung der Bild-Verhältnisse und ist daher nicht 1:1 zuzuordnen.

Wenn man auf Verwandlungs-Muster im ganzen achtet, liegt das ›Latente‹ nicht bereits fertig vor und wird dann entstellt. Der Traum ist ein Suchwerk. Für dessen Werden ist es kein Mangel, wenn die Relationen der Tages-Logik verlorengehen. Wie sich an der Kunst zeigt, heben die Übergangs-Bilder ganz andere Züge der Wirklichkeit heraus als die Perfektionstendenzen der Logik.

Die Wirkungswelt und ihre Bilder sind immer gegenwärtig. Daher braucht der Traum sie nicht durch eine eigene ›Regression‹ zu beleben. Daher fügen sich auch Tagesreste, Unerledigtes und die Konstruktions-Ansätze von Leibreizen als gleichberechtigte Form-Anhalte in die Gestalt-Bildung des Traumes ein.

FREUD hat den Funktions-Zusammenhang des Traumes vereinfachend auf eine Formel gebracht: Der Traum erfüllt einen infantilen Wunsch und entstellt dieses zugleich durch seine Arbeit. Das hebt sich ab von der verwirrenden Vielfalt (zutreffender) Beschreibungen bei anderen Psychologen, denen ein solches System fehlt. Aber FREUDS Vorgehen ähnelt in gewisser Weise dem Vorgehen von SCHLIEMANN bei der Entdeckung Trojas – er durchschnitt eine Vielzahl von Kultur-Schichten, um eine Fundstelle besonders herauszuheben.

Das Wachsein sei unser Maßstab für den Traum! Es für ein mehr erstarrtes, lichter gewordenes Schlafen zu halten, fühle ich mich fast gezwungen. Der, wie es scheint, bodenlose Abgrund zwischen diesen Reichen unseres Seelenlebens muß der Quell alles Geschehens sein. Ein ungeheures Rätselwesen äußert sich hier schöpferisch. Seine ewigen Tiefen zerreißen und zersprühen im Oberflächenglanz. Beim Traum packt uns die verblüffende Wandlungsfähigkeit, verbunden mit dem üppigsten Reichtum aller erdenklichen Empfindungs- und Gefühlsüberraschungen. In den höchsten Augenblicken des Wacherlebnisses wieder werden wir erschüttert durch maßlose, überschwengliche Wunder einer im ersten Hinblick so handfesten Welt, die auch gemächlichster Nachprüfung standhält.

Alfred KUBIN

C. D. Voß

Einzelne Bemerkungen über Träume

Magazin zur Erfahrungs-Seelenkunde

Mit dem innigsten Vergnügen lege ich das erste Stück dieses 86sten Jahrgangs, worin Sie [K.Ph. MORITZ als Herausgeber des Magazins] eine Revision über die drei ersten Bände anstellen, aus der Hand. Unter dem vielen Wichtigen und Bemerkungswerthen dieses Aufsatzes ist mir vorzüglich das, was Sie über Träume sagen, aufgefallen; weil es mit dem übereinstimmt, was ich schon mehrmahle über diesen Gegenstand gedacht habe. Ein Traum, sei er auch noch so kurz und unbedeutend, sollte, wie mir deucht, für den Psychologen immer eine der wichtigsten Erscheinungen seyn. Ich kann freilich nicht begreifen, wie es zugeht, daß ich denke, wachend und bei völligem Bewußtseyn denke; aber noch weit weniger, wie ich träume. Man hat es an Erklärung nicht fehlen lassen (wie man denn damit gemeiniglich eben nicht sehr karg ist), aber diese sind größtentheils nichts weiter, als was die meisten Erklärungen psychologischer Erscheinungen sind: künstlich versteckte Geständnisse, daß man es nicht wisse.

Ich habe mich gewundert, in Ihrem Journal bisher so wenig über diesen Gegenstand gefunden zu haben. Einige wenige Erzählungen von prophetischen Träumen, die Sie selbst in Ihrer Revision anführen. Aber diese, wenn es wirklich solche giebt, würden, wie ich glaube, mehr in Rücksicht des prophetischen Gefühls unserer Seele wichtig seyn, als in so fern es Träume sind. Ich setze mit Vorbedacht hinzu, wenn es wirklich solche giebt. Träume, die in den Augen Unwissender und alter abergläubischer Weiber was bedeuten, werden gewiß in jeder Nacht viele tausende geträumt. Aber obgleich manche davon von Zeit zu Zeit wohl eintreffen, und sie sich daher gewiß noch lange in ihrem Rufe erhalten werden, so verdienen sie, ohne weitere Gründe, wohl eben nicht hieher gerechnet zu werden. Aber auch selbst die merkwürdigen, ungewöhnlichen sind und bleiben eben, wie Ahndungen überhaupt, immer unsicher, um so mehr, weil man selbst nicht einmahl der Erzählung dessen, der sie gehabt hat, als untrüglich glauben kann. Man weiß, wie sehr wallendes Blut und gereitzte Nerven auf die Einbildungskraft wirken, und wie leicht auch den Vernünftigen eine erregte Einbildungskraft täuscht; wie leicht sie halbempfundene Dinge, ohne es zu wissen, weiter ausmahlt, und eine Idee mehrere andre verwandte erweckt, und ohne sich's bewust zu seyn, mit sich verbindet. Dazu kömmt noch, daß meistens solche merkwürdige Träume erst dann erzählt werden, wenn sie schon eingetroffen sind, oder an dem sind einzutreffen, und wenn man denn den Zwischenraum der Zeit, die leichte Verwechselung der Ideen, die Täuschung unsers Gedächtnisses abrechnet, so wird manches Merkwürdige zum Alltäglichen herabsinken. Gewiß würde, insbesondere auf die Rechnung des letztern, viel kommen, denn diese Schwäche, mit einer lebhaften Einbildungskraft verbunden, bringt viele und mannichfaltige Wirkungen hervor. Jeder Traum, auch der, der seines Inhalts wegen nicht vorzügliche Aufmerksamkeit erregt, ist für mich äußerst merkwürdig. Selbst der Schlaf an sich schon ist es. Der Mensch wandelte einher in Thätigkeit und Kraft und nun ist Erschlafung, Unempfindlichkeit und Unthätigkeit über ihn hergefallen. Es ist natürlich, sagt man, der Mensch ist ermüdet. Aber bin ich nun klüger? Woher kömmt diese Ermüdung? Von angestrengter, anhaltender Thätigkeit? Warum ermüdet das immer thätige Herz und der übrige unablässige Mechanismus des Körpers nicht? Eben weil es Mechanismus ist. Was erklärt mir das? Der Mechanismus der Uhr hört unmittelbar auf, wenn die Federkraft nachläßt. Die Federkraft der Seele erschlafft auch nie. Und doch vergeht die Wirksamkeit der Sinne im Schlafe, doch scheinen die Verbindungswerkzeuge zwischen den äußern Gliedmaßen und der Seele gelöset, scheint sie die Fäden, woran sie jene bewegt, losgelassen und wenigstens auf eine Zeitlang bei Seite gelegt zu haben.

Sie hat nicht diese Fäden bei Seite gelegt. Dieser schlafende Mensch wirft sich umher, er bewegt einen Arm, er bewegt ihn mit Heftigkeit, er weint, er lächelt, er murmelt unverständlich, er redet deutlich. Was ist ihm? Sieht er etwas, das ihn beunruhigt? empfindet er etwas von Außen? Nein! Er träumt. Was ist dieser Traum? Ist es die fortgesetzte Reihe der Gedanken, mit denen er sich vor seinem Einschlafen beschäftigte? Selten oder nie. Es ist eine Wiederhohlung, oft Jahre lang vorher erlebter Begebenheiten, oft an demselben Tage begangner Handlungen. Vorstellung derselben Handlungen und Begebenheiten, aber an ganz verschiedenen Orten, und durch ganz verschiedene Personen. Doch sind es oft solche, die, als wir sie erlebten und thaten, keinen starken Eindruck auf unsere Seele zu machen schienen. Was sehr merkwürdig ist. Dinge, die uns sehr nahe angehn und heftig erschüttern, werden uns nicht leicht gleich darauf im Schlafe wieder vorkommen. Ich habe vielfache Erfahrungen, daß ein zärtliches Weib einen Gatten, ein Sohn seinen Vater, ein Liebhaber seine Geliebte verloren; plötzlich ausgebrochne Feuersbrünste Habe und Gut verzehrt, empfindliche Beschimpfungen, Ehre und guten Nahmen gekränkt haben u.s.w. Der Schlaf der ersten darauf folgenden Nacht, war freilich nicht der sanfteste; tausend Träume jagten einander, aber keiner war die Vorstellung des so eben erlebten. Diese erfolgte erst, nachdem sich der Sturm der Seele etwas gelegt hatte.

Oft aber ist der Traum etwas ganz anderes. Die seltsamste Zusammensetzung grotesker Ideen. Die bundschattigsten Bilder tanzen untereinander umher; und der Traum des vernünftigsten Mannes gleicht dem Wahnwitze. Wieder andere träumen die zusammenhängendsten Geschichten, aber nicht solche, die sie wirklich erlebt haben, sondern neue, die die Seele in dem Augenblicke erst zu erfinden scheint. Wir sehn im Traume unsere Wünsche erfüllt; wir fühlen die ängstlichste Besorgniß, vor einem zu erwartenden Übel; wir fühlen die lebhafteste Freude, gerathen in die unangenehmste Verlegenheit; empfinden Zorn und Schmerz. Merkwürdig scheint es, daß sich sehr oft dunkele Gefühle des gegenwärtigen körperlichen Unvermögens in unsere Träume mischen; z.B. ein nothwendiges Geschäft ruft uns ab, und wir können mit unserm Anzuge nicht fertig werden; oder wir gerathen in Streit, selbst in Schlägerei, aber wir fühlen mit Unwillen, daß unsere Arme keine Kraft und unsere Schläge also von der Luft aufgefangen werden und gar keinen Nachdruck haben.

Dieß Unvermögen merken wir nicht in Dingen, die unsern Geist betreffen. Der Furchtsame hält hier vor großen Versammlungen Reden voll Feuer und Leben; wir reden fremde Sprachen, die wir kaum lesen können, und wachend nur zu reden wünschen, mit großer Fertigkeit; wir halten lange zusammenhängende Gespräche, deren Inhalt wir uns freilich deutlicher bewust sind, als den Inhalt des eben vorher angeführten; sind in wichtigen Ämtern, unter schweren Geschäften und verwalten sie mit Ruhm und Ehre.

Im Traume versetzen wir uns ganz aus unserer Lage, vergessen unsere Verhältnisse. Wir erdenken Begebenheiten, die schlechterdings mit unserm wirklichen Zustande gar keine Verbindung, wenigstens in so fern man es bemerken kann, haben, und wovon uns nie vorher ein Gedanke in den Sinn gekommen ist.

Alles dieses ist unendlich verschieden nach der Beschaffenheit unseres Körpers und unsers Gesundheitszustandes, und wenn wir völlig gesund sind, träumen wir gar nicht, und wenn wir recht lebhaft und viel geträumt haben, sind wir beim Erwachen müde und entkräftet.

Wie viel Unerklärliches, wie viel Widersprechendes findet sich nicht in allen diesen?

Doch ich begnüge mich, diesen wenigen hingeworfenen Bemerkungen einen Traum anzuhängen, der mir immer einiger Aufmerksamkeit werth scheint. Er ist mir von einem meiner Freunde erzählt; ich kenne die äußere Umstände genau, und kann für die Zuverläßigkeit einstehn.

Eine weitläufige Verwandtin von ihm, eine verheirathete Frau, ohngefähr vierzig Jahr alt, in deren Haus er nur selten und nicht ohne besondere Veranlassung kömmt, erzählt ihm eines Tages folgenden Traum gehabt zu haben: O** (mein Freund) kömmt zu ihr, in ihr Haus, in die Wohnstube, wo sie sich allein befindet, und thut ihr einen bescheidenen, aber offenherzigen Heirathsantrag. Sie geräth anfangs darüber in Verlegenheit, ohne ihn jedoch abzuweisen, äußert sie Bedenklichkeiten und macht ihm Einwürfe, die die Absicht seiner Anwerbung betreffen; er sucht diese auf eine anständige Weise aus dem Wege zu räumen und zu widerlegen, und hierdurch entsteht eine lange Unterredung, deren sie sich von Wort zu Wort erinnert. Sie läuft darauf hinaus, daß sie sich endlich entschließt, zwar immer noch mit einer gewissen Ängstlichkeit, ihm das Jawort zu geben. Er beschenkt sie darauf mit einem Ringe, und sie, um ein Gleiches zu thun, geht in ihr Kabinet, wo sich ihr Geschmeide befindet. Indem hier nach einem Ringe sucht, denkt sie der Sache von neuen wieder nach, und indem sie das Unschickliche dieser Verbindung (er ist etwa fünfundzwanzig Jahr alt) recht lebhaft empfindet, wünscht sie ihr gegebenes Wort wieder zurücknehmen zu können. Doch fürchtet sie auf der andern Seite wieder, er möge sich dadurch beleidigt finden, und auch das will sie nicht gern. Nachdem sie so eine Zeitlang mit sich selbst gekämpft hat, und ihre Unruhe immer größer geworden ist, entschließt sie sich endlich, noch einmahl zurückzugehn, und ihn auf den Unterschied ihres Alters und die Unannehmlichkeiten, die in der Folge daraus entstehen könnten, aufmerksam zu machen; auf den Fall aber, daß er diesen Vorstellungen nicht Gehör geben sollte, nimmt sie seinen Ring mit zurück. Inzwischen läßt er es doch zu dieser Extremität nicht kommen, er findet ihre Vorstellungen vernünftig, und sie werden am Ende dahin eins, daß sie immer seine Freundin bleibe, ihm gern mit Rath und That, wo sie könnte, beistehen wolle, aber übrigens wollten sie in dem Verhältnisse gegen einander bleiben, in welchem sie sich jetzt befänden. Und so scheiden sie friedlich auseinander. Natürlich waren ihr, bei der ganzen Verhandlung, ihr Mann und ihre Kinder, die sie beide gewiß sehr liebt, und die am Leben und gesund sind, gar nicht eingefallen. Sie war auch nicht in ihrer Vorstellung etwa Wittwe, sondern in allem Betracht frei und ledig. Auf der andern Seite ist O** gar nicht in dem Zustande, daß ihm einfallen könnte, zu heirathen; nochmehr, er hat mehrmal geäußert, daß er durch begründete Ursachen bewogen, bis jetzt den Entschluß habe, niemals zu heirathen. Er hatte sie in seinem Leben nicht unter vier Augen gesprochen, geschweige ihr etwas gesagt, was nur auf die entfernteste Weise Beziehung dahin haben könnte. Einen Umstand muß ich doch auch anführen: Es hatte um diese Zeit ein junger Mann ein sehr reiches Mädchen geheirathet, und dadurch ein, von vielen beneidetes, Glück gemacht. Dieß hatte an diesem Orte Gelegenheit zu vielen Unterhaltungen gegeben, woran auch sie häufig Theil genommen haben mochte.

Doch erinnert sich O** nicht, mit ihr davon gesprochen zu haben. Ich gebe dem Beurtheiler anheim, ob dieser Umstand einiges Licht über den vorstehenden Traum werfen kann.

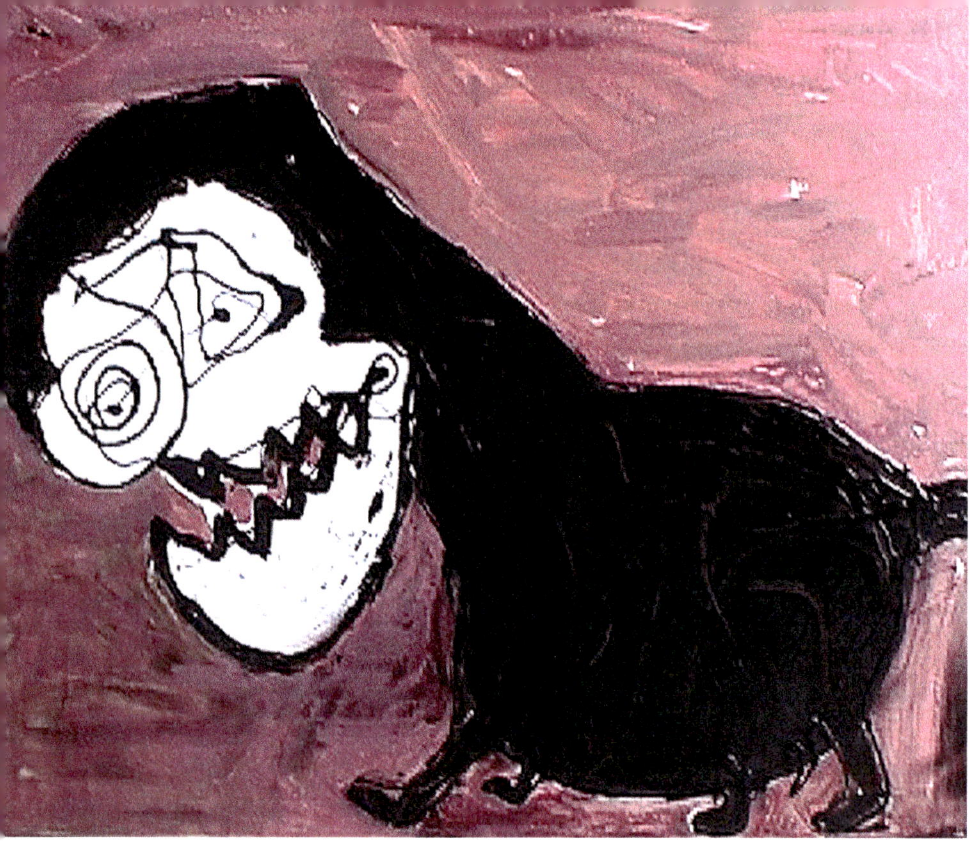

Der Traum belehrt uns auf eine merkwürdige
Weise von der Leichtigkeit unserer Seele,
in jedes Objekt einzudringen,
sich in jedes sogleich zu verwandeln.

NOVALIS

Stichwort ›Morphologische Psychologie‹

In Aufsätzen und Vorlesungen seit Ende der fünfziger Jahre vorbereitet, erschien 1965 das Buch »Morphologie des seelischen Geschehens«. Autor ist Wilhelm SALBER, von 1963 bis 1993 Direktor des Psychologischen Instituts der Universität zu Köln. Inzwischen sind von SALBER und Mitarbeitern über fünfzig Bücher erschienen, in denen Alltagskultur, Medien und Künste des Seelischen, sowie die Geschichte der Selbstbehandlung des Seelischen aus morphologischer Perspektive analysiert werden. Nicht ein eng umgrenzter Wirklichkeitsbereich im Sinne akademischer Prüfungsfächer steckt das Können dieser Psychologie ab, sondern das Konzept.

Morphologische Psychologie hat ihre Wurzeln bei den französischen Moralisten, bei GOETHE und – wie die tiefenpsychologischen Schulen zu Beginn des 20. Jahrhunderts – bei Friedrich NIETZSCHE. Seine Psychologie vom Kräftespiel einer Vielzahl von Willen zur Macht, die um Vorherrschaft ringen, (von ihm »Morphologie« genannt), GOETHES Konzept vom Ur-Phänomen und von der Versatilität der Organe, FREUDS akribische Analyse seelischer Kunstruktionen, sowie die Ansätze von Ganzheits- und Gestaltpsychologie haben die Aufmerksamkeit geschärft. Der morphologischen Psychologie geht es, wiederum im Sinne GOETHES, eher darum unser Wissen zu klären, als es zu mehren.

Das *seelische Geschehen* weiß sozusagen über sich Bescheid. Es fragt nicht danach, wie es zustandekommt und in sich zusammenhängt. Das vollzieht sich gleichsam von selbst. Aber wir mischen uns auch ein, machen uns einen Reim auf das, was wir tun oder lassen. Wir wollen verstehen, was da am *Werk* ist, wenn sich Sinn oder Unsinn einstellt. Schließlich wüßten wir gern, woran es liegt, wenn unsere Unternehmungen glücken oder danebengehen. Bereits auf vorwissenschaftlicher Ebene machen wir uns also etwas zurecht, das helfen könnte, dem *Sich-Verstehen seelischen Zusammenhangs* hinter die Schliche zu kommen.

Dabei folgen wir einer Art *Seherfahrung*. In Ermangelung des göttlichen Blicks betrachten wir das ganze aus einer bestimmten Perspektive. Das hört nicht plötzlich auf, wenn es wissenschaftlich, das heißt methodisch kontrolliert und systematisch betrieben wird.

Morphologische Psychologie folgt der Seherfahrung, daß alles Lebendige *wirkt*, indem es sich *bewegt, entwickelt, entfaltet*. Aber sie ist auch beeindruckt von dem Sachverhalt, daß sich alle *Verwandlung* zu fassen sucht in anschaulichen *Gestalten* (morphe = Gestalt, Form, Aussehen), die unseren Möglichkeiten und Entwürfen der Verwandlung eine zeitlang die *Richtung* weisen.

Wenn wir beobachtend und beschreibend verfolgen, wie Seelisches aus Seelischem hervorgeht, brauchen wir *Übergangsbegriffe*, eine Sprache, die sich mit dem flüchtigen Gebilde mitbewegen kann. Die herkömmlichen Begriffe wie Denken, Fühlen, Wollen sind zu grob, auch wenn sie nach ihrer Rückkehr aus Amerika nach dem zweiten Weltkrieg nun Kognition, Emotion und Volition heißen. Sie zerschnipseln die nach *gestalthafter Logik* zusammenhängenden Formen des Verhaltens und Erlebens. Die den Naturwissenschaften entlehnten, sogenannten empirischen Verfahren der Forschung tun das ihrige hinzu, wenn sie Verhalten und Erleben unter den künstlich geschaffenen Umständen von Experiment oder Test erfassen wollen oder mithilfe von Fragebogen auf der Oberfläche der Meinungskundgabe surfen.

Gegenstand morphologischen Sehens, Fragens und Erfassens sind die *bildhaft-anschaulichen Phänomene* alltäglich gelebten Zusammenhangs, nicht aber vom gesellschaftlich-kulturell geprägten Ganzen isolierte Verhaltenspartikel. Das bedeutet nicht diffuses Mitschwingen mit dem großen und ganzen Gewoge, sondern klares Herauspräparieren *seelischer Verhältnisse*.

Dann zeigen sich *Paradoxien* als Grund seelischer Unruhe: das Indem von Werden und Vergehen, die Untrennbarkeit von Alles-Werden und Etwas-Sein, die unfaßbaren *Kehrtwendungen* von Kontinuität und Fragmentierung, die *Kippfigur* von Glück und Unglück, das befremdliche Festhalten an *Besessenheiten* wider besseres Wissen. So stellen es auch die *Märchen* dar. All dieses und vieles mehr sucht das Seelische mit seinen Unternehmungen zu *behandeln*, immer wieder neu und anders, es gelingen ihm nämlich keine Verwandlungen ohne Rest.

Denn das seelische Geschehen ist *geschichtlich*, und es formt seine *widerstrebenden Tendenzen* in *gelebten Geschichten*, ganz ähnlich wie sie die Dichter beschreiben. Und es baut sich eine *Alltagswelt*, die es vor den Paradoxien schützen soll.

Eine Psychologie, die wie die morphologische Psychologie vor den konstitutionellen Komplikationen seelischer Selbstbehandlung nicht moralisierend die Augen verschließt, löst bei politischen Hauruck-Praktikern Unbehagen aus, weil der B<small>RECHT</small>sche Spruch nicht mehr hilft: »Wir wären gut und nicht so roh, doch die Verhältnisse, die sind nicht so.«

Morphologische Psychologie vollzieht sich mit dem Staunen, oft auch mit einem Lächeln über die *Kunststücke seelischer Selbstbehandlung*: Wie es sich etwas sagen und zugleich verbergen kann, wie es aus Stroh Gold machen kann, wie es immer wieder über sich selbst hinauszuwachsen sucht und auf der Stelle bleibt, wie es etwas festschreibt, indem es bereits auf der Flucht ist ...

Mag sein, daß die Beachtung der *psychästhetischen* Eigenart der Phänomene den morphologisch gebildeten Psychologen vor der Erschütterung durch die Ungereimtheiten seelischen Funktionierens bewahrt. Aber immerhin hält er an seiner Verwunderung fest und verzichtet auf die Allmachtsgebärde des vermeintlich alles steuernden Bescheidwissers. Anders steht es mit den ›Experten‹ der akademischen Anpassungspsychologie, die mit ihren sogenannten exakten Verfahren die Explosibilität seelischer Prozesse durch Verlangweilung entschärft und das seelische Geschehen für Prüfungszwecke mundgerecht portioniert.

Linde S<small>ALBER</small> & Armin S<small>CHULTE</small>

Zu den Abbildungen

Die Abbildungen wurden nicht als Illustrationen für dieses Heft angefertigt. Es sind ausgewählte Bilder der Stilrichtung Traum*Art* aus dem Atelier Linde SALBER (Hospeltstraße 23-25, 50825 Köln), entstanden in den Jahren 1987 bis 2001.

So wie es der Art der Träume entspricht, Bilder da-sein zu lassen, ohne dem Träumer eine psychologische ›Packungsbeilage‹ mitzuliefern, entsteht auch Traum*Art* gewissermaßen eigenlogisch. Seelisches wie ›malerisches‹ Material sucht seine Bahn, erschreckt, erfreut, bewegt, provoziert und zentriert sich schließlich um einen Komplex, über dessen Sinn der an dem Verwandlungsprozeß Beteiligte kaum Auskunft geben kann. Die Frage nach Sinn und Bedeutung stellt sich eher dem Betrachter, denn ihm steht das Artefakt des Entstehungsprozesses wie ein Ding fremd gegenüber, während die Malerin vom ersten Klecks, Schwung, Farbton bis zum ›fertigen‹ Bild einbezogen ist. Darin liegt für sie Sinn. Was danach kommt, sind Eitelkeit, Selbstkritik, Werbung, Geschäft, – und der nächste Verwandlungsprozeß. Ein Betrachter muß, wenn er sich denn verfängt, einen analogen Vorgang erst eröffnen, indem er sich auf die Suche begibt. Dabei braucht er allerdings keinen Arzt, Apotheker oder Kunstpädagogen, denn die ›Risiken und Nebenwirkungen‹ sind die Beweger, die ihn zum Bild hinführen.

Für den Fall, daß sich gar nichts einstellt, hat der Maler Hans PLATSCHEK den Spruch geprägt: »Bilder bedeuten nur etwas, wenn der Beschauer etwas bedeutet.« (Figuren und Figurationen, Hamburg 1999, S.11)

Linde SALBER & Armin SCHULTE

Autoren

YIZHAK AHREN, Jg. 1946, Dipl.-Psych., Dr. phil., Privatdozent für Psychologie an der Universität zu Köln, Psychologe an der Rheinischen Landesschule für Körperbehinderte in Köln. Veröffentlichungen zur Klinischen Psychologie, Kulturforschung und Medienpsychologie.

DIRK BLOTHNER, Jg. 1949, Dipl.-Psych., Dr. phil., apl. Professor an der Universität zu Köln, Psychoanalytiker. Film- und Drehbuchberatung »images wanted«, Köln. Veröffentlichungen zur Klinischen Psychologie, Alltagspsychologie und zur Wirkungspsychologie des Spielfilms.

Der hier veröffentlichte Beitrag ist die überarbeitete Fassung eines Vortrags, gehalten am 6. November 1999 auf der Tagung »... und sei Dir selbst ein Traum – 100 Jahre Traumdeutung« in Köln (Veranstalter: Gesellschaft für Psychologische Morphologie [GPM]).

GLORIA DAHL, Jg. 1955, Dipl.-Psych., Psychotherapeutin. Veröffentlichungen zur Entwicklungs-, Alltagspsychologie und Psychotherapie.

Wolfram DOMKE, Jg. 1953, Dipl.-Psych., Dr. phil., Psychotherapeut und psychologischer Wirkungsforscher im Markt- und Medienbereich. Veröffentlichungen zur Psychologie von Kultur, Alltag, Medien und Psychotherapie.

Der Beitrag ist eine überarbeitete Fassung eines Vortrags, gehalten auf der Tagung »... und sei Dir selbst ein Traum – 100 Jahre Traumdeutung« in Köln.

STEFAN GRÜNEWALD, Jg. 1960, Dipl.-Psych. geschäftsführender Gesellschafter von »rheingold«, Institut für qualitative Markt- und Medienanalysen, Köln. Veröffentlichungen im Bereich der Morphologischen Markt- und Medienwirkungsforschung sowie der Kulturpsychologie.

Der Artikel ist die überarbeitete Fassung eines Vortrag, gehalten am 14.11.2000 auf dem »BOUNTY Tag-Traum-Forum« in Hamburg.

ANDREAS M. MARLOVITS, Jg. 1966, Dipl.-Psych., Dr. sport.-wiss. und Theologe. Psychotherapeut und Wirkungsforscher bei »rheingold«, Institut für qualitative Markt- und Medienanalysen. Veröffentlichungen zur Alltagspsychologie, Sport- und Bewegungspsychologie, Kulturpsychologie.

KARL PHILIPP MORITZ, Jg. 1756, Professor der Theorie der schönen Künste, Herausgeber des »Magazin zur Erfahrungs-Seelenkunde« (1782-1793). Veröffentlichungen zu Ästhetik, Mythologie, Entwicklungspsychologie. Begründer des psychologischen Romans.

UWE NAUMANN, Jg. 1951, Dr. phil., Verlagslektor im ROWOHLT Verlag, Programmleiter Sachbuch, Mitherausgeber von ROWOHLTs Monographien, Herausgeber der Werke H. KIPPHARDTS.

GISELA RASCHER, Jg. 1947, Dipl.-Psych., Dr. rer. nat., Psychotherpeutin. Leiterin des Ausbildungsganges ›Analytische Intensivbehandlung‹. Veröffentlichungen zu Fragen der Intensivbehandlung und zur morphologischen Fall- und Märchenanalyse.

Der Artikel ist eine überarbeitete Fassung eines Vortrags auf der Tagung »... und sei Dir selbst ein Traum – 100 Jahre Traumdeutung«.

HORST RUMPF, Jg. 1930, Dr. phil., em. o. Professor für Erziehungswissenschaft an der Johann-Wolfgang-Goethe-Universität Frankfurt. Zahlreiche Veröffentlichungen zur ›vermurksten‹ Lebenswelt Schule als kulturellem Brennpunkt, zur Didaktik, zu Kunst, Literatur, alternativen Formen der ›Wahr-Nehmung‹.

LINDE SALBER, Jg. 1944, Dipl.-Psych., Dr. rer. nat., Akademische Oberrätin am Pädagogischen Seminar der Universität zu Köln und Psychotherapeutin. Veröffentlichungen zum Zusammenhang von Kunst- und Lebensgeschichten sowie zur Pädagogischen Psychologie. Malt seit 1983.

Der Beitrag ist eine überarbeitete und erweiterte Fassung eines Vortrags, gehalten auf der Tagung »... und sei Dir selbst ein Traum – 100 Jahre Traumdeutung« in Köln.

WILHELM SALBER, Jg. 1928, Dipl.-Psych., Dr. phil., em. o. Professor für Psychologie an der Universität zu Köln. Begründer der morphologischen Psychologie die der Erforschung der Alltagskultur, der Medien und der Künste des Seelischen sowie der Geschichte seelischer Selbstbehandlung einen neuen wissenschaftlichen Rahmen bietet. Werkausgabe im BOUVIER-Verlag, Bonn.

Der Artikel ist die überarbeitete Fassung eines Vortrags, gehalten am 16. Dezember 1997 anläßlich des Erscheinens des Buches »Traum und Tag« (BOUVIER Verlag, Bonn) im Stadtgarten Köln. Der Exkurs »Anfänge Psychologischer Traumdeutung« ist ein Auszug aus diesem Buch.

ARMIN SCHULTE, Jg. 1953, Dipl.-Psych., Geschäftsführer der KAMM (Kölner Akademie für Markt- und Medienpsychologie), verantwortlich für den Bereich Aus- und Weiterbildung. Gründer der Zeitschrift ZWISCHENSCHRITTE und Herausgeber der Werkausgabe Wilhelm SALBERS.

LENA VERKADE, Jg. 1945, freie Schriftstellerin, Veröffentlichungen zu Kunst und Literatur; arbeitet an einem Roman.

C. D. VOß, Autor im »Magazin zur Erfahrungs-Seelenkunde«.

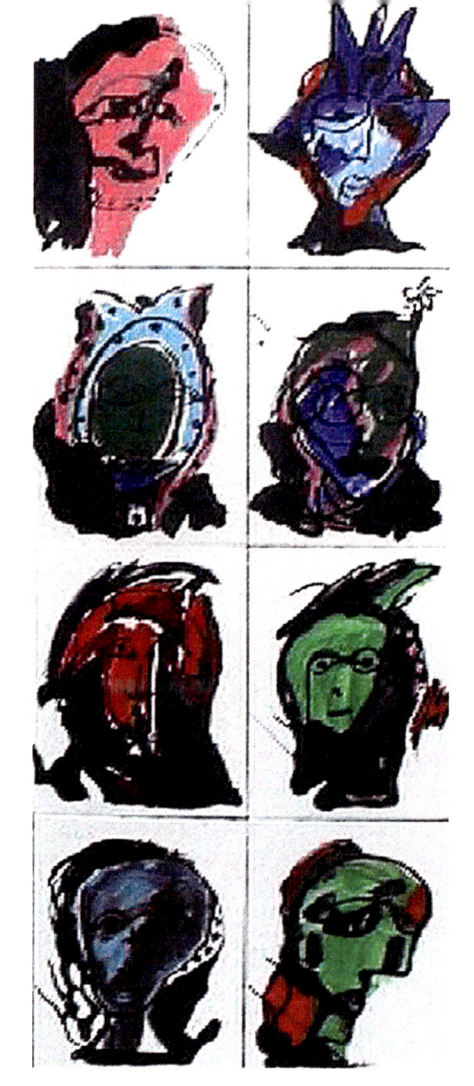

Verzeichnis der Abbildungen

S. 2: Bis Gleich (2001)
Sprühlack a. Lwd., 90x70cm
S. 8: Moritz (1987)
Acryl a. Karton, verfremdet, 50x35cm
S. 10: Püppchen (1999)
Acryl a. Lwd., 80x60cm
S. 15: M.D. und Joe (2000)
Erdpech/Acryl a. Lwd., 70x50cm
S. 19: Göthipus (1999)
Erdpech/Acryl a.Lwd., 80x60cm
S. 24: Internet (2000)
Erdpech/Sprühlack/Acryl a.Lwd., 90x70cm
S. 29: Greta is speaking (2000)
Erdpech/Acryla. Lwd., 100x80cm
S. 32: Ungestalt (2000)
Acryl/Sprühlack a. Lwd., 90x70cm
S. 38: Ich und mein schwarzes Tier (1999)
Erdpech a. Lwd., 90x70cm.
S. 42/43;: Gestörte Symmetrie (2000)
Erdpech/Sprühlack a. Lwd., 90x70cm
S. 46: Schrei, wenn du kannst (2001)
Acryl/Gips/Virnis a. Lwd., 50x40cm
S. 50: Durch (2000)
Sprühlack a. Lwd., 90x70cm
S. 54: Alle Vierzehne (2000)
Erdpech/Acryl a. Lwd., 100x80cm
S. 58: Venus im Wirrwarr (2000)
Erdpech/Acryl a. Lwd. 70x90cm
S. 63: Traumwandel (2000)
Acryl a. Lwd., 70x90cm
S. 64/65: Séparée (2000)
Sprühlack/Acryl a. Lwd., 70x90cm
S. 70: Einer für alle (1999)
Erdpech/Acryl a. Lwd., 80x60cm
S. 74: Space Night (1999)
Erdpech/Sprühlack a. Lwd., 80x100cm
S. 77: Worum geht es hier eigentlich? (2000)
Erdpech/Acryl a. Lwd. 80x100cm
S. 81: Menetekel (2000)
Erdpech/Acryl a. Lwd., 90x70cm
S. 86: Eingefügt (1998)
Erdpech/Acryl a. Lwd., 60x50cm
S. 91: Mars (1998)
Erdpech/Acryl a. Lwd., 90x70cm
S. 94: Peng (2000)
Erdpech/Sprühlack/Acryl a. Lwd., 80x60cm
S. 96/97: ...Und tschüss (1998)
Erdpech/Acryl a. Lwd., 70x90cm
S. 100: Streck dich (1998)
Gips/Acryl a. Lwd. 70x50cm
S. 104/105: Leicht ist schwer (1998)
Gips/Acryl a. Lwd., 70x50cm
S. 108: Zwei Kugeln (1996)
Acryl a. Lwd., 90x70cm
S. 114: Rumpelstilzchen (1998)
Acryl a. Lwd., 90x70cm
S. 119: Windsbraut (1996)
Acryl a. Lwd., 70x90cm
S. 122: König Midas (1996)
Acryl a. Lwd., 90x70cm
S. 128: Zusammenhang – aber wie? (2000)
Erdp./Acryl/Sprühlack a. Lwd., 100x80cm
S. 132/133; Fläche, Linie, Spritzer (2000)
Erdpech a. Lwd., 100x80cm
S. 137: Gedankenengel (2000)
Erdpech/Acryl a. Lwd., 70x50cm
S. 142: Einblick (2001)
Acryl a. Lwd., 80x100cm
S. 148: Wieder von Montaigne geträumt (2001)
Acryl a. Lwd., 80x60cm
S. 151: Gut beengelt (2001)
Erdpech/Sprühlack a. Lwd., 50x40cm
S. 153: Gegenlicht (2000)
Erdpech, Öl, Pigment a. Lwd., 70x90cm
S.156: Überwölbt (2001)
Erdpech/Acryl a. Lwd. 40x50cm
S. 160: Wächter (2000)
Erdpech/Lack a. Lwd., 80x100cm
S. 162: Traumschaukel (1996)
Acryl a. Lwd., 120x100cm
S. 164: Hands up (1999)
Erdpech a. Lwd., 80x60cm
S. 166: Who is who (2001) (Ausschnitt)
Erdpech/Acryl a. Lwd., 200x160cm

Umschlag: Trageengel (1999)
Acryl a. Lwd., 100x80cm

Impressum

Linde Salber / Armin Schulte (Hg)
Traum - Träume - Träumen

ZWISCHENSCHRITTE
Beiträge zu einer morphologischen Psychologie
19. Jahrgang. 2001
ISSN: 0724-3766
ISBN: 3-89806-120-5
Erscheinungstermin: Oktober 2001
Erscheinungsweise: jährlich

Herausgeber und Redaktion:
Dr. Herbert Fitzek, Michael Ley,
Armin Schulte (viSdP)
ZWISCHENSCHRITTE
Riehler Str. 105
50668 Köln
Tel.: 0221 - 5743321
Fax: 0221 - 5743329
e-mail: kammschu@komed.de

Verlag:
PSYCHOSOZIAL-Verlag
Goethestr. 29
35390 Gießen
Tel.: 0641 - 77819
Fax: 0641 - 77742
e-mail: info@psychosozial-verlag.de
www.psychosozial-verlag.de

Umschlagabbildung:
Linde Salber: TRAGEENGEL (1999)
Acryl a. Lwd., 100x80cm

Gestaltung & Satz:
Konrad Schaedle, Köln

Druck und Bindung:
Digitalakrobaten, Gießen
http://www.digitalakrobaten.de

Aboverwaltung:
Elke Maywald,
Tel.: 0641 - 77819
e-mail: elke.maywald@psychosozial-verlag.de

Bezugsgebühren:
Für das Jahresabonnement EUR 13 (DM 25,43) zuzüglich Versandkosten. Lieferung ins Ausland zuzüglich Mehrporto. Das Abonnement verlängert sich jeweils um ein Jahr, sofern nicht eine Abbestellung bis zum 15. November erfolgt. Preis des Einzelheftes EUR 15 (DM 29,34).

Bestellungen
richten Sie bitte direkt an den Psychosozial-Verlag, oder wenden Sie sich an Ihre Buchhandlung.

Anzeigen:
Zur Zeit gilt die Anzeigenpreisliste Nr. 1/2001. Anfragen bitte an den Verlag.

Alle Rechte vorbehalten. Ohne ausdrückliche Genehmigung ist es nicht gestattet, das Buch oder Teile daraus zu vervielfältigen oder auf Datenträger aufzunehmen.

© PSYCHOSOZIAL-Verlag, Gießen 2001